本书得到中国人民公安大学马克思主义学院学术成果出版资助

|光明社科文库|

《朱子语类》复句研究

蓝　菲◎著

光明日报出版社

图书在版编目（CIP）数据

《朱子语类》复句研究 / 蓝菲著 . -- 北京：光明
日报出版社，2023.5
ISBN 978 - 7 - 5194 - 7275 - 7

Ⅰ.①朱… Ⅱ.①蓝… Ⅲ.①《朱子语类》—古汉语
—复句—研究 Ⅳ.①H141

中国国家版本馆 CIP 数据核字（2023）第 096170 号

《朱子语类》复句研究
《ZHUZI YULEI》FUJU YANJIU

著　　者：蓝　菲

责任编辑：杨　茹　　　　　　　责任校对：杨　娜　李佳莹
封面设计：中联华文　　　　　　责任印制：曹　净

出版发行：光明日报出版社
地　　址：北京市西城区永安路 106 号，100050
电　　话：010-63169890（咨询），010-63131930（邮购）
传　　真：010-63131930
网　　址：http://book.gmw.cn
E - mail：gmrbcbs@gmw.cn
法律顾问：北京市兰台律师事务所龚柳方律师
印　　刷：三河市华东印刷有限公司
装　　订：三河市华东印刷有限公司
本书如有破损、缺页、装订错误，请与本社联系调换，电话：010-63131930
开　　本：170mm×240mm
字　　数：319 千字　　　　　　印　　张：17.75
版　　次：2024 年 1 月第 1 版　　印　　次：2024 年 1 月第 1 次印刷
书　　号：ISBN 978 - 7 - 5194 - 7275 - 7
定　　价：98.00 元

前　言

任何一种社会现象总是经历不同的历史发展阶段而逐渐形成，语言也不例外。语言作为一种特殊的社会现象，分期的工作做得好，可以充分展示语言发展的阶段性特点，以便人们更好地把握本民族的母语发展规律。吕叔湘先生根据"文言"和"白话"两种书面语，在《近代汉语指代词·序》中将汉语发展分为古代和近代两大阶段。蒋绍愚先生采用"三分法"，在《近代汉语研究概况》一书中将汉语分为"古代汉语""近代汉语"和"现代汉语"三个时期。王力先生采用"四分法"，在《汉语史稿》（上册）中提出如下汉语分期：公元三世纪以前为上古期，公元四世纪到十二世纪（南宋前期）为中古期，公元十三世纪到十九世纪（鸦片战争）为近代，二十世纪（五四运动以后）为现代。持"五分法"的专家也有很多，如荆贵生先生，他在其主编的《古代汉语·绪论》中将汉语分为远古（殷商）、上古（周秦两汉）、中古（魏晋至宋）、近古（元明清）和现代五个时期。

从商代晚期到两汉这一漫长时期，汉语出现了很多的进化现象，比如词汇中的复音词逐渐增多，语法系统也渐趋精密，但总体来说并未出现使语言发生巨大变化的因素，并且书面语言显得典雅规范，因而语言在这个时期可以划归为一个时期。至于中古时期，从东汉末期直到中晚唐时期，汉语中增加了不少口语性很强的书面语言材料，同时有完全脱离口语的骈体文，这就使得这一时期的书面语言既继承了上古汉语的特点，又增加了新的口语色彩，这一时期可以划为一个阶段。至于宋以后一直到清末，汉语语料几乎是以口语色彩极为浓厚的形式占据着主流位置，并呈现出"俗远大于雅"的局面，因此也使得语言学界"近代汉语"的研究重点集中在这些"俗文学"语料上面。不难看出，宋代景定四年（1263年）黎靖德以类编排，于咸淳六年（1270年）刊为《朱子语类》140卷，即今通行本的《朱子语类》出现的时间正好介于中古和近古的过渡时期。作为朱熹授课语录的汇编文本，其半文半白，口语性突出的特征比较全面地反映了南宋时期的语言实际，故而本书采用王力先生的划分法，以便通过专书更好地了解汉语语法史。

　　基于上述汉语分期的探讨以及《朱子语类》的语言特点、影响力、篇幅等因素，选取它作为近古时期语法研究的代表性专书有着极为重要的标志性作用，对其复句系统的深入研究可以一窥近古早期汉语的全貌。然而，在众多的《朱子语类》语法学研究资料中，针对复句的研究尚缺乏比较全面详尽的分析和阐释。同时，就汉语复句本身的研究状况而言，许多结论都是根据现代汉语得出的，并不能包含古今复句的所有情况，唯有细化古代汉语复句的研究，才可以进一步补充完善这些结论，进而将汉语复句的研究推向更加深广的领域。

　　《〈朱子语类〉复句研究》一书中将复句分为八大类，分别是并列复句、选择复句、承接复句、递进复句、条件复句、转折复句、假设复句和因果复句。复句类型齐全，标记词语非常丰富。本文以穷尽式的考察和详细的描写，辅之以语法化的理论和方法，结合逻辑语义学、认知语言学、语用学等思想理论，具体分析了《朱子语类》复句的每一种类型及标记词的使用情况，并对它们的句法结构、逻辑语义以及语用、交际等方面进行了详尽论述。

　　考虑到《朱子语类》两百余万字的语料分析量，为了尽量确保语料分析的完整性和可靠性，笔者针对《朱子语类》完整的句读结构，结合现有的计算机语言处理方法，构建了一个小型专项语料数据库。在复句分析的过程中，以电子设备检索的语料为线索，设定多种条件，根据标记词句中位置、组配特点，减小极值影响，获得数据，并对每一个检索词做了抽样统计，确定其符合条件。此后还要通过穷尽性、精细化的人工分析和比对，尽可能客观、准确地对语料进行描写和研究。

　　全文内容主要可分为四大部分：

　　第一部分为绪论篇。这部分对时彦的复句和《朱子语类》研究情况进行总结和归纳，为本文的探讨创建一个合理的平台，并从选题意义、研究内容、理论背景和研究方法等角度作简要说明。

　　第二部分为概述篇。这部分对《朱子语类》的复句给出明确了的界定、分类和判断标准，为精确地描写其复句系统提供了前提和保证，同时借鉴了语义、语用、标记研究等多方面的理论和研究手段作为后面八个篇章中各类型复句研究的先导。

　　第三部分为系统篇，是本文的核心。该部分将形式和意义相结合作为一项重要的研究方法，以此为线索，用详尽的统计和细致的描写对《朱子语类》的复句系统进行全方位的考察。在分析的过程中，笔者抓住标记词这个有力工具，以点带面，注重形式标记的演变而导致的语法意义的变化和该变化在《朱子语类》复句中的形态特征及其产生的影响。例如，转折标记"但"一直用于轻转句，在《朱子语类》中却出现了大量的重转型复句用例。对于语料中此类现象及其背后的原因，本文都进行了探讨和挖掘。这部分努力从共时、历时、泛时数个维度观察语料中复句句式的特点，并力图做出合理的解释，同时综合语法结构、语义特点及语用特征三个方面的内容进行分析，找出它们之间内在联系，形成《朱子语类》复句系统研究的立体架构。

第四部分为结论篇。该部分是对《朱子语类》复句的总特征、总原则进行归纳和总结，在共时性领域内将其呈现的特点充分整理，得出了一些结论，并尽力进行分析和解释。其一，单音标记数量虽已减少，但是复句用例仍然占有极大的优势；复音标记大量涌现，往往同一种语义关系的复句中并存着集团化发展的复音标记，只是其总体用例并不多，说明近古汉语早期复音标记词虽有开始全面崛起的征兆，但仍处于不成熟的阶段。匹配框架也呈现繁盛化、规模化的发展趋势。其二，从知、行、言三域角度对《朱子语类》复句语义关系进行研究后发现在所有复句类型中知域的数量最为庞大，体现了《朱子语类》重事理逻辑的周延性特点。其三，在语用方面通过对语气和语义重心等层面的数据统计和描写，发现每一种复句在这两个方面都存在着各自的特殊性，再结合语料特征从语法学、语用学、心理学等层面进行解释。

总之通过对《朱子语类》复句多个维度的整合研究，本书以期更好地构建南宋时期的汉语复句系统，同时辅以针对宋代语言状况描写基础上适当的比对，以利于厘清纵向汉语语法史发展演变的脉络，为古代汉语语法史的研究提供有意义的材料与结论，同时为更加深入地研究《朱子语类》的语言和思想以及近古汉语的复句语法特征做出一些有益的尝试。

2021 年 12 月 25 日于北京

目 录
CONTENTS

第一章

绪　论

第一节　复句的研究现状

一、纵向研究概述

在汉语语法研究历史中，复句在学术界一直存在着颇多争议。它的定义存在各种细化的差别，诸如汉语划分单、复句的必要性，复句的层级应该是怎样的模式，其内部领域的再深入划界等，至今仍争论不休。因此，我们对它的深入研究既艰难而又富有意义。因复句使用的广泛性和独特性决定了其研究的内容将持续而深刻地推动整个语法学界理论完整性的构建和研究方式、方法的再创新，所以这就要求我们必须以清晰的思路理清汉语复句研究的轨迹与脉络，对复句研究进行更深入的了解和学习，进而对整个汉语语法结构进行全面、精准的划界及正确的整合。

复句研究的发展轨迹和其语法内容的发展是紧密相连的，而复句作为语法的主体语言本身具有字、词、句的层级特征。我们应遵循这一思路，在理清时间脉络的同时，从复句本体的特点及其发展规律出发，描述历时性理论的发展时期。为此，我们将复句的理论发展划分为五个时期来研究。

（一）创立时期

《马氏文通》（1898）是最早关涉复句理论语法的书籍，但它只是笼统地介绍了这种复杂的句子，而没有用比较专业的学术语言来指称，如单句、复句等词汇还未曾出现，当然也谈不上进行深入的研究和分析。直到严复的《英文汉诂》（1904）的出现才开始打破这种局面。该书虽然完全是借鉴英语语法来研究，并且所举例子也大多是英文句例，但其列出了专门的章节，开始涉及比较内部的复句问题了，所以真正开复句研究先河的应该是这部《英文汉诂》。

（二）对比思考时期

"复句"二字首次在这个时期正式出现，单、复句之别由此开始产生。在延续第一阶段成果的同时，学者们对比西方的复句研究理论，在一种自觉的状态下对前一阶段的研究进行修正调整。该时期的经典著作当属黎锦熙先生的《新著国语文法》（1924）。该著作针对汉语复句的分类层级和细化描写做了比较深入的研究。其显著特点为：其一是对复句进行现代意义上的分类，共分为主从句、等立句和包孕句。其二是尽可能全面地将每一种复句中的关联词进行全面的罗列。

由于黎锦熙先生承上启下的重要作用，使得复句开始在汉语语法研究中占有一席之地。这种对第一时期的思考、深化和调整，为下一个讨论定型期奠定了坚实的基础。

（三）研讨定型时期

这是一个承前启后的阶段。以何容先生的《中国文法论》（1942）为代表，对舶来为主的语法进行了系统的整理和研究。为此他在书中特设一个章节，即第六部"论复句与连词"，认真从各个方面对其前涉及的复句理论进行系统的归纳和总结，在此基础上提出了"全面舶来"主义的不足和问题。比如，不加分析对西方语言尤其是英语的照搬；又如，其分类完全是从英文复句框架拿来的。由于时代的局限性及各种原因，何容先生也未能给出自己的定义，然而他的总结和见解还是为后人的研究提供了平台。

此时另一个语法大家王力开始创建其复句体系，他在《中国语法理论》（1944）中就主张以句法作为其重要基础。首先他赞成《新著国语文法》将主从和包孕两种句子分开考察；其次又将复句体系划分为等立和主从两个大的类别。他谈道复句时特别强调："中国的复句往往是一种意合……如果没有任何语法成分把两个句子形式联合起来，无论它在意义上怎样关联，也不能认为是一个复合句。"①

进入二十世纪中叶，美国描写结构主义语言学派深刻影响了中国的语法学界。当时的语法学家多受这股思潮的影响，最有代表性的，首推吕叔湘先生和朱德熙先生合著的《语法修辞讲话》，他们同样以句法研究为重。在吕叔湘先生的《中国文法要略》（1942）中侧重用语义标准来衡量汉语句子语法。他将复句分为6个大类19个小类，不再用对比，通过单句来说明复句，而其对重新为自己界定的概念"繁句"进行了各种细化的表述并和复句之间的差异作了清晰

① 王力. 王力文集第一卷·中国语法理论［M］. 济南：山东教育出版社，1984：89.

详尽的阐述。

结合前述内容，随着时代的进步，汉语复句自身理论得到了长足发展，复句的定义已经深入人心。根据汉语复句理论发展过程，我们可将当时学术界所公认的内容归纳如下：1. 对复句的内部切分，主要有以下几种：词语、短语、句子等。2. 单复句应该被区分，但是角度各有不一。3. 包孕句在这个时候基本已经被认定为单句，而不再纠结其到底归属于单复句中的哪一种。4. 复句的划分已经开始出现，但是还比较单一。复句的划分只有两种方式：其一为两分法，其二为根据逻辑直接划分出十几个小类别的单级分类法。

（四）多元转型期

"文化大革命"后，中国语法学界进入空前繁荣的时代，新的理论、新的研究方法纷纷涌现。进入 20 世纪 80 年代之后，各个语法学家努力探索复句中的各种语法现象的理论和方法。例如，吕叔湘先生的《汉语语法分析问题》（1979）是一部具有总结性的语法理论专著，虽然只是一本小册子，但是含纳了语法研究中大部分的研究论题。在单复句问题上，吕叔湘不仅指明了其复杂性的原因所在，并且提出应该把眼界放宽一些，特别要注意句子结构的复杂性和句子格式的多样性。①

此外还涌现了一批著名的语法学家，如胡裕树（1981）、张斌（1996）、黄伯荣、廖序东（1997）等，他们都对复句的系统持比较稳妥保守的意见，虽然这也是教学语法体系一直坚持的部分，但还是在进一步描写和深化上做了大量工作。

（五）精细新解时期

此阶段邢福义《汉语复句研究》（2001）和王维贤《现代汉语复句新解》（1998）当属最重要的研究成果。邢福义借助逻辑学的内容对复句的关系进行新的排列、归纳和整理。他将整个分句开创性地划分为三大类别：并列式、因果式和转折式，甚至用到诸多数理逻辑方面的内容来描写汉语复句。他的很多论文也具有重要意义，例如《谈谈多重复句的分析》《现代汉语语法研究的两个"三角"》《试论"A，否则 B"句式》《说"句管控"》《现代汉语的"要么 P，要么 Q"句式》等。

王维贤《现代汉语复句新解》则将目光转向三个平面，使用形式语法和逻辑语义相比照的方式，对复句的各个方面进行了较为全面的描述，从而构建了一个有异于以前的复句系统。我们可以看到本书最大的特点就是理论色彩极重，

---

① 吕叔湘. 汉语语法分析问题［M］. 北京：商务印书馆，1979：91.

对西方的各种流行理论都有所涉猎，如莫里斯的符号学理论、乔姆斯基的转换生成理论等。但同时王维贤对此认识很清晰，并不盲目照搬到汉语中，而是发挥所长用其分析了众多现在复句界难解的命题。

二、两个层面现状概述

（一）古代汉语复句研究

从当前的研究现状来看，受对语料的熟悉程度与应用范围等影响，目前的复句研究八成以上被现代汉语所占据，对古代汉语则相对较少涉及，而且在研究方面，重理论建构，轻相对应的实践。所以古代汉语复句的研究仅限于一些语法著作，其研究成果主要要分为以下几类：

1. 各类汉语史以及古代汉语语法专著。主要有王力的《汉语史稿》，杨伯峻、何乐士的《古汉语语法及其发展》（下册），孙良明的《中国古代语法学探究》，孙锡信的《汉语历史语法要略》，周法高的《中国古代语法》（造句编（上）），太田辰夫的《中国语历史文法》，向熹的《简明汉语史》，曹广顺的《中古汉语语法史研究》，唐子恒的《文言语法结构通论》，何乐士《汉语语法史断代专书比较研究》等。在这些著作中一般都会有一个章节来专门论述复句的相关内容。

2. 各类古代汉语专书句法研究的著作和论文。如祝敏彻《〈朱子语类〉中的偏正复句》；周会娟《〈韩非子〉有标复句研究》（2009）；胡明扬《〈老乞大〉复句句式》（1984）；白兆麟《〈盐铁论〉句法研究》；陈顺成《〈孟子〉复句研究》（2007）；刘艳《〈颜氏家训〉复句研究》（2008）；丁俊苗《〈醒世姻缘传〉复句研究》（2003）；颜琪艳《〈林兰香〉有标复句研究》（2012）；魏海艳《今文〈尚书〉复句研究》（2010）；赖江《〈晏子春秋〉复句研究》等论文。

从白兆麟《〈盐铁论〉句法研究》开始，历史专书的复句研究也开始进入学术界的研讨范围。该书对上古汉语句子，特别是复句描写翔实、细致、全面，奠定了专书句法研究的基础，影响了此后大批汉语句法专书的描绘类著作，从而引发了大量针对专书当中某种复句的研究，如《〈荀子〉单重按断复句研究》《〈孟子〉假设复句初探》《〈论语〉中按断复句与其他句式的区别》《〈朱子语类〉的让步复句》《〈老乞大〉、〈朴通事〉的复句》《〈左传〉复句的形式标志》等文章。

3. 关于复句断代史的研究。例如《上古汉语时间复句说略》《先秦解说复句初探》《先秦因果复句初探》《中古汉语假设复句及假设连词专题研究》《论古代汉语复句的紧缩》《古汉语假设复句三议》《中古假设复句关联词研究》《古代汉语因果复句句型探究》《中古汉语让步复句探析》等，但是它们缺乏系统性和连贯性，以近古早期复句来进行分析的文章更是不多见。

（二）现代汉语复句研究

现代汉语研究的起始点当属英语的各种从句。严格意义上的复句可以追溯到《马氏文通》中关于句读的一章，虽然终因历史的局限性而显得相对笼统。其后发展如前文所述各个大家在自己的汉语语法著作当中都或多或少地提及了复句。因为这是一个逃不开、避不掉，每天生活都在使用的一种语言单位，故而在现代汉语中研究成果是非常丰富的。我们也将其分为两类：

现代汉语的语法通论：吕叔湘《中国文法要略》、王力《中国现代语法》、刘世儒《现代汉语语法精义》、张志公主编的《汉语知识》、高名凯《汉语语法论》、张静《汉语语法问题》、王维贤等《现代汉语复句新解》、北京师范大学中文系语言教研室编著的《现代汉语语法知识》等。

单篇论文及学位论文类：邢福义《略论复句与推理》《汉语复句与单句的对立和纠结》《汉语语法结构的兼容性和趋简性》、陈玲《汉语复句的虚实转化研究》、陈小红《现代汉语转折复句的语义基础》、沈迪《递进类关联词语研究》、王长武《复动补充复句研究》、罗进军《有标假设复句研究》、尹蔚《多维视域下有标选择复句研究》等。上面仅是少数几个例子，至于研究各种复句及其标记、语义、语用的论文更是数不胜数，在此不再一一列举。总之古代汉语和现代汉语相比较，无疑后者受到了更多的重视，因此其成果自然更加丰硕。

综上所述，我们可以看到，古代汉语复句研究仍然存在很多的不足，尚有待于进一步发掘和研究。

其一，今重古轻。古代汉语复句的研究较为薄弱。从数量上看，相对于现代汉语，古代汉语复句的研究较少，且多集中在先秦和明清两个历史阶段，宋代的专书复句类研究目前为止为零。

其二，复句理论研究相对成熟，但是缺少实践分析。因为古汉语的语料整合、筛选相对困难，要建构完整的语法史体系必须要加强对古代汉语专书的研究，尤其是近古汉语。这样我们才能在印证复句理论的同时，发展复句理论，探求复句发展演变的历史，同时为古代汉语句法体系的进一步完善做出自己的努力。

其三，古代汉语复句研究理论相对传统，将现代语言学理论运用到古代汉语复句研究中，是对古汉语复句研究的推动和新的突破。

三、复句的两大焦点问题

（一）汉语单、复句的有无

吕叔湘说"单句、复句的划分是讲汉语语法叫人挠头的问题之一"。此问题历来看法不一，在语法学界一直有不同的声音。以孙良明为代表的专家们形成一派，他认为《汉语单复句划分标准评析》（2000）"按句法结构去划分、归纳句子结构类型，就无所谓单句、复句之分"。汉语只要划分单复句，就会永远让讲汉语语法的人"挠头"；要想不"挠头"，只有取消单复句这一分析法。①

但这个观点总体来说并非学术界的主流，占大多数意见的如王力、吕叔湘、邢福义等普遍认为从汉语语言实践运用的功能以及篇章的合理布局角度来说，划分都是必要的。我们认同后者的观点，单句和复句应该被划分开来，它们都是句子这个层级下的具体类别，二者同处一层，是彼此平等的句子类型。

这种划分可追溯严复的《英文汉诂》（1904），其句法分类一篇就谈及"句子"的分类：

表1 《英文汉诂》句法分类表

汉语句子 (Sentences)	简单句 (Simple sentences)		
	合沓句 (Compound sentences)		
	包孕句 (Complex sentences)	母句 (Containing sentences)	
		实子句 (Contained clauses)	区别子句（Adjective clause）字子句（Substantive clause）疏状子句（Adverbial clause）

这完全是按照英语的句子分类框架开创的汉语句子分类的源头，连名字都是直接从英文翻译过来的。这种分类虽有不足之处，但是开创之功不可湮没。其后的各种关于复句的语法著作分类都是从这里延展而来的，有人说汉语形态简单，属于原始语言，但我们认为这种定义过分简单、片面，这并非衡量语言是否原始的标准。它不过是中西语言本质的区别之一。但我们决不能因此就对

---

① 孙良明．汉语单复句划分标准评析［J］．山东师大学报，2000（1）：88-92.

汉语单、复句子的分类加以全面排斥。在实践当中得出的结论就是，我们一定要进行区分，更何况还有诸多专家提出的例如"结构、语义、功能"等标准。

下面我们来详细看一看各位语法界前辈的划分方法及意见。

其一，黎锦熙、刘世儒的"成分划定论"。他们在《汉语语法教材》曾写道："复式句和单式句区分的标准，简单说就是'成分划定法'。单式句和复式句在结构上有本质的不同。……主要是看某一语言单位能不能被划定为另一语言单位的成分。能，就是单式句；不能，就是复式句。"①

其二，朱德熙《语法讲义》（1982）的"深化层次论"。"不能把分句看成词组，因为复句里分句间的关系，不是词组和词组之间的关系。我们不能把分句之间的关系解释为词组平面上的任何一种关系，诸如主谓关系、述宾关系、偏正关系之类。总之，分句是比词组高一个层次上的东西，可是又不同于句子。"②

其三，杨伯峻、何乐士（1992）认为："总的来说复句是指有两个以上的分句（或谓语读）组成的意义相对完整的句子。分句（或谓语读）之间不是互为句子成分，而是有着语义上的逻辑关系。"③

其四，池昌海《现代汉语语法修辞教程》（2009）提出"结构论"。构成复句的直接成分——分句之间没有任何句法关系，无论直接成分是一个小句形式还是一个词或者短语形式；而单句的直接成分——词或者短语之间一定有某种句法关系。④

其五，吕叔湘的"词结论"（1982）认为，词结是一个重要衡量标准。所谓简句就是只含有一个词结的句子，与之相对应的繁句通常是包括两个或两个以上词结的句子。词结和词结之间是构造性的结合关系。

虽然说法众多，且各位大家的意见有差异之处，但也不乏交叉并举之处，总体归纳为：

1. 功能性标准。基于单复句的定义来分析，不能断定有两个或两个以上分句的句子即为单句，反之则为复句。

2. 语义标准。即能否完整地表达一个意思。复句一般有两个组成部分，二者必须归并为一个完整的句子时，其含义才能全部表达。而单句则能相对完整表述一个整体的意义。

① 黎锦熙，刘世儒．汉语语法教材［M］．北京：商务印书馆，1962：3-4.
② 朱德熙．语法讲义［M］．北京：商务印书馆，2006：215.
③ 杨伯峻，何乐士．古汉语语法及其发展（下）［M］．北京：语文出版社，2001：921.
④ 池昌海．现代汉语语法修辞教程［M］．杭州：浙江大学出版社，2009：112.

3. 语法标准。具体表现在语音停顿、关联词语、谓语动词的数量等内容上面。结构中心是最重要的。有一个则为单句，两个或以上则为复句。在遇到一些难以判别的情况下，标记词就是重要的判断工具。

如表 2 是各家单复句划分标准的对比参照表：

表 2　各家单复句划分标准参照表

	结构标准	语音停顿	连词	谓语的多少	意义标准	其他关系词语
黎锦熙	√		√	√	√	
王力	√	√	√		√	
吕叔湘	√		√		√	√
语法小组	√		√		√	
张志公	√		√		√	
朱德熙	√		√			
杨伯峻、何乐士	√		√			√

结合复句的实际特征，借鉴各个语法学家的观点，我们认为应该采用综合标准，而非单一标准，可以以结构标准为主，意义标准、语音停顿和关联词语为辅来区分单复句。复句应该具备下述几个重要特点：

第一，从形式上来看，由两个或以上的分句复合而成的句子才能被认定为复句。

第二，分句不能出现彼此含纳的情况，否则就成为一个单句了。

第三，语义上，必须表达的是一个意思完整的句子。

此外，标记词也是应该重点关注的地方，借助于它的力量有助于更好地辨析单句和复句的差别。单复句之间难以划分的只是交集地带和特殊用例，这也是专家们在不断讨论的地方，但这不影响我们对大量的语法事实进行研讨和归纳。至于那些难以索解的问题我们不妨回到历史语法的视野范畴中探索研究寻找答案，正所谓昨天的词法也许就是今天的句法。所以我们选择《朱子语类》的复句进行研究，也是为解决那些有争议的问题提供一些描写、分析的依据。

（二）复句的划分

复句划分的类别大致有如下几种观点：一级分类，一次分出十数种复句的类别。代表性意见有两家：1. 赵遵礼（1985）按照逻辑语义进行复句分类，共划分为 11 种：条件、目的、选择、假设、连锁、顺承、并列、递进、转折、因果、让步。2. 周法高（1993）同样以逻辑标准进行划定，分为因果句、时间句、平行句、假设句、容认句和转折句 6 大类型。

以胡裕树（1995）、王缃（1985）、刘振铎（1986）、张静（1987）、黄伯荣、廖序东（2008）为代表的联合、偏正二分为主的双分法是当今复句界一个重要的划分方法。此外，还有黎锦熙、刘世儒（1957）、王力（1985）、史存直（2005）的等立、主从复句二分法以及黄成稳（1990）的因果、非因果划分；王维贤（1994）的单纯、非单纯划分；朱晓农（1989）的推导、非推导等多种划分方式；以杨伯峻、何乐士为代表的并列、连贯、偏正为代表的三分法；此外还有邢福义（2003）的因果、并列、转折三分法；董为光（1999）的并列、相承、转折等多种内容不尽相同的分法。

代表性意见表 3，以便比较分析：

表 3　复句划分标准意见表

专家	代表著作	复句类型总数目	划分标准	大类类别	细化类别
黎锦熙 1924	《新著国语文法》	10	语法逻辑范畴	等立复句、主从复句	选择、平列、转折、承接容许、时间、结果、利诱、条件、目的、形容句、名词句、副词句
吕叔湘 1942	《中国文法要略》	6	关系	未设	同时·先后、异同·高下离合·向背、假设·推论释因·纪效、擒纵·衬托
王力 1943	《中国现代语法》	11	语法逻辑范畴	并列复句、偏正复句	时间、条件、容许、理由、目的、结果、积累、离接、转折、按断、申说
丁声树等 1961	《现代汉语语法讲话》	7	逻辑关系	并列复句、偏正复句	交替、连贯、对比、联合让步、因果、条件

专家	代表著作	复句类型总数目	划分标准	大类类别	细化类别
周法高 1961	《中国古代语法·称代篇》	13	逻辑语义	假设、容忍、因果、时间、转折、平行	普遍平行、逼近平行、选择平行、对待平行、松懈平行、假设 事实容忍、假设容忍 释因、纪效 同时、先后 转折
胡裕树等 1981	《现代汉语》	9	关系	联合、偏正	偏正、因果、转折、条件、让步、并列、连贯、递进、选择
黄伯荣 1991	《现代汉语》	10	意义	联合、偏正	转折、条件、假设、因果、目的、并列、顺承、解说、递进、选择
杨伯峻 何乐士 1992	《古汉语语法及其发展》	13	逻辑语义	并列复句、连贯复句、偏正复句	等立、对比、选择假设、因果、转折、进逼、目的、时间、先后、承接、总分、按断
范晓 1998	《汉语的句子类型》	12	句法关系	主从复句、衡分复句	递进、并列、因果、连贯 让步、选择、条件、总分 转折、注释、记述、表象
唐子恒 2000	《文言语法结构通论》	12	逻辑关系	联合复句、偏正复句、并列复句	进层、修饰、承接、补充、按断、分合、等立、对立、选择、因果、假设、条件、转折
邢福义 2003	《汉语复句研究》	12	关系	并列复句、因果复句、转折复句	并列、连贯、递进、选择 因果、推断、假设、目的、条件 转折、让步、假转
史存直 2005	《文言语法》	13	关系	等立复句、主从复句	目的、时间、假设、原因、让步、并列、条件、选择、承接 推进、转折、比较、倚变

第二节 文献概述及研究概况

一、朱熹的生平与背景

朱熹，字元晦，又字仲晦，有云谷老人、晦翁、沧州病叟、晦庵等名号。祖籍徽州婺源，今属江西。朱熹生于建炎四年（公元 1130 年），去世于庆元六年（公元 1200 年），一生专注于学术研究。自朱熹科举中第以来，共有 50 多年的时间，可谓年少有为。历仕南宋 4 朝：高宗、孝宗、光宗、宁宗，但遗憾的是朱熹从政时间不长，在中央做官时间很短，不过 40 天，在地方任职总共不到 10 年。他一生心血主要倾注在著述和教学活动之中。

朱熹是我国南宋时期著名的教育家、思想家、哲学家，深得北宋二程（程颢、程颐兄弟）理学的真传，加之其博采众长、兼收并蓄周敦颐、张载等人的学术主张，在总结北宋理学的要义后又将其内容发扬光大，并作更深层次的阐释，而且将其传授给诸多学生，成为南宋时期最有名的教育家。由于朱熹在儒家学术思想、文化历史等方面的巨大影响，历来被人尊称为"朱子"，因而其学问著述自成一派，被称为——朱子学。在中国儒学史上，朱熹之学的作用和影响仅次于孔子，而且是"墙里开花，墙里墙外皆香"。朱子学于 13 世纪 20 年代就开始传入与中国邻近的一些国家，例如日本、朝鲜及越南等国，由于这些国家都是儒教文化圈辐射强烈地区，社会文化结构与中国大多雷同，因此朱子学可以顺利地进入并在其土壤中快速地生根发芽。在日本，朱子学与其特殊的本土宗教神道教结合，走上了一条特色发展的道路，出现了致力于研究朱子学的儒家学派。日本最后一个幕府德川幕府将朱子学奉为"官学"。朱子学一直到明治维新在日本都很有影响力。其诚心正意、格物致知、修齐治平的再发展理论同样受到日本人的信仰和尊敬。进入物质文明高度发达的日本，很多有识之士为了解决其社会出现的种种人伦、道德问题，继续潜心研究朱熹的学问，以此来探求"道德之教"的救世良方。

欧洲的启蒙运动，朱子在其中也有着自己的一份贡献。当时的欧洲精英狄德罗、卢梭、伏尔泰等著名思想家都研究过朱子学，并从中汲取养料。德国有名的数学家、哲学家莱布尼茨以朱子学为平台，建构了"唯理论"的思想体系，并发表了关于"道"的《单子论》。这项研究成果对德国古典主义哲学是一个有益的补充，将其活用到数理逻辑和计算机领域，居然也取得了令人意想不到的效果。另一位德国哲学界大师康德在他的《宇宙发展史概论》中提出的天体起源假说与朱熹宇宙哲学中的"阴阳二气的宇宙演化论"的观点竟然不谋而合，所以他还获得了一个"哥尼斯堡的伟大的中国人"的称号。此外，在法国这一时期还曾经发生过一场关于中国"礼"的争论，促使他们认真研究了朱子的学术，虽然有不少误读，但为《朱子语类》东学西渐提供了大好机会。总之现代朱子学术研究者遍布全球，数量极多，专著作品汗牛充栋，研究成果多种多样。正因为其强大的影响力，使它走入了笔者的视野，我们试图从语法学的角度去研究《朱子语类》。

二、《朱子语类》的语言性质

《朱子语类》的语言是很有特点的。这是一部由学生笔记整理而成的著作，也就是对话体的师生问答。当然朱子的讲述是重点，约占 4/5 篇幅，学生的提问内容则比较少，约占全文的 1/5。课堂讲学当然会力求平易，让学生尽可能明白。学生记下来的笔记，因为时间仓促不可能迅速全部转换成书面语言，而是直接记录，或是拿自己的口语重新表述。所以在《朱子语类》中保留了大量南宋时期读书人的口语表述情况。但因为都是知识分子，在这个体系内，也就不可能没有书面语和文言的成分。所以《朱子语类》两种语言形式兼而有之，是一部鲜活的南宋时代文人口语研究语料。

据朱熹生平可以推断，其讲学的时候一般采用的是通用语，即当时的官话，就如今天老师上课必须要用普通话一样。但是由于朱熹的经历和他长年在闽粤地区活动，导致授课语言中定然会有当地方言的成分。同时学生固然以闽粤地区的为多，但也有不少来自两浙、荆湖等地，因此学生对于老师的提问、学生之间的讨论，都应以当时的通用语为主。所以《朱子语类》应该是以南宋时期官话为主，夹有部分闽北方言的语料。

其实所有语言的源头都是口语，无论是上古时期的《国语》，还是《尚书》都有上古大德之人的口语直录。至春秋战国时代最有代表性的为：记录孔子和学生之间问答的《论语》；记录孟子与同时代士人、诸侯等论辩内容的《孟子》。这些内容由于古早，流传下来就成了我们古代汉语系统当中的文言文。但还有一部分是在唐宋的时候逐渐形成的古白话文。文言文开始不断受到当时口语的冲击，而使其脱离了原有轨道的束缚，而独自成为一个体系。唐代是一个语法发生大变动的时期。我们研读王力先生的《语法史稿》，可以充分感受到这一点：在唐代突然涌现出了大量新的语法现象，诸多的词法句法向着现代汉语的方向发生转变。张世禄（1984）在《中国语的演化和文言白话的分叉点》一文中谈道："在实际口语上，因为语言的演变，必须把语词的组织改造一番，而在书写上并无改造的必要。……中国人在说话时，尽管把语词的组织由单纯趋于复杂，在书写上，仍保存着简明的文体，这两方面的离异，就是'文言'和'白话'的分叉点。书写上的文言，单用于目述的，看起来很明白，读起来却听不懂，和口语上的白话，用于耳述的，完全趋于两途。"① 自先秦时代以来的上古汉语发展到中古、近古汉语，整个过程是承前启后、紧密联系、渐进式的，我们摘取其中一环，以此来探究、描写近古汉语必定能获得新的认识。

《朱子语类》在汉语历史语法研究中具有重要的地位和价值。王力（2004）指出，词汇尤其是虚词发生了巨大的变化，在汉语系统中突然涌现了大量成员，如"得、和、地、底、连、不成、莫是、把、就"等，此外一些先秦时代较少出现或没有的句式，如处置式、使成式、和字句等，在《朱子语类》中都已经出现且较为常用。这些都是汉语发展更加全面化、缜密化和科学化的表现。

三、《朱子语类》的版本

在朱熹去世以后，他讲授的课程即各种语录相继刊印出版，主要有"五录"和"三类"。五录的版本分别有以下几种：《池录》《饶录》《婺录》《饶后录》《建别录》。三类为《蜀类》《徽录》和《语类大全》。蜀人李道传四处搜集，共收录了33家的内容，定下了最初的版本，于南宋嘉定八年（1215年）印刷出版于池州，是为《朱子语录》。此后他的兄弟李性传又搜集了8家的内容，共定为41家内容，在南宋嘉熙二年（1238年）出版于饶州，为《朱子语续录》。建安人蔡杭在此基础上，又多方寻觅找到更多的23家内容，于南宋淳祐九年（1249年）同样在饶州出版，定名为《朱子语后录》。以上三人共搜集了64家的内容，著述三部。南宋宁宗嘉定十二年（1219年），福建人黄士毅在李道传版本的《朱子语录》的基础上又增多38家，并且首次按照主题内容的不同，分门别类地进行编排整理，在眉州出版发行，命名为《朱子语类》（见《朱子语类后序》）。南宋理宗淳祐十二年（1252年），东阳王又以此为范本进行再整理和重新编订，成稿后命名为《朱子语续类》，在徽州出版，到这时为止，"三录二类"已经全部出齐。南宋理宗景定四年（1263年），黎靖德对上述版本进行了全面整理，删除其中相同或有错误的部分之后，完成了景定本的《朱子语类》。这本书的诞生标志着《朱子语类》基本成形，是我们现在看到的《朱子语类》

---

① 张世禄.中国语的演化和文言白话的分叉点［A］.张世禄语言学论文集［C］.上海：学林出版社，1984：35.

的初版。本文采用的是中华书局王星贤点校版，黎靖德编《朱子语类》版本。

四、《朱子语类》专书语法研究的意义

所谓专书语法研究即对某一时期某一特定文献当中的某种语法现象，进行全面而透彻的分析。就像一部语法史研究，本身就是各个时期，各方面文献经过探查与研究，整理出来的纵向脉络。使得每一个词、结构、句子都有从诞生到发展，直至今天呈现出来的形态程序。现在专书语法的研究就是一刀切下去之后，展现在我们面前的横断面。我们对这个横断面详尽的描写和梳理能够更加全面透彻地认知那个时代的语言特点，从而进一步总结汉语发展的内部规律。使这种演变得到更细化的证实，进而获得更为科学的语法现象结论。选例式样的研究固然重要，但是穷尽性的研究和综述同样很有意义，因为它为汉语研究专题史、汉语历史大辞典、汉语语法史的发展奠定了坚实的基础。也正是由于其基础性的重要地位，使众多的语法学家前赴后继地将大量的精力倾注于对专书语法的探讨与研究上，并日渐成为一个重要的发展方向，各种专书语料研究的文章也在不断增加。

但在专书研究的内部也存在着一些问题，虽然涉及的范围已经大大扩充，但由于侧重点过于集中，还是有一些方面没有被照顾到。经过何乐士先生（2001）的统计我们可以看到：专书研究的内容一方面涉及的范围已大大拓宽，另一方面仍存在着比例失调的问题。虚词，287 篇，占专书语法研究文章总数的 57%；实词，65 篇，占 13%；语法结构，28 篇，占 5.6%；句式，91 篇，占 18.2%；复句，11 篇，占 2.2%；句群，3 篇，占 0.6%；其他，15 篇，占 3%。句法方面需要我们做的工作更多。如果把上面统计中虚词和实词的文章算在一起，共占 70%左右，而语法结构、句式、复句、语段等总共才占 30%。①

通过上面的统计数据，我们明显发现对于词类的研究占有 7 成的份额，数量实在是非常庞大。尤其是虚词的研究更是重中之重，仅此一种就占到所有内容的一半以上，可见专家的重视程度和学者们的研究方向。他们对句子篇章的研究则是少之又少，尤其是复句只有 2.2%的比例。尽管近些年来对于句法的关注度在语法界已经呈现上升趋势，可大家还是将更多的目光投放到"问句""比较句""判断句"等方面。当然我们对这些方面的关注也是十分必要的，它们具有恒久性的价值。但这种研究比例失调的状况更加提醒我们应加强对句子篇章的研究。古代汉语的复句是存活在文献中的，要想比较彻底地理清某些问题的

---

① 何乐士.专书语法研究的回顾与展望［J］.湖北大学学报社哲版，2001（6）：70-74.

历史演变和发展的重要阶段，我们必须从断代专书入手，而专书研究的一个重要前提就是要选择好专书，看其是否具有较高的语料价值是一个关键的评判标准。为此程湘清（1992）提出了三个条件：1. 口述或撰写该书的作者是否属于该断代。2. 该书的语言是否接近或反映断代的口语。3. 专书的篇幅大小是否具备相当的语言容量。① 《朱子语类》完全符合上述 3 条标准。加之前文我们提过的《朱子语类》的特殊性和重要意义，所以我们选择从这部 200 多万字的巨著入手，尽可能充分地描写出南宋时期复句的使用情况。

五、《朱子语类》专书语法研究成果

1. 整体性研究

最早的研究当属祝敏彻的《〈朱子语类〉句法研究》（1991），该书分为 7 个章节和一个附录，主要为以下内容：复音词、成语、结构、单句成分两部分、句式两部分和复句。它比较全面而系统地探讨了《朱子语类》中的各种句法问题，但是复句部分阐述得颇为简略，并没有当成一个主题内容展开探讨。吴福祥《〈朱子语类辑略〉语法研究》（2004）讨论的对象是对丛书集成本《辑略》进行研究。它的内容涉及比较全面：指代词、助动词、数量词、副词、介词、连词、助词、述补结构、处置式、被动式、疑问句等共 11 个大章。它基本上描写了语料中涉及的所有语法范畴，但唯独没有对复句进行探讨。且该书写作时的要求是按照"近代汉语专书语法研究"课题组事先商定好的体例来写的，所以只把《朱子语类辑略》作为一个封闭的文本考察，而没有涉及相关文献的共时对比和历时比较。②

2. 专题研究

专题研究的内容还是相当丰富的，代表性的论文如下：姚晓霞《〈朱子语类〉语气副词研究》（2008）、文佳《〈朱子语类〉的复合动趋式》（2010）、刘文正《〈朱子语类〉量词研究》（2006）、韦伟《〈朱子语类〉助动词研究》（2005）、唐贤清《〈朱子语类〉副词研究》（2003）、袁勤《〈朱子语类〉复音连词研究》（2007）、刘子瑜《〈朱子语类〉述补结构研究》（2008）、王克荔《〈朱子语类〉介词研究》（2007）、杨永龙《〈朱子语类〉完成体研究》（2001）、祝敏彻《〈朱子语类〉中"地""底"的语法作用》（1982）、闵祥顺《〈朱子语类辑略〉

---

① 程湘清. 汉语史断代专书研究方法论（代序）[A]. 宋元明汉语研究 [C]. 济南：山东教育出版社，1992：4.

② 吴福祥.《朱子语类辑略》语法研究 [M]. 开封：河南大学出版社，2004：2.

中复音词的构词法》（1987）、祝敏彻《〈朱子语类〉中成语与结构的关系》（1990）、刘文正《〈朱子语类〉附加式双音量词及发展》（2007）、李思明《〈朱子语类〉的处置式》（1994）、崔兰《〈朱子语类〉词缀时空性研究》（2008）、刁晏斌《〈朱子语类〉中几种特殊的"被"字句》（1995）、章新传《〈朱子语类〉的"比"字句及其汉语史价值》（1995）、何先辟和蒋得德《〈朱子语类〉复音词构词方式研究》（2010）、木霏弘《〈朱子语类〉中的时体助词"了"》（1986）、李薛妃《〈朱子语类〉中的量词"等"》（2009）、李思明《〈朱子语类〉中单独作谓语的能可性"得"》（1993）等、梅祖麟《〈朱子语类〉和休宁话的完成态"著"》（1998）、高文盛等《〈朱子语类〉中的让步连词"虽"及相关问题》、徐鹏鹏《〈朱子语类〉中的词尾"然"》（2006）等。

3. 句法类别

祝敏彻《〈朱子语类〉中的偏正复句》（1991）、李思明《〈朱子语类〉的让步复句》（1996）、王树瑛《〈朱子语类〉问句系统研究》（2006）、周莹《论〈朱子语类〉疑问句的语用特色》（2007）、范允巧等《〈朱子语类辑略〉含介词标记差比句》（2011）、刘建国《〈朱子语类〉比较句研究》（2011）等。讨论《朱子语类》复句的文章较少，目前仅见祝敏彻的《〈朱子语类〉中的偏正复句》（1991）、李思明的《〈朱子语类〉的让步复句》（1996）。

第三节　近古汉语复句研究特点

一、近古汉语复句研究意义

本论文的研究主要有以下五方面的意义：

第一，从共时的角度来看，对于《朱子语类》复句的研究目前仅有两篇论文缺乏详尽、精细的描写和研究。因而以此为选题，可以丰富近代汉语共时性语法研究的成果。

第二，从历时的角度来看，在汉语语法史研究中，字、词、短语的研究已经相当深入并取得了丰富的成果，但是句法研究始终是一个薄弱环节。因此，在对以《朱子语类》为代表的南宋语言状况描写的基础上做适当的历时比较，有助于理清汉语语法演变的脉络。

第三，从泛时的角度来看，古今汉语复句还有一定差异性。现代汉语复句的研究不能完全含纳古今复句的所有情况，但有一定的指导意义。从古汉语语料入手来研究复句，可以推动汉语复句的深入研究，更好地沟通、联系古今汉语复句的研究。

第四，抓住标记词这个有力的工具，以此为线索，以点带面，以穷尽性的统计和细致的描写对其用法和复句情况进行全方位的考察。

第五，本文对《朱子语类》复句的研讨不仅是语法层面的，同时对其语义和语用方面进行了分析和研究，力求从多个角度充分挖掘语料呈现出来的语法特点。

二、近古汉语复句研究框架

本文试从句法、语义、语用三个层面对《朱子语类》的八类复句做全面系统的描写，进而揭示南宋时期复句的基本特点。全文共分四大部分十一章。

第一部分为绪论，内容包括：总结回顾汉语复句的研究概况及《朱子语类》这部专书的语法研究概况、研究目标、理论背景和研究方法、研究意义、研究内容等几个方面。

第二部分对八类复句做出界定，并就其特征和判断标准进行说明。

第三部分为系统篇，是本文的主体部分，分为八章。这部分对《朱子语类》的并列复句、承接复句、递进复句、选择复句、转折复句、假设复句、条件复句和因果复句进行具体的描写分析，从句法、语义和语用等方面揭示《朱子语类》各类复句的特点。

第四部分为结论篇，总结本文所做的工作。

三、研究方法

我们应用"语表""语里"和"语用"等多视角的观察模式。标记词是复句在形式上的重要内容，我们以此为切入点来观察《朱子语类》各类复句的"语表—语里—语值"的关系，并试图做出解释。

我们应用形式与意义相结合的方法。在复句的研究中，我们注重形式标记的有无及其变化造成的复句意义的变化。

我们应用静态和动态相结合的方法。语言最重要的功能是在动态语境中实现人与人之间传达信息、交流情感的目的。这就决定了语法研究也要注重动态的观察。在分析的过程中，我们寻找静态成分对于动态部分的影响及动态的内容是如何制约静态语言内容的排列组合。

我们应用描写和解释相结合的方法。对语法现象进行描写，然后给出相应的解释，是历史语法研究的两项基本工作。笔者在对《朱子语类》复句的句法表现、语义特征及语用目的做细致的描写之后，再找出它们之间的内在联系，并适当地对几个具有时代意义的经典著作中的复句进行大致的比较，做出较为合理的解释，进而获得一些有意义的结论。

为撰写本论文，笔者针对《朱子语类》，以其中标点体系完整的句子为最小单位，建立语料数据库。在复句分析时，笔者采用数据库语言设置相应的查询或排除条件，进而尽量客观、精确地分析、统计出符合分析需要的相应语料。以"如"字分析为例：语料库中含"如"字的句子共19303条，由于是复句研究，因而首先将单句排除，排除后相关资料共计16560句。作为假设复句标记词，"如"字通常出现的位置多为AP的句首，考虑极值情况对本次分析影响较小，因此设置"如"字在句首的筛选条件，进而将分析资料进一步缩小至4202句，此外，排除如今、如何、如此等用法，最后将分析范围缩小至1096句，随机抽取其中一百句，其中符合要求的占80%以上，再经过人工分析和比对，筛选出符合要求的复句用例。

论文中还常常运用统计分析的方法和手段将定量与定性相结合，对复句标记词的使用情况进行严谨的统计，针对其典型特征进行定性说明。总之是将描写、解释、理论相结合，将共时、历时、泛时相结合进行全方位合理的分析和研究。

四、研究理论

在汉语语法体系中，有标复句具有非常重要的地位，一直为学界所关注，在语法学界相关理论成果较多。由于汉语尤其是古代汉语具有词性多样性、词义复杂性和词汇隐晦性等特点，使得古代汉语中的句子结构丰富多样，充满了多义和歧义的含义解读，且对于缺少形态标记的汉语来说，在语法上具有趋简性、兼容性（邢福义，1997）和句位高效性（储泽祥，2010），这些特点使我们更加有必要以有标复句为抓手，这样才能更好地研究近古汉语的复句系统。学界也对此产生了多种研究理论，如修正扩展的标准理论、支配和约束理论、广义的短语结构语法、框架语义学等。这些理论对本书的研究有着重要的指导作用。

1. 标准理论

标准理论隶属于乔姆斯基的转换生成语法，由句法、语义和语音三个部分组合而成，句法部分由两种结构组成，分别是句子深层的结构和句子表层的结构；句子的语义是和句子的深层结构密切相关的，具体来说，就是句子的语义内容是由深层的结构所提供的，深层结构提供语义后，再结合相关规则通过句子表达出来。扩展的标准理论中的转换部分又进一步提出了"虚迹"（trace）的理论。转换中某个成分由于移位在原来的位置上留下了虚迹，可以用于复句深层和表层结构的分析。

2. 支配和约束理论

支配管辖理论主要分析短语中心语与其补足语之间的管辖关系。如果中心语管辖其补足语，中心语就是管辖成分，而补足语就是被管辖成分，而含有管辖成分的最低层 S 或 NP 就是管辖范围。

在运用这个理论的时候，需要根据近古汉语的特点，界定两个概念：统领和管辖。统领：如果有两个范畴 X 和 Y，当支配 X 的上一层次结点也支配 Y，并且 X 和 Y 互相不支配，在这种情况下，X 统领 Y。管辖：如果 X 统领 Y，并且 X 和 Y 直接下属于同一个最高量投射，那么 X 管辖 Y。

约束理论，就是语义解释的照应关系，它要说明在管辖区域内的成分，在何种情况下是自由的，在何种情况下是受约束的。分析复句时有三条约束原则。

a）照应词在管辖区域内受约束时，其先行词必定在管辖范围内。

b）代名词在管辖区域内是自由的。

c）指称词总是自由的。

3. 语义框架理论

美国语言学家菲尔墨揭示了语义在现实话语中存在、使用的背景和动因。通过基本语义框架的描写确定词语意义的解释和功能。他指出同一框架下的动词不但共享一个结构，而且具有相同的角色，是认知语言学范式的一部分。在人们理解词汇和句子的过程中，也就是说当理解某一个概念结构中的某一个具体概念时，一定要基于对整个结构的理解，当这一个特定的概念结构中某一个具体概念进入书面语文本或口语交谈环境中时，它所包含的所有概念同时都会被自动地激活。《朱子语类》作为口语性很强的文本，随着复句的展开，一种意象图式就会在大脑中形成，从而达成全面和深入的语义理解。

4. 依存语法理论

依存语法有着悠久的历史。它可以追溯到梵文语法，然后发展成传统语法学家所经常用到的句法的表示形式。1959 年，法国语言学家吕西安·泰尼埃首次在其所著的《结构句法基础》一书中提出可以通过分析语言单位内成分之间的依存关系揭示其句法结构。从那以后，他的依存语法和配价理论在世界各地的语言学研究中掀起了一股热潮。在依存语法的定义中，"依存"是指句子中所有词之间具有的支配关系，它不是等价的，而是定向的。那些对其他词进行支配的词叫作支配者（head），那些被别的词所支配的词叫作从属者（dependency）。该理论对研究有标复句有着极为重要和显著的作用。

五、本文使用的符号

CS：compound sentence 复句

AP：Antecedent phrase 前分句　　CP：Consequent phrase　后分句

M1：mood1　陈述　　　　　　　　M2：mood2　疑问

M3：mood3　祈使　　　　　　　　M4：mood4　感叹

Fo1：AP 语义重心型

Fo2：CP 语义重心型

Fo3：AP、CP 双向语义重心型

RM：隐性标记　　　　　　　　　　DM：显性标记

第二章

《朱子语类》复句的界定和分类

第一节　《朱子语类》复句系统分类

复句的划分标准不一，学者们研究的结论也不一，但总有一种是最适合我们的研究的。我们讨论"复句"，无论古今，都指"包含两个或两个以上分句的句子"。其构成表现为"分句 1……分句 2……分句 n"的形式。杨伯峻、何乐士在《古汉语语法及其发展》中关于复句及其分句有如下论述："复句是由两个以上的分句（或谓语读）组成的意义相对完整的句子。分句（或谓语读）不是互为句子成分，而是有着语义上的逻辑联系。""我们所说的谓语读即指谓语带有停顿，在句中作谓语，在复句中作分句，而不是其他句子成分。由于复句中的分句大多无主语，似乎叫谓语读更符合实际。不过叫分句也未尝不可，因'复句'顾名思义就是由两个以上的分句组合而成的。"①

复句虽为"复句"，其作为"句子"的本质仍未失去意义。比如，复句全句也会根据语用的需要，适当地停顿，作为整体有一个统一的语调。但复句又不像"句子"那样简单，因为它是复杂的句子，包含至少两个或更多相对独立又彼此联系的分句。其中隐含的逻辑关系，可以通过运用一些形式的手段（比如标记词）显现出来。总之，复句的分类原则是以逻辑语义关系为基准，辅之以标记进行提示。

我们将《朱子语类》的复句系统分为两大类、八次类。复句的两个部分的称呼多种多样，有的用前后分句，有的用小分句，有的用逻辑学的两个命题 P、Q 来表示。我们认为最好进行统一的规定和划分才能更好地进行讨论。所以在本文中为了便于称说，我们将复句的前后组成部分分别称为 AP（前分句，Antecedent phrase）和 CP（后分句，Consequent phrase）。大体分类如下：

---

① 杨伯峻，何乐士．古汉语语法及其发展（下）[M]．北京：语文出版社，2001：922.

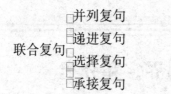

由于《朱子语类》卷帙浩繁，共有 112172 个句子，因时间和精力有限，不能对所有句子进行描写和分析，所以本文只就其中有标记的复句进行研究。而无标记复句则多是通过隐性的方式表现句子内部的逻辑关系，其规律性不如有标复句明显，故不在本文考察的范围之内。以下就上述几类复句作简要说明。

一、联合复句

联合复句中的每个分句在逻辑意义上是完全平等的，不偏不正，没有主次之分。从结构形式上看，联合复句属于开放类的，它可以无限延展，在结构划分时可采用多分法。我们将《朱子语类》的联合复句再分为并列复句、选择复句、递进复句、承接复句四类。

1. 并列复句

每个分句在意义上是平等的，不分主次，不偏不正。例如：

（1）乾元者，始而亨者也；利贞者，性情也。（《卷第六·性理三》）

（2）仁是天理，公是天理。（《卷第六·性理三》）

2. 选择复句

选择复句是指在分句中列出两种或几种可能的情况，让听者从中进行选择。在《朱子语类》中，选择复句及其标记词都颇有代表性，近代时期是选择复句及其标记词发展的重要阶段，尤其是选择标记匹配框架系统在这一时期经历了快速发展。例如：

（3）凡此等类，是苍苍在上者真有主宰如是邪？抑天无心，只是推原其理如此？（《卷第一·理气上》）

（4）知觉是心之灵固如此，抑气之为邪？（《卷第五·性理二》）

3. 递进复句

递进复句是指后一分句比前一分句在意思上更进一层，一般表示由少到多、由小到大、由轻到重、由浅到深、由易到难的变化，反之亦可。① 例如：

（5）曰："不但如此壮而已，又更须进一步也。"（《卷第七十七·易十三》）

---

① 黄伯荣，廖序东·现代汉语（下）[M]·北京：高等教育出版社，2002：164，166.

（6）曰："富贵不以道得之，不但说人君不用其言，只富贵其身。(《卷第二十六·论语八》)

4. 承接复句

承接复句指前后分句按时间、空间或逻辑上的顺序表示连续的动作或情况，分句之间有先后相承的关系。① 例如：

（7）而日所退之度，亦恰退尽本数，遂与天会而成一年。(《卷第二·理气下》)

（8）自华来至中，为嵩山，是为前案。遂过去为泰山，耸于左，是为龙。(《卷第二·理气下》)

二、偏正复句

偏正复句的各分句在意义上有主次之别，表达说话人主要观点或态度的部分我们称为正句，与此相对的部分称为偏句。偏正复句是相对封闭的一类，其内容一般不可随意延展。

1. 转折复句

转折复句是指一个复句中 AP 表达一个意思，但 CP 没有顺着这层意思向下表述，而是出现了相反、相对的意思，或者超出听者心理预期的句子。其标记词可以是"但是""然""却""则""反""倒""虽"等。例如：

（9）"仁者以财发身"，但是财散民聚，而身自尊，不在于财。不仁者只管多聚财，不管身之危亡也。(《卷第十六·大学三》)

（10）或问："克己之私有三：气禀，耳目鼻口之欲，及人我是也。不知那个是夫子所指者？"曰："三者皆在里。然非礼勿视听言动，则耳目口鼻之欲较多。"(《卷第四十一·论语二十三》)

转折复句的特点是 AP 和 CP 表达的是已然的情况，但是 CP 相对于 AP 来说在意义上发生了逆转或者违拗，故而形成转折关系。

2. 因果复句

因果复句的分句之间有原因和结果的关系。它又可以分为两类，一类是先因后果，一类是先果后因。② 这种复句中常见的标记词有："因""为""故""惟""所以""缘"。例如：

（11）向来久不晓此，因读月令"日穷于次"疏中有天行过一度之说，

---

① 黄伯荣，廖序东. 现代汉语（下）［M］. 北京：高等教育出版社，2002：164，166.

② 杨伯峻，何乐士. 古汉语语法及其发展（下）［M］. 北京：语文出版社，2001：963.

推之乃知其然。(《卷第二·理气下》)

（12）由道心，则形气善；不由道心，一付于形气，则为恶。(《卷第六十二·中庸一》)

3. 条件复句

偏句提出条件，正句表示在满足条件的情况下所产生的结果。[①] 常用的标记词有"只有""唯有""无论""但使"等。例如：

（13）只要日日熟读，须教它在吾肚中先千百转，便自然纯熟。(《卷第十九·论语一》)

（14）但凡事察之贵精，守之贵一。如戒慎恐惧，是事之未形处；慎独，几之将然处。不可不精察而慎守之也。(《卷第六十二·中庸一》)

4. 假设复句

假设复句中，前分句先提出一个假设，然后由后分句说明结果。[②] 常用标记词有"果然""万一""一旦""倘使""如若""若或""设使""且""犹"等。例如：

（15）有此理，便有此天地；若无此理，便亦无天地，无人无物，都无该载了！(《卷第一·理气上》)

（16）万一即死，则亦不至昏昧过了一生，如禽兽然，是以为人必以闻道为贵也。(《卷第二十六·论语八》)

以典型性标记词来指代即如图 1：

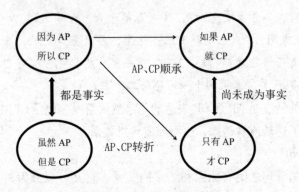

图 1　标志性关联词指代图

---

① 黄伯荣，廖序东. 现代汉语（下）[M]. 北京：高等教育出版社，2002：166.

② 李佐丰. 古代汉语语法学 [M]. 北京：商务印书馆，2004：474.

第二节　《朱子语类》复句的判定标准

为了更好地对《朱子语类》复句系统作精确详尽的描述，我们必须要把研究的对象界定清楚。只有在同一个层面、同一个体系内考察，我们才能更清晰地看到南宋时期较口语化的文献资料中复句的特点。从小句到单句、复句再到句群、段落、语篇，都是具有层级系统和连续性的，它们之间的界限有时并非明晰的，存在着典型与非典型的区别。因此为便于分析描写《朱子语类》的复句系统，我们从以下几个方面对其判定标准进行简要说明。

1. 语义角度

复句的 AP 和 CP 必须完整。以因果复句为例，一个分句表示原因，另一个分句表示结果，二者相连后构成因果逻辑关系，二者缺其一，意思的表达均不完整。如：

(17) 盖水星贴著日行，故半月日见。(《卷第二·理气下》)

例 (17) 中 AP "水星贴著日行" 表示 "原因"，CP "故半月日见" 表示 "结果"，缺少任何一个部分都不能形成一个完整的因果复句。

标记词固然重要，但不能因此就判定某个句子为复句，因为即使出现一些标记词，但 AP 和 CP 之间并不是相对应的逻辑关系，这种情况不能算作复句。如：

(18) 黄鲁直以元祐党贬，得放还，因为荆南甚寺作塔记。(《卷第一百三十·本朝四》)

该句虽有 "因为" 出现，但不能据此判断其为因果关系的复句。

2. 语法角度

AP 和 CP 应是双向孤立的，彼此之间不能产生包含与交叉。在我们能看到的文本上应有标点符号（例如逗号、分号等）或标记词来断开。若 AP 和 CP 之间出现互相嵌套的关系，本文就不作为复句来进行考量了。例如：

(19) 又有所谓祷之而应，祈之而获，此亦所谓鬼神，同一理也。(《卷第三·鬼神》)

该例中指示代词 "此" 指代前面整个小句的内容，整个句子实为一个单句。

3. 语用角度

承担多个表述功能的多重复句，亦不在本文复句的考察范畴。如：

(20) 及赵丞相居位，方稍能辨别；亦缘孟后居中，力与高宗说得透

25

了；高宗又喜看苏黄辈文字，故一旦觉悟而自恶之，而君子小人之党始明。（《卷第一百一·程子门人》）

4. 为了尽量保证所调查文献语言的同质性，我们在对《朱子语类》复句进行定量统计时，只分析朱子及其时人的话语，对其中引用"四书""五经"等前代先贤典籍中的话语，不再加以分析。

（21）山不厌高，水不厌深；周公吐哺，天下归心！（《卷第一百四十·论文下》）

5. 还有一类特殊的句子需要注意。因为本文是语录体，故而"谓""曰""言"等词出现频率很高。该类词与其后所加的转述类语言存在多种多样的复杂关系，如复指、同位等。在这种情形下我们就将其作为另一单层次的句子来处理，不与后面的句子发生联系。

（22）或问："理在先，气在后。"曰："理与气本无先后之可言。"《卷第一·理气上》

（23）蜚卿问："'纯亦不已'，是理是气？"曰："是理。"《卷第四·性理一》

（24）问："人有强弱，由气有刚柔，若人有技艺之类，如何？"曰："亦是气。如今人看五行，亦推测得些小。"《卷第四·性理一》

总之，将上述标准界定好再进行分析，标准统一，结论才更加可靠。

第三节 《朱子语类》复句标记词

一、《朱子语类》复句标记词的作用

本文的研究对象主要为有标复句，因此标记词的辨识和确定对我们的研究至关重要。复句标记词对复句的起承转合、逻辑意义的体现具有重要意义，正如邢福义（2001）所说："标记词的作用如此重要，它既是复句的结构性标志，也是分析复句语义关系的重要形式标记。关系词语的作用主要有四种：一是显示，二是选示，三是转化，四是强化。'显示''选示''转化''强化'，指的都是由语里到语表的动态过程。"[①] 下面我们来看看标记词的具体作用。

---

① 邢福义. 汉语复句研究［M］. 北京：商务印书馆，2001：31.

1. 显示作用

本来 AP、CP 之间就必定存在着某种逻辑语义关系，但是通过标记词就更加明示出 AP、CP 之间的意义关系。

（25）正缘气质不同，便有不相似处，故孔子谓之"相近"。（《卷第四·性理一》）

（26）纵自家力量到那难处不得，然不可不勉慕而求之。（《卷第一百二十·朱子十七》）

（27）不拘思虑与应事，皆要专一。（《卷第九十六·程子之书二》）

（28）曰："不但是行要无邪，思也要无邪。"（《卷第二十三·论语五》）

以上四例，标记词的作用均为显示。"正缘""纵……然……""不拘""不但"等词都分别标记出了 AP 和 CP 之间的因果、让转、条件和递进关系。

2. 选示作用

在没有标记词时，AP 和 CP 可以表示多种逻辑语义关系，但是如果加上相应的标记词后，某种逻辑语义关系即会显现出来。例如：

（29）因看风飘木叶，乃云："木末风随叶下"，虽对不过，亦且如此。（《卷第一百四十·论文下（诗）》）

（30）既是好仁，便知得其它无以加此。（《卷第二十六·论语八》）

例（29）如果没有"因……乃……"就表示单纯的承接关系，但是加上标记词后则是明显的因果关系。例（30）如果没有"既……便……"表示条件关系或因果关系，但加上标记词后，就可确定为因果复句中的推理因果复句。

3. 转化作用

即标记词对句子业已形成的逻辑关系进行转化，但转化为何种关系，一般取决于语境的需要。

（31）这利害非轻，假饶你尽力极巧，百方去做，若此心有些病谤，只是会不好。（《卷第一百二十·朱子十七》）

（32）若不论直与枉，一例爱他，也不得。大抵惟先知了，方能顿放得个仁也。（《卷第四十二·论语二十四》）

例（31）"若……只是……"本为假设复句，但因前面有了"假饶"一词该复句就可以理解为转折复句中的假转句。例（32）就逻辑基础来说，"若不论直与枉"与"一例爱他"本为假设关系，但加了"也"字就转化成了转折复句。

4. 强化作用

就是使用某些明显的标记词强化原文中已经形成的逻辑语义关系。如：

（33）譬如耕田，须是下了种子，便去耘锄灌溉，然后到那熟处。而今只想象那熟处，却不曾下得种子，如何会熟？（《卷第一百一十七·朱子十四》）

（34）又问："人死则魂魄升降，日渐散而不复聚矣。然人之祀祖先，却有所谓'来假来享'，此理如何？"（《卷第三·鬼神》）

上述两个例子中，"然"已经表示转折的逻辑语义关系了，又用"却"再度强化了这种转折关系，使之成为名副其实的重度转折。

经上所述，我们可看到标记词对复句的重要意义。

二、《朱子语类》复句标记词的分类

1. 独用、合用联接标记

在逻辑分类的前提下，标记词是一个值得我们高度关注的指标。从形式上来看，标记词可以清晰地分割出复句的层次；从语义上来看，某个标记词的出现一般即可表明 AP 和 CP 之间的逻辑语义关系。标记词联结前后分句的基本方式有两种：一种是独用联接，另一种为合用联接。其中独用联接又可分为前指向关联和后指向关联，合用联接又称为相向互指关联，即 AP 关系标记跟 CP 关系标记由于合用导致其关联指向相向而行，如图 2 所示。据此我们可将标记分为独用联接前指向标记、独用联接后指向标以及相向互指关联 3 类，简称为前标、后标和双标。在后面章节具体分析描写每一类复句时，我们也会据此对复句标记词进行划类。

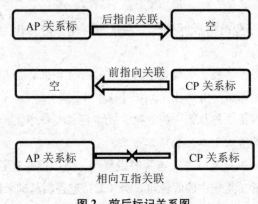

图 2 前后标记关系图

2. 显性、隐性标记

除上述分类外，我们还要考虑标记词的位置、出现频率、语义程度等方面因素，因此还要依据以上因素进行具体分析。

比如，某些标记词在任何语境中都可充当关系标记表示复句所属的类别，可称之为"显性标记"（dominant mark，记作 DM）。例如：

（35）"圣人因见其有此二事，故从而称之。"（《卷第三十·论语十二》）

（36）公不可谓之仁，但公而无私便是仁。敬不可谓之中，但敬而无失便是中。（《卷第六·性理三》）

例（35）的复句由于"因""故"等词的存在，我们可将其明确定位为因果复句；例（36）的复句由于"但"的存在，我将可将其明确为转折复句。"因""故""但"等即为显性标记。

但同样会存在一些标记词因受语境的影响和制约，有时可以充当复句关系标记，有时则不可以。或者因复句所表示的意义及前面显性标记词的变化，有些标记词也会随之表示不同的语义关系，这样的标记词我们称之为"隐性标记"（recessive mark，记作 RM）。例如：

（37）以其有气，故以类求之尔。（《卷第八十七·礼四》）

"以"的含义应为"因为"，"尔"在句尾，加强原因表示力度，与"以""故"二字呼应，表原因的意味加重了，这样的词我们可以认为是隐性标记词。

3. 主语、标记词定位原则

不少语法著作都论述过复句标记词与分句主语的关系。比如，最早在《马氏文通》中，马建忠就提出音节是一个重要的区分标准，放在主语后的多为单音节标记，放在主语前的多为复音节标记。黄伯荣、廖序东主编的《现代汉语》写道："关联词语在复句中有一定的位置。它的位置由分句的主语是否相同和词性而定。分句的主语相同，前一分句的连词在主语后，不用在主语前。后一分句的连词不论分句的主语是否相同，都在主语前；副词则在主语后。"北京大学中文系汉语教研室的《语法修辞》认为："连词的位置往往和它所连接的各个分句的主语是否相同有关。一般来说，分句的主语相同，连词就要放在主语之后；如果分句的主语不同，连词就要放在主语之前。"① 可见标记词在句内定位作用也非常重要。

标记词在句子中出现的位置，也是我们作为考查《朱子语类》复句特征的一个重要指标。其位置有：在 AP 的句首、AP 的核心动词前、AP 的句尾；CP

---

① 莫超. 关联词语的定位与主语的关系［J］. 兰州大学学报（社会科学版），1997（1）：134-141.

的句首、CP 的核心动词前、CP 的句尾。我们分别称之为 AP 首标、AP 中标、AP 尾标、CP 首标、CP 中标、CP 尾标。其位置如图 3：

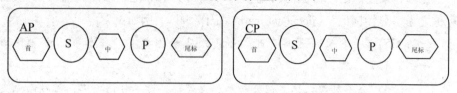

图 3　复句标记词位置图

第四节　《朱子语类》复句的语义类型划分

著名语言学家 Sweetser 从说话者的认知维度出发，用英语作为主参考分析语言，将复句从三个方面加以考虑，即内容域（content domain）、认识域（epistemic domain）、言语行为域（speech act domain）①。此后沈家煊（2003）将该理论引入汉语研究，并将其合理而科学地运用于汉语复句分析当中，写了《复句三域"行、知、言"》一文。他有针对性地将复句从另一个语义关系角度加以概括从而归纳出：行域型、知域型、言域型三种复句类别。沈家煊（2003）认为："'行'指行为、行状，'知'指知识、认识，'言'指言语、言说。"②在行域中，AP 和 CP 的关系是单纯的句法语义关系；在知域中，AP 和 CP 含有说明以及逻辑推理关系；在言域中，AP 和 CP 侧重言语分说类内容。该类分析方法，可以较好地概括说明各类复句内容，且可据此分析判断《朱子语类》中复句的行、知、言之间的语义关系。例如：

（38）只缘被人说得支蔓，故学者多看不见这般所在。（《卷第二十九·论语十一》）

（39）缘汉儒合上文为一章，故误认"偏其反而"为"反经合道"，所以错了。（《卷第三十七·论语十九》）

（40）缘是如此日降一日，到下梢自是没奈他何。（《卷第八十三·春秋》）

上述三例均为因果复句，例（38）"学者看不见"这个结果性的行为来源

①　SWEETSER. From Etymology to Pragmatics［M］. Beijing：Peking University Press，2002：77.

②　沈家煊. 复句三域：行、知、言［J］. 中国语文，2003（3）：195-204.

于被人说得枝蔓这个行为。两者完全是行域中发生的因果。行域里面的 CP 一般代表阐释者和听话者共同预设的主题。例（39）有逻辑关系的前提和结论关系，存在于知域中的推理。（40）则是针对 AP、CP 进行的一种言说。知域和言域的 CP 是阐述者针对 AP 进行的推理和言说。

我们也将《朱子语类》中每种复句都做了上述语义类型的甄别、筛选和划分。通过得出的数据，我们对近古汉语复句语义凸显出来的特征进行总结和归纳。

第五节 《朱子语类》复句的语用特征

从上古汉语到近代汉语，复句的发展嬗变模式以及成形机制各个方面都有其自身的运行轨道。其一，语义特征的历时变化经历了如下阶段：复句由单纯的称述到可以适时加入阐述者的思考来推理，再到因为具有足够的逻辑理解力，可以凭借自己的经验进行判断这样一个过程。其二，从话语交际角色来说，则是经历了一个从第三者视角的静态陈述者到事态情理的复现者，再到组建甚至创造复句内部框架的参与者的过程。在这个发展进程中，语义重心在凸显和变化，主观化的程度在不断提升，从而促成了复句语用的日渐成熟。到了《朱子语类》所处的近古时期，其复句已经发展到了上述两部分的最后一个阶段。可以说，无论结构复杂程度，语用的多样变化，以及阐述者的逻辑思维能力，已经和现代汉语复句相差无几。但是，《朱子语类》毕竟是用文白夹杂的语言写成的，它自身的独特性和历史阶段性，会使其语用上呈现出自己的特色。我们下面主要从三个方面对其进行分析，并归纳其特点。

一、语义重心

（一）判定方法

所谓"语义重心"是指：句法结构中说话人所传达的和受话人接受的语义的重点部分，我们称之为句结构的语义重心。语义重心只是语义表达的着重点，不是也不能代表句法结构语义的全部内容，不等于句法结构中非重心成分的语义。

对于复句这个层面的语义重心判定，不同于布龙菲尔德提出的句子内部的向心结构和离心结构。它主要考查的是 AP 的 CP 关系，更多依靠的是如下几种重要的方法：

1. 语序判定法

每一种语言都是按照一定的顺序进行排列的，这是指除时间因素以外的所有顺序的排列方式。"叙述顺序"是指意群的排列依据表现为除了时间因素之外的数种语序排列方式，可能涉及轻重缓急、远近亲疏、地理方位、人物观点一致条件下的切入角度、语言表述习惯等。

复句当然也不能摆脱这种顺序的限制。汉语的特点一般是语义重心在后。语序判定法就是利用这个原则来对复句的重心进行判定。比如，条件复句中按道理来说通常所见的 AP 和 CP 的语序为 [条件→结果] 时，语义重心类型为 Fo3；当条件复句中 AP 和 CP 语序发生颠倒的时候 [结果→条件]，语义重心类型为 Fo2 型。

2. 标记判定法

该方法主要针对有标复句，以标记词的数量、位置进行分析的方法。以条件复句为例，在没有标记的情况下条件 AP 和结果 CP 之间没有支点，两者是一种平衡、均匀的分布状态。这个时候标记词就成为砝码了，这反映在两个方面：第一是标记词数量越多，重心越重。第二是位置距离 AP 和 CP 中间越远，重心越重，这正如杠杆原理一般，离支点越远，可以使用的力量越大，越能凸显效果，可简写为 CS→ [数量（N），距离（L）]。

3. 语义判定法

汉语最突出的一个特点即形态缺少曲折变化。句法结构的形式上所受的制约比起西语要小得多，所以组块之间的语义选择就非常重要。该方法的核心含义即阐述者要突出表现的、希望听话者着力关注的内容是句子的语义重心所在。

（二）分类

语义重心是复句所表达内容的重要部分或核心，是说话人要特别强调的内容。我们就依照上述方法将复句的语义重心分为三种类型：AP 重心型、CP 重心型以及双向重心型。

1. AP 重心型

与 CP 相比，语义重心在 AP 上，标记为 Fo1。例如：

（40）只要他稍稍追听，便收杀了。（《卷第二十五·论语七》）

本例的语义重心即在 AP，凡是符合 AP 所提出的条件，就会出现 CP 所表示的结果。

2. CP 重心型

与 AP 相比，CP 是话语的语义重心，标记为 Fo2。例如：

（41）圣人之意，不独是教人于富贵贫贱处做工夫，须是到终食不违，颠沛造次都用工，方可。（《卷第二十六·论语八》）

例（41）中，"圣人之意"要求的是，不仅要做到"教人于富贵贫贱处做工夫"，"还须……方可"。很明显，"还须……方可"（CP）是该复句的语义重心所在，而 AP 则起铺垫或衬托的作用。

3. 双向重心型

AP 和 CP 都较重要，语义强度相当，语义重心并没有发生太大的偏移，标记为 Fo3。例如：

（42）静则察其敬与不敬，动则察其义与不义。（《卷第十二·学六》）

二、程度差异

标记词因其来源、语法化程度不同等原因，在表达某种标记含义时，程度上也是有差别的。这在假设复句中尤为明显，所以我们尝试对假设复句以此为一项标准进行分类，比如，假设复句当中含有"果"字的标记词往往强调所述事态的真实性，假设度较低；含"假""设"等标记词的则假设度相对较高，我们分为低、中、高三个层级。

三、语气类型

要论及句子这个层面的问题，语气是必须要进行探讨的，因为语气是语言表达的重要手段。相同的文字表述若使用不同的语气便会产生截然不同的交际效果。古代小学对此阐述得并不充分，《助字辨略》《经传释词》等著作仅在对语气词等虚词论述时，才略有涉及，尚未形成系统。直到现代才开始系统研究，王力就认为"凡语言对于各种情绪的表达方式，叫做语气"①。《现代汉语词典》对于"语气"的解释为，一是说话的口气，二是表达陈述、疑问、祈使、感叹等分别的语法范畴。因为《朱子语类》毕竟是历史文献，很难从第一点入手进行考察，所以我们仅在语法范畴内进行分析和研究。

《朱子语类》为语录体作品，记载的是老师和学生之间的一问一答，较真实地反映了南宋时期的口头语言。通过对语料中不同类型复句的研究，语气在交际中的作用会有一定的呈现，所以我们需要进行考察。我们将句子语气（mood）分为四类：陈述（M1）、疑问（M2）、祈使（M3）、感叹（M4）。经过观察我们

---

① 王力．古代汉语［M］．北京：中华书局，1992：228.

发现 AP 的语气绝大多数都是陈述型，极少出现其他的种类，但是 CP 的情况比较复杂，4 种语气类型都有较多的用例。因而我们有必要针对每一种复句类型 CP 部分的语气进行探讨，发掘其特点和规律。故文中对每一个标记词的用例都设定了该项研究，通过对用例及数据的分析获得结论。

语气的判定手段主要有三：第一是语调，语料研究则是依靠句中的标点。

（43）抑天无心，只是推原其理如此？（《卷第一·理气上》）

例（43）是一个拥有疑问语气的选择复句。除了语义外，句末的问号是一个明显的提示。但是标点毕竟是后人所加，统计时我们也会进行二次认定。

第二是从特殊的句法格式。比如带有语气的句法格式、词语重叠、移位等。

（44）不是人做，却教谁做？（《卷第一百一十七·朱子十四》）

（45）我不理会，也得好好做官去！（《卷第一百九·朱子六》）

第三是标记词。这是一个明显的判定方法。

1. 陈述语气

贯穿整个文言文时期的代表性陈述语气词语是"也"和"矣"。在《朱子语类》当中也是如此。例如：

（46）造化若用此物为雹，则造化亦小矣。（《卷第三·鬼神》）

（47）向惟见周茂叔语及此，然不及先生之有条理也。（《卷第一·理气上》）

2. 疑问语气

疑问语气，当中表示传疑的"乎"，反诘的"哉""焉"以及要求证实的"与"等。例如：

（48）盖周公以管叔是吾之兄，事同一体，今既克商，使之监殷，又何疑焉？（《卷第八十一·诗二》）

（49）山川之神，季氏祭之尚以为僭，况士庶乎？（《卷第二十四·论语六》）

3. 感叹语气

感叹语气是人对某件事情或某种情况表达的一种感喟的情感。常有标记有"也""乎"等。例如：

（50）不看题目，却成甚读诗也！（《卷第十一·学五》）

4. 祈使语气

祈使语气，是以命令和请求为主的一种语气类型。常出现标记词"愿""请"等。

（51）至有临刑时，平日念佛者，皆合掌，愿后世莫生王侯家！（《卷

第一百三十六·历代三》)

　　（52）琮虽不敏，请事斯语矣！（《卷第一百一十八·朱子十五》）

　　综合上述标准对《朱子语类》复句语气进行判断和分析，可以使我们对南宋时期人们的语言交际方式有一个较新的认识。

第三章

《朱子语类》并列复句

并列复句是"前后分句分别叙述或描写有关联的几件事情或同一事物的几个方面"。① 并列复句中 AP 和 CP 的关系都是平行、对等的，即各分句所陈述的几件事情或同一事物的几个方面都是并举的。并列复句是联合复句最基本的类型。联合复句的其他类型都是在并列复句基础上发展而来的，区别只在于每一种联合关系的有序化内容有所差异罢了：并列是完全对等的序列化表现，递进是层级递加或递减的升降排序，承接是事态发展的顺序、时间顺序或逻辑顺序的序列化呈现，选择是平行但不并存的序列关系。正如邢福义先生所说（2001）："可以说，承接、递进、选择三种语义类型的实质分别是'平行式并列''纵向式并列''析取式并列'，是并列关系下衍生出的新的关系范畴。'横式并列'固然属于并列聚合，'纵式并列'也属于联合聚合；共时性的并列固然属于并列聚合，历时性的聚合也属于联合聚合；合取性的并列固然属于并列聚合，析取性的并列也属于并列聚合。这也就是说，排除种种差异，几件事之间只要存在并举罗列的关系，那么都是广义并列关系。"②

第一节　并列复句分析

并列复句最大的特点就是意合性很强。并列复句中单纯表示并列的标记词并不多，分析时更多的是需要依靠隐性的逻辑关系进行判断。我们在分析语料的过程中发现除了特定标记外，还可以根据平行互现词语结构对并列复句进行判定。下面我们就从这两方面对《朱子语类》并列复句进行分析。

一、语词共现平行结构

由于并列复句最大的特点就是缺少明显的标记词。那么在复句中位置平行，

---

① 黄伯荣，廖序东. 现代汉语（下）[M]. 北京：高等教育出版社，2002：160.
② 邢福义. 汉语复句研究 [M]. 北京：商务印书馆，2001：288.

结构类似的词语就可能构成并列成分。这些词语之间前后有联系和呼应，可以共同阐释一个主题的几个方面。这些在 AP、CP 相同位置有规律出现的词语能使隐性的并列关系显性化。平行结构并列位置出现的词，共同的特点就是在某个范畴中含义是相近的或者核心义素是有共同指向的。我们将从以下几个方面来考察。

（一）谓词性词语标记

1. 动词性词语

复句格式为："AP……V1……，CP……V2……"。例如：

（1）仁主发动而言，义主收敛而言。（《卷第六·性理三》）

（2）有个宜底意思是义，有个让底意思是礼，有个别白底意思是智，有个爱底意思是仁。（《卷第六·性理三》）

（3）论语则说"学而时习之"，孟子则说"明善诚身"。（《卷第八·学二》）

（4）忠，是要尽自家这个心；信，是要尽自家这个道理。（《卷第六·性理三》）

（5）草木都是得阴气，走飞都是得阳气。（《卷第四·性理一》）

（6）敬是不放肆底意思，诚是不欺妄底意思。（《卷第六·性理三》）

上述例子 AP、CP 的谓语部分，均是由意义相同或相近的动词性词语充当。AP 和 CP 在意义上也具有一致性：两个部分分别叙述相关联事物的一个主要行为，或几个相关的行为。

2. 否定性成分+动词性词语

复句格式为："AP……不+V1……，CP……不+V2……"。例如：

（7）仰不愧，俯不怍，心广体胖，其乐可知。（《卷第四十一·论语二十三》）

（8）书曰："若药弗瞑眩，厥疾弗瘳。"今日学者皆是养病。（《卷第八·学二》）

（9）思之弗得，弗措也；辨之弗明，弗措也。（《卷第一百一十九·朱子十六》）

（10）然推之理，无有不包，无有不贯，及其充广，可与天地同其广大。（《卷第八·学二》）

3. 助动词

复句格式为："AP……助动 1……，CP……助动 2……"

"不可（以）"

（11）然不可无分别，亦不可太说开成两个，当熟玩而默识其主宰之意可也。（《卷第五·性理二》）

（12）大抵看书不可穿凿，看从分明处，不可寻从隐僻处去。（《卷第十一·学五》）

（13）须玩索其旨，所以学不可以不讲。讲学固要大纲正，然其间子细处，亦不可以不讲。（《卷第十一·学五》）

"足以"

（14）仰足以事父母，俯足以育妻子。（《卷第十六·大学三》）

（15）诗三百篇，大抵好事足以劝，恶事足以戒。（《卷第二十三·论语五》）

"欲"

（16）过非心所欲为，恶是心所欲为。（《卷第二十六·论语八》）

"可以"

（17）苟可以坐，苟可以立，令此心常存，非如大宾大祭时也。（《卷第二十六·论语八》）

（18）可以得人说好，可以求知于人。（《卷第二十七·论语九》）

这8个例句为谓词性成分的等立式并列复句。AP 和 CP 在形式上通常都同时使用同一个助动词，从而表达一种语义上的并立关系。例（14）和例（15）出现的"足以"，例（16）的"欲"，例（17）和例（18）的"可以"都是表示能愿的助动词，但总体来说这类句子的数量不是很多。

后两例的"可以"，在《朱子语类》中出现 1120 次，用法已经成熟。刘利（1994）认为："与现代汉语相同的复音词'可以'至少在战国初期就已经形成并在先秦文献中得到较为广泛的使用。"① 王力在《语法史稿》中提出，"可以"在上古时"应该理解为两个词的结合，而'以'字后面还省略了一个宾语……汉代以后，'以为'和'可以'才逐渐凝固成为复音词"②。近年来，又有学者从考古材料、出土文献的用例进行考察，作为复音词"可以"的用例应该早在春秋时代就已经出现，并至少在春秋战国之际得以广泛运用。③ 总的来说，秦汉之际该词已经出现。经过较长的历史时期，经过我们对《朱子语类》的用例研究，认为"可以"在南宋时期已经成形，成为和现代汉语意义和用法大致相同

① 刘利. 从《国语》的用例看先秦汉语的"可以"［J］. 中国语文，1994（5）：382-387.

② 王力. 汉语语法史［M］. 北京：商务印书馆，1989：365.

③ 张显成. 简帛文献学通论［M］. 北京：中华书局，2004：296.

的复音词。

4. 形容词

复句格式为："AP……形容词1……，CP……形容词2……"。例如：

（19）恭似低头，敬似抬头。（《卷第六·性理三》）

（20）经不正，理不明，看如何地持守，也只是空。（《卷第九·学三》）

（21）仁体柔而用刚，义体刚而用柔。（《卷第六·性理三》）

在上述3个例子当中包含虽然不同形但各自范畴统一的形容词。这种描述性的词标一般都是针对人、事、物性质或状态的描写。

（二）名词性成分

复句格式为："AP……NP1……，CP……NP2……"。例如：

（22）你是已死我，我是未死你。（《卷第三·鬼神》）

（23）动者，魂也；静者，魄也。（《卷第三·鬼神》）

（24）气也者，神之盛也；魄也者，鬼之盛也。（《卷第三·鬼神》）

（25）三十二阴、三十二阳者，两仪也；十六阴、十六阳者，四象也；八阴、八阳，八卦也。（《卷第六十五·易一》）

上述各例都是名词或名词性短语［如定中短语，例（24），如数量短语，例（25）］分别充当 AP 和 CP 的谓语，对各自所在分句的主语做陈述性说明，从而构成语义上的等立并列关系。

（三）否定性词语+否定性词语

复句格式为："AP……非不/莫非/莫不……，CP……非不/莫非/莫不……"。例如：

（26）然好仁者于不仁非不恶，终是好底意思多；恶不仁者于仁非不好，终是恶底意思重。（《卷第二十六·论语八》）

（27）他看见日用之间，莫非天理，在在处处，莫非可乐。（《卷第四十·论语二十二》）

（28）如万物莫不有君臣之义，自家这里也有；万物莫不有父子之亲，自家这里也有；万物莫不有兄弟之爱，自家这里也有；万物莫不有夫妇之别，自家这里也有。（《卷第六十·孟子十》）

（29）溥博如天，渊泉如渊，见而民莫不敬，言而民莫不信。（《卷第六十四·中庸三》）

上述例中，连用的否定性词语在 AP、CP 中对应的句法位置复现，就此可得知 AP、CP 之间意义的等立并列关系，且语气上多有强调意味。

（四）训释词语

《朱子语类》中，训释词语具有较强的复现率，它所涉及的复句的逻辑语义关系也通常为等立并列关系。复句格式为："AP……曰……，CP……曰……"。出现在"曰"位置上与其功能类似的训释词语，在《朱子语类》中尚有"为""谓之""之谓""谓""犹"等，此处称之为"曰"类词语。例如：

（30）长者谓之师兄，少者谓之师弟，只是护得个假底。（《卷第六十四·中庸三》）

（31）故阳来谓之复，复者是本来物事；阴来谓之姤，姤是偶然相遇。（《卷第六十五·易一》）

（32）仁者见之谓之仁，智者见之谓之智。（《卷第七十四·易十》）

（33）主一之谓敬，无适之谓一。（《卷第九十六·程子之书二》）

上述诸例 AP 和 CP 中"曰"类词语所训释的内容均属同一概念场中的词语，前后分句之间无疑是一种并列关系。

二、《朱子语类》并列复句标记词

（一）单音式标记词

我们总的来看，在《朱子语类》并列复句标记词中，单音式标记词基本沿用上古汉语。但是单音节标记词用以连接并列复句的用例并不多见，其他诸如"和""同""共"等并列连词尚不具备此类功能。

【AP，并 CP】

在《朱子语类》中，"并"可以连接体词性成分，或者分句。全书共出现343 次，但"并"用作并列复句标记词的仅 6 例，可见用例甚少。"并"为并列复句 DM，语气 M1+M1（6），后标，CP 首标，语义重心为 Fo3 型①。例如：

（34）子开尝有书谏其兄莫如此，并莫用蔡京之类。（《卷第一百三十·本朝四》）

（35）乃是呼去问诸王诸公主所在，宫人有几位，诸王有几位，两宫各有多少，并宫中宝玉之藏各有几所。（《卷第一百一十一·朱子八》）

作为一个常见的并列连词，"并"在《朱子语类》中更多的还是用作连接体词性成分。例如：

---

① 此处"DM"意为显性标记词；"M1+M1"意为陈述+陈述型语气，括号内数字为语料见次；"CP 首标"意为该标记位于后分句主语之前，居于句首；"Fo3"意为语义重心双向均衡。详细分类标准请参见第二章。

附加名词成分作主语

（36）这一部诗，并诸家解都包在肚里。（《卷第八十·诗一》）

（37）曰黄河，曰长江，并鸭绿是也。（《卷第八十六·礼三》）

附加名词成分作宾语

（38）尝有坐客二十余人，逐一称赞，独不及一胡僧，并一临海人。（《卷第一百三十六·历代三》）

可以说在漫长的历史过程中，"并"都是作为并列连词存在的，作为复句的连接词虽然出现不晚，但是用例一直非常少。关于其产生的时期，众说纷纭。将时间上溯最早的是曹炜（2003），他认为"并"出现的时间应该是在东汉，并举出例证：

（39）应劭曰："飞廉，神禽能致风气者也。明帝永平五年，至长安迎取飞廉并铜马，置之西门外，名平乐馆。"①（《颜注汉书·武帝纪第六》）

但是即使是有了用例，"并"连接句子的能力一直不够强大，至少到《朱子语类》的时期也仅仅有 3 例。

到了明清时期，"并"常可以连接谓词性成分作谓语。也正是由于这种功能的出现，才逐渐使得"并"的用法由句内扩展到句际，从而产生了连接并列复句的功能，并且在此基础上又衍生出了递进复句标记词、语气副词等其他功能。②

【AP，而 CP】

"而"在《朱子语类》中，可以连接谓词性成分作谓语，也可以连接两个分句。其中，后者用法有 673 例，它为并列复句 RM，语气为 M1+M1（673），后标，CP 首标，语义重心为 Fo3 型。例如：

（40）告其所已言者，谓处贫富之道；而知其所未言者，谓学问之功。（《卷第二十二·论语四》）

"而"由连接两个谓词性成分的功能扩展为连接两个分句，进而可以标记其他类型的复句，如递进、承接、转折等。

【AP，也 CP】

"也"是《朱子语类》并列复句单音节标记中用例最多的一个，共出现 321 例，它为并列复句 RM，语气为 M1+M1（319）/M2（1）/M4（1），后标，CP

① 曹炜．近代汉语并列连词"并"的产生、发展及消亡［J］．语文研究，2003（4）：37–39.

② 张莹．近代汉语并列关系连词研究［D］．济南：山东大学，2010：61.

中标，语义重心为 Fo3 型。例如：

(41) 曰："要人自看得分晓，也有说苍苍者，也有说主宰者，也有单训理时。(《卷第一·理气上》)

(42) 自有是上面结作成底，也有是蜥蜴做底，某少见十九伯说亲见如此。(《卷第二·理气下》)

(43) 有合下发得善底，也有合下发得不善底，也有发得善而为物欲所夺，流入于不善底。(《卷第四·性理一》)

(44) 理会这一件，也看到极处；理会那一件，也看到极处，便都自见得。(《卷第六·性理三》)

【AP，兼 CP】

《说文解字》："兼，并也。从又持秝。兼持二禾，秉持一禾。""兼"和"并"的功能比较接近，在《朱子语类》中，"兼"作为连词，主要是连接词语。例如：

(45) 周礼天官兼嫔御宦官饮食之人，皆总之。(《卷第八十六·礼三》)

(46) 功用兼精粗而言，是说造化。(《卷第六十八·易四》)

"兼"连接分句的功能较弱，该类句式在《朱子语类》中共见 15 例。它为并列复句 DM，语气为 M1+M1 (15)，后标，CP 首标，语义重心为 Fo1 型。例如：

(47) 以下格物，兼论穷理。(《卷第十五·大学二》)

(48) 一缘读书不广，兼亦无书可读。(《卷第八十四·礼一》)

"兼"的文言色彩比较明显，所以在以口语为主的《朱子语类》当中并不多见。在总量不丰富的情况下，"兼"作并列复句标记的用法就更少。但与现代汉语相比，其连接分句的能力要强一点。此外，《朱子语类》中"兼"还可表示递进关系。例如：

(49) 李先生以为此意不惟于进学有力，兼亦是养心之要。(《卷第一百二十·杨氏门人四》)

总体来说，"兼"在《朱子语类》中还有一定数量的用例，但终究是一个日益衰微的连词，随着其他与之同功能的复句标记词的兴起，"兼"就逐渐被取代从而走向消亡。

(二) 复音式标记词

复音式标记词多是在汉语词汇双音化过程中逐渐产生的，它是在长期使用中逐渐被人们认可从而保存下来的固化的复句标记词。判定一个复音式标记词是否成形的必要条件为：词形是否固定和语序是否固定。总体来说，复音式并列复句标记词在《朱子语类》中还较罕见。像"同样""另外"等现代汉语常用的并列复句标记词,在《朱子语类》中还未曾出现。我们仅举下面一例。

【AP,及其 CP】

"及其"在《朱子语类》中仅有 1 例用法可视为并列连词,但它只能连接体词性成分。例如:

(50)尝见老苏说他读书:"孟子论语韩子及其圣人之文,兀然端坐,终日以读者七八年。"(《卷第一百二十一·朱子十八》)

我们在《朱子语类》中未见"及其"用为复句连接词用例。多数情形下,"及其"还是一个短语,表示"等到他……"或"和他"之义。例如:

(51)及其久也,读之益精,而其胸中豁然以明,若人之言固当然者,犹未敢自出其言也。(《卷第一百二十一·朱子十八》)

(52)孟子说:"孩提之童,无不知爱其亲;及其长也,无不知敬其兄。"(《卷第一百一十九·朱子十六》)

(三)匹配式标记词

一、数字型标记词复现结构

【一 AP,一 CP】

此类句式在《朱子语类》中共出现 7 例,为并列复句 DM,语气为 M1+M1(7),双标,AP、CP 首标,语义重心为 Fo3 型。例如:

(53)一是噬嗑,一是节。此颇难解。(《卷第七十一·易七》)

(54)一是为人谋那事;一是这件事为己谋则如此,为人谋则如彼。(《卷第二十一·论语三》)

(55)科举是无可奈何,一以门户,一以父兄在上责望。(《卷第一百三十九·论文上》)

这类数字型复句标记词来源甚早,是由"一 AP,二 CP,三 CP……"格式逐步发展变化而来的匹配型复句标记结构。早期的用例如:

(56)故诗有六义焉:一曰风,二曰赋,三曰比,四曰兴,五曰雅,六曰颂。(《诗·大序》)

【一则 AP,一则 CP】

《朱子语类》中共有"一则 AP,一则 CP"11 例,"一则"为并列复句 DM,所连接的复句表达的语气为 M1+M1(11),双标,AP、CP 首标,语义重心为 Fo3 型。例如:

(57)如割股、庐墓,一则是不忍其亲之病,一则是不忍其亲之死,这

都是为己。（《卷第十七·大学四或问上》）

（58）一则危殆而难安，一则微妙而难见。（《卷第六十二·中庸一》）

关于"一则"的词性，学界一直以来争议不断。随着该匹配框架的不断虚化，只剩下了连接的功能，其本意已经基本消失，故而赞成周刚（2002：22）将"一边……（一边……）、一来……（二来……）、一面……（一面……）、一头……（一头……）、一则……二则……、一者……二者……"等归为连词的观点。①

【一则 AP，二则 CP】

《朱子语类》中共有"一则 AP，二则 CP，三则 CP……"3 例。"一则……二则……"为并列复句 DM，它们所连接的复句所表达的语气为 M1+M1（3），双向标，AP、CP 首标，语义重心为 Fo3 型。例如：

（59）一则是所以学者失其旨，二则是所学者多端，所以纷纷扰扰，终于无所归止。（《卷第一百二十六·释氏》）

（60）兀术征蒙，死于道，有三策献于虏主：一则以汴京立渊圣，欲招致江南之人；二则以近上宗室守边；三则讲和。（《卷第一百三十三·本朝七》）

【一者 AP，一者 CP】

在《朱子语类》中"一者 AP，一者 CP"仅出现 1 例。"一者"为并列复句 DM，它所连接的复句表达的语气为 M1+M1，双标，AP、CP 首标，语义重心为 Fo3 型。例如：

（61）大凡为学有两样：一者是自下面做上去，一者是自上面做下来。（《卷第一百一十四·朱子十一》）

【一面 AP，一面 CP】

此类句式在《朱子语类》中共有 5 例，"一面"为并列复句 DM，它所连接的复句表达的语气均为 M1+M1（5），双标，AP、CP 首标，语义重心为 Fo3 型。例如：

（62）大学则一面看，一面疑，未甚惬意，所以改削不已。（《卷第十九·论语一》）

（63）一面博学，又自一面持敬守约，莫令两下相靠。（《卷第三十三·论语十五》）

【一边 AP，一边 CP】

此类句式在《朱子语类》中共出现 3 例，"一边"为并列复句 DM，它所连

---

① 周刚. 连词与相关问题［M］. 合肥：安徽教育出版社，2002：22.

接的复句表达的语气均为 M1+M1 （3），双标，AP、CP 首标，语义重心为 Fo3
型。例如：

（64）今人却一边去看文字，一边去思量外事，只是枉费了工夫。
（《卷第十一·学五》）

（65）如一边集义，一边在此等待那气生。（《卷第五十二·孟子二》）

"一边"虽在《朱子语类》中共出现 286 次，但其用作并列复句标记词的却
非常少。该词大多数情况下还是表示比较实在的意义。例如：

（66）此皆是教人只从这一路做去，且莫管那一边。然做得这一边，则
那一边自在其中也。（《卷第二十四·论语六》）

（67）范氏议论多如此，说得这一边，便忘却那一边。（《卷第三十一·
论语十三》）

但是，"一边"的连词用法正是从这种用法逐渐虚化而来的。"一边"本为
方位词，通常用作主语（或主语中心语）、宾语（或宾语中心语），意义实在，
一般表示"物体的某一空间部分或事物的某一方面"。后来"一边"固化为词，
意义也随之虚化，表示一种样态，其后也开始出现动词性成分或一个小句，从
而使得以"一边……一边……""一面……一面……"为代表的框架匹配式关
联词日渐成熟。但在《朱子语类》中尚处于不太成熟的阶段。

二、普通词汇标记的复现结构

【也 AP，也 CP】

此类句式在《朱子语类》中共有 69 例。"也"为并列复句 DM，它所连接
的复句表达的语气为 M1+M1 （69），双标，AP、CP 中标，主语可承前省略，语
义重心 Fo3 型。例如：

（68）君子也是如此亲爱，小人也是如此亲爱；君子公，小人私。
（《卷第二十四·论语六》）

（69）礼却只是一个道理，如视也是这个礼，听也是这个礼，言也是这
个礼，动也是这个礼。（《卷第三十三·论语十五》）

（70）系辞中说"是故"字，都是唤那下文起，也有相连处，也有不
相连处。（《卷第六十七·易三》）

【又 AP，又 CP】

此类句式在《朱子语类》中共出现 181 例，"又"为并列复句 DM，它所连
接的复句表达的语气均为 M1+M1 （181），双标，AP、CP 中标，主语可承前省
略，语义重心为 Fo3 型。例如：

（71）如秦元年以十月为首，末又有正月，又似不改月。（《卷第八十一·诗二》）

（72）且如书郑忽与突事，才书"忽"，又书"郑忽"，又书"郑伯突"，胡文定便要说突有君国之德，须要因"郑伯"两字上求他是处，似此皆是杜撰。（《卷第八十三·春秋》）

（73）而今说已前不曾做得，又怕迟晚，又怕做不及，又怕那个难，又怕性格迟钝，又怕记不起，都是闲说。（《卷第十·学四》）

【AP 也好，CP 也好】

此类句式在《朱子语类》中共出现 3 例。"……也好……也好"可视为框架式并列复句标记词，它们为并列复句 DM，所连接的复句表达的语气为 M1+M1（3），双标，AP、CP 尾标，语义重心为 Fo3 型。例如：

（74）若理会得也好，理会不得也好，便悠悠了！（《卷第一百一十七·朱子十四》）

（75）如云佛氏也好，老氏也好，某定道他元不曾理会得。（《卷第一百二十·朱子十七》）

近代汉语中同"也好"相似的常用结构"AP 也罢，CP 也罢"并没有在《朱子语类》中出现。关于"也好""也罢"的性质问题，目前学界尚存争议。张谊生（2002）认为，它们应为具有联合复句性质的助词；黄伯荣、廖序东（2002）则认为它们是双音节语气词；周刚（2002）将它们视为后置式并列复句标记词。[1] 以上学者观点各有道理，因为它们所处的句法位置必会使其兼备一些其他词类的特性。但我们倾向于将《朱子语类》中出现的上述用例，将其处理为并列连词标记，因为其前可以出现体词性成分，也可以为小句。

【既 AP，又 CP】

此类句式在《朱子语类》中共出现 68 例。"既……又……"为并列复句 DM，它们所连接的分句表达的语气为 M1+M1（62）/M2（4）/M3（1）/M4（1），双标，AP、CP 中标，主语可省略，语义重心为 Fo3 型。例如：

（76）曰："祭祀致得鬼神来格，便是就既屈之气又能伸也。"（《卷第三·鬼神》）

（77）古人淳质，遇事无许多商量，既欲如此，又欲如彼，无所适从。（《卷六十六·易二》）

（78）盖既不得正理，又枉费心力。（《卷第十一·学五》）

① 张莹. 近代汉语并列关系连词研究［D］. 济南：山东大学，2010：32.

(79) 下梢却是奸豪得志，平民既不蒙其惠，又反受其殃矣！（《卷第一百八·朱子五》）

(80) 既不能令，又不受命！（《卷第三十四·论语十六》）

关于"既 AP，又 CP"并列复句的逻辑基础，邢福义（2001）认为有两种情形：一种是分句间本来就是并列关系，"既"和"又"的作用在于显示这种并列关系；另一种是分句间本来隐含着转折关系，"既"和"又"的作用在于将转折关系转化为并列关系，从而形成并列复句。① 从我们对《朱子语类》的考察来看，"既 AP，又 CP"复句的分句间也存在这种情况，它可以表示相对平行的并列关系，也可表示进一步延展的递进关系，还可以表示让步的语义关系。该句式用例中"既""又"所连接的谓语动词多为具有"可沟通性"或者是"相似度"较高。正因如此，AP 和 CP 之间才可以互换颠倒。上述并列复句的具体情况如表4所示。并列标记词的类型、句数和所占比列如表5所示。

表4 《朱子语类》并列复句系统综合表

并联标记词		出现次数	所占比例	《语类》中状态	标记显、隐特征	结构类型	语气类型	语义重心
	也	321	23.50%	成形、稳固	RM	CP 中标	M1+M1（319）/M2（1）/M4（1）	Fo3
	并	6	0.43%	成形	DM	CP 首标	M1+M1（6）	Fo3
	兼	15	1.10%	成形、稳固	DM	CP 首标	M1+M1（15）	Fo1
	而	673	49.27%	成形、稳固	RM	CP 首标	M1+M1（673）	Fo3
复音标记词	无	0	0%	无成形用例				
匹配标记词	一 AP，二 CP	7	0.51%	成形、稳固	DM	AP 首标+CP 首标	M1+M1（7）	Fo3
	一则 AP，一则 CP	11	0.81%	成形、稳固	DM	AP 首标+CP 首标	M1+M1（11）	Fo3
	一则 AP，二则 CP	3	0.21%	成形、稳固	DM	AP 首标+CP 首标	M1+M1（3）	Fo3

---

① 邢福义. 汉语复句研究 [M]. 北京：商务印书馆，2001：164.

续表

并联标记词		出现次数	所占比例	《语类》中状态	标记显、隐特征	结构类型	语气类型	语义重心
匹配标记词	一者 AP，一者 CP	1	0.07%	成形	DM	AP 首标+CP 首标	M1+M1（1）	Fo3
	一面 AP，一面 CP	5	0.36%	成形	DM	AP 首标+CP 首标	M1+M1（5）	Fo3
	一边 AP，一边 CP	3	0.21%	凝固阶段	DM	AP 首标+CP 首标	M1+M1（3）	Fo3
	也 AP，也 CP	69	5.05%	成形、稳固	DM	AP 中标+CP 中标	M1+M1（69）	Fo3
	又 AP，又 CP	181	13.25%	成形、稳固	DM	AP 中标+CP 中标	M1+M1（181）	Fo3
	AP 也好，CP 也好	3	0.22%	成形	DM	AP 尾标+CP 尾标	M1+M1（3）	Fo3
	既 AP，又 CP	68	4.98%	成形、稳固	DM	AP 中标+CP 中标	M1+M1（62）/M2（4）/M3（1）/M4（1）	Fo3
总计					1366			

表5　并列复句标记词一览表

复句	并列复句		
标记类型	单音标记	复音标记	框架标记
标志词	也 并 兼 而		一 AP，二 CP 一则 AP，一则 CP 一则 AP，二则 CP 一者 AP，一者 CP 一面 AP，一面 CP 一边 AP，一边 CP 也 AP，也 CP 又 AP，又 CP AP 也好，CP 也好 既 AP，又 CP
句数	567	0	351
比例	61.76%	0	38.24%

第二节 《朱子语类》并列复句句法特征

一、单音标记词

（一）数量来源特征

单音节并列标记词共有 4 个，但是用例有 567 句，占到全部并列复句总数的 61.76%。可见在《朱子语类》并列复句中单音标记词仍然是占据半数以上优势的。《朱子语类》单音标记均为词性引申虚化而来，都可上溯到先秦时代。

（二）词性特征

作为连词标记的有"并"和"兼"，虽然二者都可以连接分句，但是用例很少，共计 21 例，不到总数的 3.0%。至于在去宋不远的唐代出现的"和"，其发展速度虽然非常迅猛，但是主要关联体词性成分，作为句子的主语或者宾语出现。可见南宋时代还只是该词发展的积蓄时期，直到明清才变得功能强大、用例广泛。至于"及""与"等并列连词虽然在《朱子语类》中见次数量庞大，但都是作为连接体词性成分或者直接出现在单句中，并不能作为标记词看待。

副词标记为"也""兼"。"也"数量庞大，用例广泛，语料中用例已很成熟，反之"兼"受语体色彩限制用例狭窄。

介词"共""将""同"虽然都可表示连接，但前二者出现于唐代，至于"同"，于江（1996：462）和吴福祥（2005：3）都认为直到宋代并列标记"同"才开始出现。① 由于出现时间颇晚，在《朱子语类》中还没有发展到可以连接分句的地步，它们只能够起连接体词性结构的作用。

（三）位置特征

"并""而""兼"均为 CP 首标，即后分句的最前方，位于主语之前。"也"为 CP 中标，主语常承前省略。《朱子语类》复句单音标记，没有出现在 AP 部分的，即无前标只有后标。这应该是由于并列复句属于平行关系，AP、CP 之间逻辑关系相对简单，即使需要提示复句关系，只需 CP 部分标记有所表现即可。

---

① 于江. 虚词"与、及、并、和"的历史发展 [J]. 上海大学学报, 1996（1）: 34-40.

（四）语义差别

虽然都是单音标记均表并列之意，但是有差别，这来源于语义。尤其是"兼"，由于它从动词而来的原始词义导致听话人更侧重标记词前面的部分，即 AP、CP 不能完全颠倒顺序，其间有微妙的差异。

二、复音标记词

复音标记词在《朱子语类》中缺乏用例。"以及、而且、之与"是《朱子语类》当中最为常见的复音连词，共出现 92 次，但是它们只能连接一个句内的两个成分，尚不具备连接句子的能力。另外一个出现频次为 153 的词"及其"还没有凝固成形，"其"的代词性还很强。所以《朱子语类》中并列复音标记我们并未发现。

三、匹配框架标记词

（一）来源构成方式

并列复句的复音标记来源主要有以下三类：其一，数字排序而来。由数虚化而为并列举例的标记提示词，例如"一则 AP，二则 CP"。其二，从数量词而来。由最初的表不同部位或空间位置的词，引申到强调两个不同空间发生的事件或状态，即在隐喻机制作用下，由具象化描写时空的数量词延展为抽象性的逻辑事理连接词，例如"一边 AP，一边 CP"。其三，由副词复现而来的"也AP，也 CP""又 AP、又 CP"等。

（二）位置特征

数量型匹配框架标记，均为 AP、CP 首标。普通词语型，从副词而来的"也""又"等均为 CP 中标，AP、CP 主语无论一致与否，CP 的主语都必须出现在标记词的前面，但是主语通常都是承前省略的。可见连接词的词性与其在复句中所处的位置有着密切的关系。作为双标兼尾标的只有"也好"一个标记词。

（三）数量语义特征

框架匹配结构在并列复句中数量不少，占该类复句总数的 38.24%，体现出《朱子语类》中强调并列关系分句周延性意识的增强。

数量词标记多表示序列上的平行，副词标记是句意内容上的平等，总体来说是比较规范和一致的。但也不乏跨域现象，即"既 AP，又 CP"。其既可以表示并列复句，但也可表示让转复句和递进型复句。

（四）新的发展

一些标记出现了新的用法和功能的扩展，例如"一则 AP，一则 CP"，不管是数量上还是在连接成分上都比其在唐代刚刚出现的时候多了一些用法，比如可以连接复杂的谓词性结构甚至分句。这类词在《朱子语类》当中的样式和数量虽然不是很多，但比前代明显有了一些进步，更具现代汉语的色彩。

词语平行结构是我们在并列复句中单提出来的特有部分，它不是一般意义上的标记，文中我们是按照词性进行划类予以说明的。无论体词性内容还是谓词性内容，包括其否定结构都是可以用来成为并列复句的组成部分。还有一类因为其高频复现率而被我们关注，即训释词。训诂内容通常以其专有训释词作为标记，其后往往成为并列内容的复句。之所以出现这种情况应该是因为并列复句的意合程度非常高，并不总是需要显性标记词来进行提示或者搭配。所以词性相同、内容相关相近的平行结构都可以表征出并列复句的特点。

四、标记词显隐特征

并列复句的标记词以显性标记为主。隐性标记仅占全部复句总数的22.22%。虽然并列复句意合性很强，但是作为有标复句，为了更明确地彰显平等的并列语义，多会辅以显性标记，突出重点为并列。

第三节 《朱子语类》并列复句语义特征

从语义类型的行域、知域、言域来看，表示行为的较单纯的语法意义的行域并列复句有 269 例，比例为 29.30%；表示说明推理性的知域并列复句有 564 例，占并列复句的 61.43%；针对 AP 进行言说的言域并列复句仅 85 例，只占9.25% 的比例。因为并列复句多表现平等的架构，前后次序甚至可以互换，所以说明性的并列知域结构是最多的，其次是行为，最后是对于前分句的言说。这样的一个数量情况，也体现了《朱子语类》中并列复句的大致语义层次。《朱子语类》中老师讲学的内容占据 4/5 的篇幅，故而并列复句中说明推理性的关系应该也是最为常见的。

第四节 《朱子语类》并列复句语用特征

一、语气类型特征

《朱子语类》中并列复句的语气类型降序排列如下：是 M1+M1 型（902）→M1+M2 型（5）→M1+M4 型（2）→M1+M3 型（1）。由上述数据可见，《朱子语类》并列复句中占据绝对优势的是 M1+M1 型，即陈述型。因为并列复句语义上以说明、推理类的句子为主，这就决定了在语气上必然是以 AP 陈述+CP 陈述的格局为主。但是后三种陈述+疑问型、陈述+感叹型、陈述+祈使型却只出现了很少的用例，足见并列复句平行性结构，前后分句语气的"归一性"是比较强的。

二、语义重心类型特征

《朱子语类》中并列复句的语义重心排列顺序依次降低如下：Fo3（903）→Fo1（15）→Fo2（0）。毫无意外双向重心类型占据最优势地位，只是偶有例子因为标记词来源上本有轻重之分，导致句子在语义上重心偏离，例如"兼"。正因为语义重心双向均衡占绝对强势地位，才体现了并列复句 AP、CP 间可互换、颠倒的平行性质。此外，CP 部分为语义重心的用例，我们尚未见到。

第四章

《朱子语类》选择复句

第一节　选择复句的界定

总体来说，选择复句是指从"AP，CP，CP……"所包含的多个分句所表示的情况、关系中，要求听话人做出判断和选择的句子。各分句之间的逻辑语义关系是选择关系。本质上说，选择也是一种形式上比较特殊的并列，它是一种在未然或可能情况下的并列。此时，供选择的分句都是平等的，因此我们将其纳入联合复句范畴。

关于选择复句的讨论最早应见于《马氏文通》。马氏在论述"两商之句"时说："两商之句……大致皆先之以读，以为两设者也。""诸引两商之句，大致相类，概皆先之以读，所以为设问也。"① 刘子瑜（1993）就提出两商之句"大致相当于现代汉语的选择复句"的看法。马氏之后的语法学家都不同程度地对选择复句进行了探讨。黎锦熙在《新著国语文法》中将选择复句划到"等立复句"的范畴，在该范畴下又分为"两商句"和"相消句"。后来在黎锦熙与刘世儒合撰的《汉语语法教材》中，他们又作了更为细化的分类，即"四式"：商选式、限选式、特选式、决选式。吕叔湘在《中国文法要略》中在"离合向背"关系下特别提到了一种交替关系，其主要内涵是"数者居其一"，这正是选择复句最为重要的特点。王维贤在《现代汉语复句新解》中将选择复句分为任选、限选和优选三个类别。黄伯荣、廖序东主编的《现代汉语》教材将选择复句分为：已定选择和未定选择，其中未定选择中又分为四小类。刘月华、潘文娱等（2001）提出，从语义角度直接划分"非此即彼"或"或此或彼"，这样更清晰明了。杨伯峻、何乐士（2001）认为，选择句式有四种类型：取舍型、比较型、疑问型及非 Fl 即 F2 型。范晓（2000）、陈昌来（2000）、张斌（2002）

---

① 马建忠. 马氏文通 [M]. 北京：商务印书馆，1983：433.

等都以"取舍是否已定"来作为判定选择复句的标准：其一为选项平列而出，但阐述者并没确定选取哪一项，所以此为"开放型"选择复句；其二是即便选择项再多，但是阐述者取舍已定，此类情况一般只有两个分句封闭组成。上述学者们的观点见表6：

表6 各家学者选择复句界定观点参照表

作者	著作	主要观点
马建忠	《马氏文通》	两商句
黎锦熙	《新著国语文法》	属等立复句，分为"两商句"和"相消句"
黎锦熙、刘世儒	《汉语语法教材》	商选式、限选式、特选式、决选式
吕叔湘	《中国文法要略》	"离合向背"中的交替关系
邢福义	《复句与关系词语》	属于并列复句一类
王维贤	《现代汉语复句新解》	分为"任选""限选"和"优选"三类
刘月华、潘文娱等	《实用现代汉语语法》	分为二者任选一、二者必选一
黄伯英、廖序东	《现代汉语》	已定选择和未定选择

由上表可知，目前学界对选择复句的划分尚存在归类、划分标准等方面的分歧。我们认为，选择复句即是表达选择的语义范畴，从数理角度来讲，应表示这样的意义：说话人认为在某种情况下，存在着多个可供选择的相素 X，但有时不能确定是 X1，还是 X2，甚至 Xn；或者某种状态下，已确定为 X1 而排斥其他的相素。这样理解选择复句较为合理，因此在上述诸家分类中，我们更倾向于以"取舍"定和未定作为《朱子语类》选择复句划分的标准或依据。

第二节 《朱子语类》选择复句的分类

我们先将选择复句分为"未定选择"和"已定选择"两大类，其中未定选择类又可进一步分为限选式和任选式两个次类。限选式代表性标记词为"非……则……""不是……就是……"等；任选式代表性标记词为"或是……，或是……""或者……，或者……""是……，还是……""还是……，还是……"等。已定选择类又可进一步分为先取后舍和先舍后取两个次类。先取后舍，简言之，即肯前否后，代表性标记有"宁……，……""宁可……，……""乍可……，……"等。先舍后取，即否前肯后，代表性标记词有"……，不若……""……，不如……""与其……，不如……"等。其分类如表7所示：

表7 选择复句分类表

选择复句	未定选择	任意选择型
		限定选择型
	已定选择	先取后舍型
		先舍后取型

一、未定选择型

未定选择型选择复句是在两个或者两个以上的分句中列出几种情况，请听话人从中选择。《朱子语类》中选择复句的数量虽不多，但该时期是汉语选择复句及其标记词发展的重要阶段，该阶段的选择复句发展的一些特点在《朱子语类》中也有不同程度的反映。例如，就标记词而言，宋之前出现的一些选择连词，大多还在继续使用，同时又产生了一些新的选择连词或者是在已有的选择连词基础上发展出了新的用法。该时期的一些表选择关系的连词，如"不是……，就是……""还是……，还是……"等一直沿用到现代汉语时期。下面我们就从标记词着手，探讨《朱子语类》选择复句的特点及使用规律，具体情况如表8所示，标记词所属类型、句数和所占比例如表9所示。

（一）任意选择型

【AP，抑CP】

该句式在《朱子语类》中共出现26例。"抑"用为选择复句标记词的特点是，一般表示疑问的语气。它为选择复句 DM，语气为 M1+M2（26），后标，AP 首标、CP 首标，语义重心为 Fo3 型。① 例如：

（1）凡此等类，是苍苍在上者真有主宰如是邪？抑天无心，只是推原其理如此？（《卷一·理气上》）

（2）知觉是心之灵固如此，抑气之为邪？（《卷五·性理二》）

（3）弘毅是为学工夫久方能如此？抑合下便当如此？（《卷三十五·论

---

① 此处"DM"意为显性标记词；"M1+M1"意为陈述+陈述型语气，括号内数字为语料见次；"AP 首标、CP 首标"意为该标记位于前分句、后分句主语之前，居于分句句首；"Fo3"意为语义重心两分句双向均衡。详细分类标准请参见第二章。

语十七》)

【（或）AP，或CP】

该句式在《朱子语类》中共出现328例，"或"为选择复句DM，语气为M1+M1（314）/M2（14），后标，AP首标、CP首标，语义重心为Fo3型。例如：

（4）有人能尽通天下利害而不识义理，或工于百工技艺而不解读书。（《卷第四·性理一》）

（5）如举荐小吏而不从其荐，或按劾小吏而不从其劾，或求钱米以补阙之而不从其所求，这如何做？（《卷第一百三十二·本朝六》）

（6）但恐用意不精，或贪多务广，或得少为足，则无由明耳。（《卷第十一·学五》）

（7）或考之事为之著，或察之念虑之微。（《卷第十八·大学五或问下》）

"或"作为选择连词，从古代汉语到现代汉语都占有重要的地位。它既可单独使用，也可以构成框架匹配形式使用。"或"作为选择连词须具备两个条件：一是它不能再理解为无定代词，表示"有人"或"有事"；二在是"或"前后连接的是一个分句，而非单个的句法成分。

【AP，或是CP】

该句式在《朱子语类》中共出现29例。"或是"为选择复句DM，语气为M1+M1（29），后标，AP首标、CP首标，语义重心为Fo3型。例如：

（8）亦有数等，或是外面阻遏做不得，或是里面纷乱处不去，亦有一种纷挐时，及纤毫委曲微细处难处，全只在人自去理会。（《卷第一百一十八·朱子十五》）

（9）其所以系于物者有三：或是事未来，而自家先有这个期待底心；或事已应去了，又却长留在胸中不能忘；或正应事之时，意有偏重，便只见那边重，这都是为物所系缚。（《卷第十六·大学三》）

【（或者）AP，或者CP】

该句式在《朱子语类》中发展尚不成熟，"或者"共出现30次，但真正作为选择复句标记词的只有4例。"或是"为选择复句DM，语气为M1+M1（4），后标，CP首标，语义重心为Fo3型。例如：

（10）"放于利而行，多怨"，或者又说求利而不得，则自多怨天尤人。此意亦自是。（《卷第二十五·论语七》）

（11）事必相关处，却多含糊，或者又谓有互相检制之意，此尤不然。

（《卷第八十六·礼三》）

其余的"或者"则作为推测性词语出现，非选择标记。例如：

（12）不然，贤否初不相闻，但据一时梦寐，便取来做宰相，或者于理未安。（《卷第七十九·尚书二》）

在先秦时代，"或"字仅仅是一个代词，属于无定代词一类，类同于"他"都是指不用特别说出、特定指代的某些事情、对象或者其他内容。例如：

（13）或跃在渊。（《易·乾》）

此后延伸出选择的含义。例如：

（14）或者其于道不远矣。（唐·柳宗元《柳河东集》）

随着其连接的 AP、CP 的膨胀，它功能日渐强大，而成为明显的选择复句标记词。

"或"作为选择类别的连词，从古代汉语到现代汉语都占有重要的地位，既可以单独使用也可以作为框架匹配重合使用。当"或……或……"其字面上的含义完全虚化，作为代词的语法功能日益磨损。当它具备两个特点，其一，不能再理解为"有人""有事"之类的代词；其二，在"或……或……"前后连接的分句，都日渐可以使用主谓宾配套结构的时候，就变成了这样的格式"或+AP，或+CP"，从而真正进化为一个选择复句框架匹配型标记词。该模式，还可以无限增加下去，因而这是一个非常明显的开放式并列平行结构。但是"或者"又兼有限选性质，即所谓"不可同时兼有兼备，只能选择其一"。

其后出现的"或是 AP，或是 CP"；"或能 AP，或能 CP"。他们的语法功能、语义结构都和"或"没有太大的差异。《朱子语类》中"或"字的用例已经比较多了，"或"作为选择标记词发展已经相当成熟，框架连用结构，虽用例不多，但无疑在该时期已经产生，此后一直发展到明清以至现代汉语成为极其常见的选择关联词。

【（为复）AP，为复 CP】

《朱子语类》中未见"为 AP，为 CP"用例。这是魏晋六朝时期新产生的选择连词，一直延续到唐五代，① 例如：

（15）为欲朕和亲？为欲不和？（《南齐书·宗室传》）

（16）不知孚为琼之别名，为别有伍孚也？（《三国志·魏志，董卓传注》）

（17）佛得阿耨多罗三藐三菩提，为无所得邪？（《敦煌变文集》，

---

① 吴福祥. 敦煌变文语法研究［M］. 长沙：岳麓书社，1996：264.

P431）

其附加结构"为复"《朱子语类》中共见3例。"为复"为选择复句DM，所连接的复句表达的语气为M1+M2（3），后标，CP首标，语义重心为Fo3型。例如：

（18）不知古人充耳以填，或用玉，或用象，不知是塞于耳中，为复是塞在耳外？（《卷第八十一·诗二》）

（19）为复是解书到末梢，会懒了看不子细；为复圣人别有意义？（《卷第七十三·易九》）

随着汉语词汇的双音化，"为"字同"复""当"等词缀构成复音连词。但因为是新兴的词语，在《朱子语类》中出现的用例尚少。"为当"未见用例。

此外，还有"惟复"作为选择标记词在《朱子语类》中出现2次，一般仅用于选择问句中，后标，CP首标。例如：

（20）所谓"穷理"，不知是反己求之于心？惟复是逐物而求之于物？（《卷一百二十一·朱子十八》）

（21）韩文公说，人之"所以为性者五"，是他实见得到后如此说耶？惟复是偶然说得著？（《卷一百三十七·战国汉唐诸子》）

我们值得注意的是，系词"是"用法的成熟及向相关的功能扩展，使得"是"在一些结构中开始取代同样具有系词性质的"为"。同样，用作连词的"是AP，是CP"也逐渐取代"为AP，为CP"而日益占据主流。

【AP，还CP】

该句式在《朱子语类》中共出现64例。多数情况下，"还"用于选择问句，一般要求听话人从给出的选项中选择回答，故为封闭性选择复句。"还"为选择复句RM，所连接的复句表达的语气为M1+M1（39）/M2（24）/M4（1），后标，CP首标、中标，语义重心为Fo2型。例如：

（22）曰："禹治水，不知是要水有所归不为民害，还是只要辨味点茶，如陆羽之流。"（《卷第七十九·尚书二》）

（23）申包胥如秦乞师，哀公为之赋无衣，不知是作此诗，还只是歌此诗？（《卷八十三·春秋》）

（24）仁之方，不是仁之体，还是什么物事！（《卷第三十三·论语十五》）

"还"作为选择复句标记词时，还可采用框架匹配结构，例如：

（25）使二君与桓文同时，还在其上，还出其下？（《卷二十五·论语七》）

从"还"使用的频率和地域来看，"还"作为选择连词，是一个南方方言色彩浓厚的词。张敏（1990）指出《全唐诗》《全唐五代词》中已使用"还VP"句式。五代时，使用这一格式的诗人多为南方人，如齐己（益阳人）、贯休（浙江人）、孟贯（福建人）、陈陶（福建南平人）等；在宋代禅宗语录、宋元南戏等文献中常见"还VP"问句。①《朱子语类》的作者多来自闽方言区，因此其中"还"的此类用法大致反映了当时南方方言（尤其是闽方言）中"还"作为选择连词的使用特点。

【是 AP，还是 CP】

该句式在《朱子语类》中共出现 26 例。"还是"与"还"的用法相似，均仅用于选择问句中，可单用于后一分句。"是……还是……"为选择复句 RM，它们所连接的复句表达的语气为 M1+M2（26），双标，AP 中标+CP 首标，语义重心为 Fo3 型。例如：

（26）"盖有之矣，我未之见也"，是言未见用力底人，还是未见用力而力不足之人？（《卷二十六·论语八》）

（27）或问："曾点是实见得如此，还是偶然说著？"（《卷第四十·论语二十》）

同时"还是"还可复现于 AP 和 CP 中，《朱子语类》中共见 5 例。例如：

（28）死者既不可得而求矣，子孙尽其诚敬，则祖考即应其诚。还是虚空之气自应吾之诚，还是气只是吾身之气？（《卷二十五·论语七》）

（29）微，还是见微而谏，还是"下气、怡色、柔声"以谏？（《卷二十七·论语九》）

（30）汪季良问："'五载一巡狩'，还是一年遍历四方，还是止于一方？"（《卷第七十八·尚书一》）

有时，也可单用"还是"表达选择关系。"还是"的位置非常灵活，不仅可置于 CP 句首，还可置于 AP 之中，且不影响句子意思的表达。但在《朱子语类》中见得不多，仅 2 例。例如：

（31）格物，还是事未至时格，事既至然后格？（《卷十五·大学二》）

（32）还是切脉底是仁？那脉是仁？（《卷九十七·程子之书三》）

关于"是……是……"，王淑华（2009）将它归至"选择疑问焦点标记"这个大类下，该类型还包括"为……为……"等框架词结构。至于它们为何能演变为选择复句的标记词，我们认为正是沈家煊提到的在语法化过程中语用制

---

① 王淑华. 晚唐五代连词研究［D］. 济南：山东大学，2009：78.

约和语境影响的结果。当这类框架结构频繁进入选择疑问语境中，会吸收选择问的语境义，逐渐虚化，丧失原本的较实在的意义，而最终成为选择复句标记词。

"是"的发展脉络为：本义夏至，太阳当头适宜务农，为动词词性。此后它在相当漫长的一段时间作为代词存在，翻译为：这，这些，这样。例如：

（33）是谓伐德。（《诗经·小雅·宾之初筵》）

此后"是"逐渐发展为动词：肯定，判断系词。由于这个功能的扩张，"是"后分句复杂程度就越高，慢慢在演化过程中变成"是AP，是CP，是CP……"的一种开放性的选择复句结构。整体而言，这类连词在晚唐时期出现，在宋代有一定发展。经过对《朱子语类》的语料梳理，我们也可以看到其中的用例虽然不是特别多，但是已经固化，用法准确，作为选择复句标记词的定位完全符合条件。此后该词在明清时代用例迅速发展，一直到现代汉语中仍然可以说是一个极为重要的选择复句标记词。

（二）限制选择型

限制选择型选择复句的特点是可选择的项目是有限的，且只可选择其一。因此该类复句均为封闭型的，一般只有AP和CP两部分组成。

【不是AP，则是CP】

该类句式在《朱子语类》中仅出现1例。"不是……则是……"为选择复句DM，所连接的分句表达的语气为M1+M1（1），双标，AP首标+CP首标，语义重心为Fo2型。例如：

（34）若爱，则是自然爱，不是同体了方爱。（《卷第三十三·论语十五》）

"不是AP，则是CP"在《朱子语类》用例中位置是不固定的，可见南宋时期该类格式尚未成形。而同该结构功能类似的"不是AP，就是CP"格式选择复句尚未见用例。

【不是AP，便是CP】

该类句式在《朱子语类》中共出现26例。"不是……便是……"是较占优势的一类标记词，为选择复句DM，所连接分句表达的语气为M1+M1（25）／M2（1），双标，AP首标、中标、CP首标，语义重心为Fo2型。例如：

（35）如说尺时，无寸底是体，有寸底不是体，便是用；如秤，无星底是体，有星底不是体，便是用。（《卷第六·性理三》）

（36）大率人难晓处，不是道理有错处时，便是语言有病；不是语言有病时，便是移了这步位了。（《卷第十六·大学三》）

但"不是"与"便是"二者之间顺序也并不固定，我们尚能见到"便是AP，不是 CP"的用例，可见该时期这类格式的固化程度还不够高。例如：

（37）当静坐涵养时，正要体察思绎道理，只此便是涵养，不是说唤醒提撕，将道理去却那邪思妄念。（《卷第十二·学六》）

【不是 AP，即 CP】

该类句式在《朱子语类》中仅见 2 例，"不是……即……"属于为选择复句RM，所连接分句的语气为 M1+M1（2），双标，AP 中标、CP 首标，语义重心为 Fo2 型。例如：

（38）理不是在面前别为一物，即在吾心。（《卷第九·学三》）

（39）曰："此'仁'字不是别物，即是这人底道理。"（《卷第六十一·孟子十一》）

"不是……即……"类格式的选择复句，在《朱子语类》时代使用得并不广泛，可以说它是单音节框架匹配格式"非……则……"向双音节的"不是……就是/便是……"等格式演变过程中的过渡阶段。

【即 AP，不是 CP】

此类句式在《朱子语类》中共见 3 例，"即……不是……"为选择复句RM，所连接的分句表达的语气为 M1+M1（3），双向标，AP 中标、CP 中标，语义重心为 Fo1 型。例如：

（40）曰："心固是主宰底意，然所谓主宰者，即是理也，不是心外别有个理，理外别有个心。"（《卷第一·理气上》）

（41）克去跋倚而未能如尸，即是克得未尽；却不是未能如尸之时，不系人欲也。（《卷第四十一·论语二十三》）

（42）"爱之理"，即是"心之德"，不是"心之德"了，又别有个"爱之理"。（《卷第二十·论语二》）

限选型选择复句中常见的标记词，如"要不""不然""再不"等在《朱子语类》中均未见用例，《朱子语类》中出现的都是同形的短语形式。例如：

（43）古人瞽史诵诗之类，是规戒警诲之意，无时不然。（《卷第十二·学六》）

（44）事亲须是孝，不然，则非事亲之道；事君须是忠，不然，则非事君之道。（《卷第十三·学七》）

（45）子路是个资质高底人，要不做底事，便不做。（《卷第二十九·论语十一》）

二、已定选择型

已定选择型复句，是指虽然 AP、CP 部分呈现出两种可供选择的对象，但说话人已事先做好了选择，或者说是表示倾向性非常明显的选择。这是主观性色彩浓厚的一类选择复句。我们将其分为先取后舍和先舍后取两种类型。

（一）先取后舍型

【宁 AP，CP】

该句式在《朱子语类》中共出现 22 例。"宁"为选择复句 DM，它所连接的分句的语气为 M1+M1（22），前标，AP 首标、中标，语义重心为 Fo1 型。例如：

（46）问："横渠云：'宁言之不顾，不规规于非义之信；宁身被耻辱，不徇人以非礼之恭；宁孤立无助，不失亲于可贱之人。'"（《卷第二十二·论语四》）

（47）某尝谓，人之读书，宁失之拙，不可失之巧；宁失之低，不可失之高。（《卷第一百二十二·吕伯恭》）

【AP，宁肯 CP】

该句式在《朱子语类》中共出现 1 例。"宁肯"属于选择复句 DM，所连接的分句语气为 M1+M1（1），后标，CP 首标，语义重心为 Fo2 型。例如：

（48）他定是不去，淳录作："他定以荒僻不乐于行"，宁肯作钱塘县尉。（《卷第一百二十一·朱子十八》）

【宁可 AP，CP】

该句式在《朱子语类》中共出现 10 例。"宁可"属于选择复句 DM，它所连接分句的语气为 M1+M1（8）／M2（2），前标，AP 首标、中标，语义重心为 Fo1 型。例如：

（49）宁可铺摊放门外，报人道我家有许多饭为是乎？（《卷第八·学二》）

（50）某旧来缘此不能寐，宁可呼灯来随手写了，方睡得著。（《卷第九十七·程子之书三》）

"宁"作助动词时，义为"愿意，甘愿"。例如：

（51）宁适不来。（《诗经·小雅·伐木》）

"宁"的助动词意义本身就蕴含了"主观上选择或取舍"之义，这为后代"宁"向其他功能（尤其是用作取舍型选择复句标记词的功能）扩展奠定了语义基础。早在先秦时期"宁"已用于表示取舍的选择复句中。但它在句中出现的位置并不固定，既可出现在 AP 上，也可以出现在 CP 上。例如：

(52) 宁信度，无自信也。（《韩非子·外储说左上》）

(53) 王孙贾问曰："'与其媚于奥，宁媚于灶'，何谓也?"（《论语》）

在汉语词汇双音化趋势的影响下，自汉代起，"宁"就已经出现逐步与"可""愿""肯"等凝固的迹象。但是，该时期内"宁愿""宁肯""宁可"尚属草创时期，因此它们使用频率很低。①

到了宋代，《朱子语类》中已有 37 例"宁"类词语（"宁""宁可""宁肯"）用为选择复句标记词的用例。但是，"宁愿"作为连词在《朱子语类》中并未见用例。此外在"宁"类用例中，后一分句多含否定性成分，表示明确的舍后取前。例如：

(54) 度吾力量为之，宁可过厚，不可过薄。（《卷第三十八·论语二十》）

(55) 到得逼近利害，也便不让别人，宁可我杀了你，定不容你杀了我。（《卷第三十九·论语二十一》）

到明清时代，南宋时期已占统治地位的"宁可"又不断向前发展，成了最为庞大的用例代表词，"宁愿""宁肯""宁不"却始终没有获得迅猛发展的空间。

（二）先舍后取型

【AP，不如 CP】

该类句式在《朱子语类》中共出现 92 例。连词"不如"是由表示"比不上，不及"意义的短语发展而来，为选择复句 DM，它所连接的分句表达的语气为 M1+M1（91）/M2（1），后标，CP 中标，语义重心为 Fo2 型。例如：

(56) 武王不若我多才多艺，不能事鬼神，不如且留他在世上，定你之子孙与四方之民。（《卷三·鬼神》）

(57) 今人却一边去看文字，一边去思量外事，只是枉费了工夫。不如放下了文字，待打叠教意思静了，却去看。（《卷十一·学五》）

(58) 若要知了，如何便知得了? 不如且就知得处逐旋做去，知得一件做一件，知得两件做两件，贪多不济事。（《卷九十五·程子之书一》）

【AP，不若 CP】

据考察，"不若"在唐宋之前未见作为选择复句标记词出现的用例，"其用

---

① 王天佑. "宁可"类取舍句式的历时考察［J］. 殷都学刊, 2010 (4)：111-117.

法始见于宋代"①，在《朱子语类》中共见47例。"不若"为选择复句DM，它连接的分句的语气为M1+M1 (47)，后标，CP中标，语义重心为Fo2型。例如：

(59) 泛观博取，不若熟读而精思。(《卷第十·学四》)

(60) 今观礼书所载燕飨之礼，品节太繁，恐亦难用。不若只如今人宴集，就中删修，使之合义。(《卷第三十九·论语二十一》)

"不如"和"不若"两者组合结构相类似，都是否定词+假设性词语。而且"如""若"关系也非常的近，在上古时代它们就是音近义通的一组词。但是"若"的虚化进程比起"如"要晚一些。所以"不如"的用法更加成熟，数量上也有一定优势。在《朱子语类》中"不若"与"不如"使用比例接近1：2。

【AP，莫若CP】

该句式在《朱子语类》中共出现6例。"莫若"为选择复句DM，它所连接的分句的语气为M1+M1 (6)，后标，CP首标、中标，语义重心为Fo2型。例如：

(61) "敦教化"云"欲民之知信，莫若务实其言；欲民之知义，莫若务去其贪"云云。(《卷第十六·大学三》)

(62) 为吾之计，莫若分几军趋关陕，他必拥兵于关陕；又分几军向西京，他必拥兵于西京；又分几军望淮北，他必拥兵于淮北，其他去处必空弱。(《卷第一百一十·朱子七》)

(63) 欲进取，则可都建康；欲自守，则莫若都临安。(《卷第一百二十七·本朝一》)

"莫"和"不"在词类划分上都应归属于否定副词。"不如""不若""莫若"是3个均有比较意味的词汇，它们自身的词义就有比较和选择的意思。一开始作为动词谓语的它们，因为主观化的因素不断起作用，对比的内容不断扩大，它们就离核心位置越来越远，以至于最后彻底地虚化成了一个选择连接标记。但是在《朱子语类》当中"莫若"的用例情况比起前两者明显不多。

【AP，何如CP】

该句式在《朱子语类》中仅出现1例。"何如"为选择复句DM，它所连接的语气为M1+M1 (1)，后标，CP首标，语义重心为Fo2型。例如：

(64) 若每处删去数行，只读着都无血脉意思，何如存之，却别做论说以断之？(《卷第一百三十四·历代一》)

【与其AP，CP】

该句式在《朱子语类》中共出现10例。"与其"为选择复句DM，它所连接

---

① 张莹. 近代汉语并列关系连词研究 [D]. 济南：山东大学，2010：193.

分句的语气为 M1+M1 (7) /M2 (3)，前标，AP 首标，语义重心为 Fo2 型。例如：

(65) 与其得罪于乡间，不若且谏父之过，使不陷于不义，这处方是孝。(《卷第十四·大学一》)

(66) 与其四散闲走，无所归著，何不收拾令在腔子中？(《卷第五十九·孟子九》)

(67) 与其营营胶扰，不若但将此心杀在博弈上。(《卷第九十六·程子之书二》)

上述例中，CP 部分常有否定性成分出现，如"不若""何不"等，表示舍前取后。

"与其"出现很早，作为选择复句标记词在上古时期已有用例。例如：

(68) 与其无义而有名兮，宁穷处而守高。(《楚辞·九辩》)

这个用法到《朱子语类》时期也没有什么太多的变化，只是《朱子语类》中"与其"后面的 CP 连接内容有了更多样化的发展。

【与其 AP，宁 CP】

该句式在《朱子语类》中共见 4 例，"与其……宁……"为选择复句 DM，它们所联接的分句的语气为 M1+M1 (4)，双标，AP 首标、中标+CP 首标、中标，语义重心为 Fo2 型。例如：

(69) 盖"与其得罪于乡党州间，宁孰谏"。(《卷第十四·大学一》)

(70) "然古人'罪疑惟轻'，'与其杀不辜，宁失不经'，虽爱心只在被杀者一边，却又溢出这一边些子。"(《卷第一百一十·朱子七》)

(71) 与其过也，宁不及，不及底可添得。(《卷第二十五·论语七》)

【与其 AP，孰若 CP】

此类句式在《朱子语类》中仅见 1 例，"与其……孰若……"为选择复句 DM，它们所连接的分句语气为 M1+M1 (1)，双标，AP 首标+CP 首标，语义重心为 Fo2 型。例如：

(72) 与其处畎亩之中，孰若进而得行其道，使天下皆被其泽！(《卷第六十·孟子十》)

【与其 AP，曷若 CP】

此类句式在《朱子语类》中仅见 3 例，"与其……曷若……"为选择复句 DM，其联接的分句表达的语气为 M1+M2 (3)，双标，AP 首标+CP 首标，语义重心为 Fo2 型。例如：

(73) 与其不遵以梗吾治，曷若惩其一以戒百？(《卷第一百八·朱子五》)

（74）与其覈实检察于其终，曷若严其始而使之无犯？（《卷第一百八·朱子五》）

（75）与其戮于市朝，且极痛楚，曷若早自裁？"（《卷第一百三十三·本朝七》）

"与其"类标记，最大的特点就是有 AP，就必有 CP，否则意思就不能完整，所以在使用量上它始终不能和"不如""不若"等标记词相比，因为那二者可以单独使用，它相对所受的束缚要小一些。而且随着语用过程中经济原则不断发挥作用，CP 中只要出现了否定类词，听话人就可以直接做出判断，除非说话人要强烈地表明两个选择之间他的取舍态度。这样发展下去"与其"的使用频度就开始大大地下降。在现代汉语中，它已经是偏于书面语的存在了。

【非 AP，则 CP】

该类句式在《朱子语类》中共见 3 例，"非……则……"为选择复句 DM，它们所连接分句表达的语气为 M1+M1（3），双标，AP 首标+CP 首标，语义重心为 Fo2 型。例如：

（76）非如一无节之竹，使人才能格物，则便到平天下也。（《卷第十六·大学三》）

（77）非加一"犹"字，则其说不通，文意恐不如此。（《卷第三十二·论语十四》）

（78）非你杀我，则我杀你。（《卷第一百三十九·论文上》）

表 8　《朱子语类》选择复句系统综合表

选择标记词		出现次数	所占比例	《语类》中状态	标记显、隐特征	结构类型	语气类型	语义重心
单音标记连词	抑	26	3.65%	成形、稳固	DM	AP 首标、CP 首标	M1+M2（26）	Fo3
	还	64	8.99%	成形、稳固	RM	CP 首标、中标	M1+M1（39）/M2（24）/M4（1）	Fo2
	（或）	328	46.07%	成形、稳固	DM	AP 首标、CP 首标	M1+M1（314）/M2（14）	Fo3
	宁	22	3.09%	成形、稳固	DM	AP 首标、中标	M1+M1（22）	Fo1

续表

选择标记词		出现次数	所占比例	《语类》中状态	标记显、隐特征	结构类型	语气类型	语义重心
复音标记连词	或是	29	4.07%	成形、稳固	DM	CP 首标	M1+M1（29）	Fo3
	宁可	10	1.40%	成形、稳固	DM	AP 首标、中标	M1 + M1（8）/M2（2）	Fo1
	宁肯	1	0.14%	成形中	DM	CP 首标	M1+M1（1）	Fo1
	不如	92	12.92%	成形、稳固	DM	CP 中标	M1 + M1（91）/M2（1）	Fo2
	不若	47	6.60%	成形中	DM	CP 中标	M1+M1（47）	Fo2
	莫若	6	0.84%	成形、稳固	DM	CP 首标、中标	M1+M1（6）	Fo2
	何如	1	0.14%	成形、不稳定	DM	CP 首标	M1+M1（1）	Fo2
	与其	10	1.40%	成形、稳固	DM	AP 首标	M1 + M1（7）/M2（3）	Fo2
匹配标记连词	或者 AP，或者 CP	4	0.56%	成形，不稳定	DM	CP 首标	M1+M1（4）	Fo3
	为复 AP，为复 CP	3	0.42%	成形、稳定	DM	CP 首标	M1+M2（3）	Fo3
	是 AP，（还）是 CP	26	3.65%	成形、稳定	RM	AP 中标、CP 首标	M1+M2（26）	Fo3
	不是 AP，则是 CP	1	0.14%	成形、不稳定	DM	AP 首标、CP 首标	M1+M1（1）	Fo2
	不是 AP，便是 CP	26	3.65%	成形、不稳定	DM	AP 首标、中标、CP 首标	M1 + M1（25）/M2（1）	Fo2
	不是 AP，即 CP	2	0.28%	成形、不稳定	RM	AP 中标、CP 首标	M1+M1（2）	Fo2
	即 AP，不是 CP	3	0.42%	成形、不稳定	RM	AP 中标、CP 中标	M1+M1（3）	Fo1
	与其 AP，宁 CP	4	0.56%	成形、稳固	DM	AP 首标、中标、CP 首标、中标	M1+M1（4）	Fo2

选择标记词		出现次数	所占比例	《语类》中状态	标记显隐特征	结构类型	语气类型	语义重心
匹配标记连词	与其 AP,孰若 CP	3	0.42%	成形、稳定	DM	AP 首标、CP 首标	M1+M1（1）	Fo2
	与其 AP,曷若 CP	1	0.14%	成形、稳定	DM	AP 首标、CP 首标	M1+M2（3）	Fo2
	非 AP,则 CP	3	0.42%	成形、稳定	DM	AP 首标、CP 首标	M1+M1（3）	Fo2
		712						

表9 选择复句标记词一览表

复句	选择复句			
结构类型	未定选择		已定选择	
标记类型	任意选择型	限制选择型	先取后舍型	先舍后取型
标志词	AP, 抑 CP （或）AP, 或 CP AP, 或是 CP 或者 AP, 或者 CP 为复 AP, 为复 CP AP, 还 CP 是 AP, 还是 CP	不是 AP, 则是 CP 不是 AP, 便是 CP 不是 AP, 即 CP 即 AP, 不是 CP	宁 AP, CP AP, 宁肯 CP 宁可 AP, CP	AP, 不如 CP AP, 不若 CP AP, 莫若 CP AP, 何如 CP 与其 AP, CP 与其 AP, 宁 CP 与其 AP, 孰若 CP 与其 AP, 曷若 CP AP, 何如 CP 非 AP, 则 CP
句数	480	32	33	167
比例	67.4%	4.5%	4.6%	23.5%

第三节 《朱子语类》选择复句句法特征

一、单音标记

（一）数量特征

单音标记，虽然只有"抑""还""或""宁"4个，但是用例却有440句，占选择复句总数的61.79%。尤其"或"是选择复句中出现频率最高的标记，只它一个句式的用例已经超过46.07%。可见《朱子语类》的选择复句是以单音标记稍占上风的。

（二）词性及来源

"抑"和"或"均为连词，出现在先秦时期，都是由词性引申后虚化而来的。"还""宁"同为副词，也可上溯至先秦，虚化而来。它们形成的时间较早，主要用法都可在《朱子语类》中见到，故而成形稳定，用例较多。语料中固化程度高而成熟的标记词一般用例会多一些。

（三）功能及构成

单音标记"宁"和"或"在《朱子语类》中明显受到双音化趋势的冲击，"宁"通过黏合的方式逐渐与能愿动词，如"肯""可""愿"等组合成新的复音标记，虽然有用例，但是其还并不为人们常用。"或"则以另一种方式，后加词缀形成"或是""或者"等形成复音标记，用例不多，但是用法稳定，作为标记词已经成熟。"抑"比较特殊的一点是，在《朱子语类》中的用例都含有强烈的感情色彩，其作为选择标记词出现的复句都含有疑问的语气。

（四）位置特征

4个单音标记"或"与"还"是CP首标，"宁"与"抑"均为AP首标。可见在《朱子语类》中单音标记位置均在整个复句或分句的句首，管控的是整个句子。

二、复音标记

（一）数量特征

复音标记共有8个，占标记词总数的66.7%，在数量上已过半，总的用例达到196句，占选择复句总句数的27.53%。可见复音标记正在以极快的速度在发展和壮大，它虽然目前仍然难以和单音标记用例上的数量相比，但在多样化方面却是更胜一筹。

（二）来源形成

《朱子语类》选择复音标记主要有 3 种构成方式。由上古就出现的"宁""或"和"为"加词缀形成新的标记；否定结构不/莫+若/如等构成的比较式选择标记以及先秦时期一直延续下来的"与其"。该词的组配功能在《朱子语类》中有了极大的进步，其后搭配多种表示比较的标记，构成一个框架，例如"孰若""曷若"等。上述产生的标记都在语料中基本成形，稳定使用。

（三）位置特征

复音标记中除了"宁可""与其"这种限选型标记是 AP 首标以外，凡是"或"字类双标和否定式+比较式选择标记都是处于 CP 句首。选择复句的分句独立性比较强，组块结构界限分明，每一个分句的一个整体性的选择，一个相对完整的组块，故而标记多为首标以达到对整个句子管控的目的。

三、匹配框架

《朱子语类》中框架标记的大量涌现是我们值得注意的现象，它的比例占选择复句的 56.82%。有一些为沿用前代的选择标记"或 AP，或 CP""非 AP，则 CP"等。虽然单音词"或"的匹配框架仍然占据优势地位，但是其余框架标记词多为唐宋时期产生的新词，例如"或是 AP，或是 CP""或者 AP，或者 CP""不是 AP，而是 CP"这些词在语料中都已经基本固化，但是用例颇少仅占选择复句总量的 9.92%。这是一个信号，在未来这些词还有极大的发展空间。例如"不是 AP，就是 CP"在明代完成了对"非 AP，则 CP"的替代，甚至有一些框架保存到了现代汉语中间，并占据主流地位。

四、标记词显隐特征

选择复句的标记词以显性标记为主，隐性标记仅占 13.92%，可见选择复句标记对语境的依赖不大。由此可见，南宋时期选择复句表示各种取舍语义时多会辅以显性标记，突出重点。其中，"是""不是"类标记作为标记词很不醒目，经常会与系词混淆，所以多采用匹配框架结构使其隐性标记性质得以识别。

第四节 《朱子语类》选择复句语义特征

从选择类型语义特点来看，《朱子语类》有标选择复句标记词的数量不多，因而导致其复句数量总体来说不大，经我们认真筛选总共有 712 句。其中未定选择是已定选择复句数量的 2.5 倍。在这当中任意选择型的比例又最高，达到67.42%，其次为已定选择的先舍后取型为 23.46%。未定选择中的限制选择型和已定选择的先取后舍型基本上是比例持平，各占不到 5%，数量较少。其顺序为：未定任意选择型>已定先舍后取型>已定先取后舍型>未定限制选择型。由此可见《朱子语类》中可以扩展的开放性选择复句数量明显占优，二择其一的封闭性选择复句数量则颇少。

从语义类型的行域、知域、言域来看，AP 和 CP 形成的平行选择分句在《朱子语类》中多为表示行为选择类，用例有 404 句，占选择复句比例的56.74%；AP 和 CP 表说明、事实推理性的知域选择复句有 297 例，占选择复句的 41.71%；针对 AP 进行言说的言域选择复句仅 31 例，只占 4.63% 的比例。可见在选择复句中以表现行为和说明推理的语义类型占有绝对性的优势，总比例接近 97%。因为言域类型的选择复句多是限选型的，常为祈使类语气，这种句子相对较少也是自然的。

第五节 《朱子语类》选择复句语用特征

一、语气类型特征

《朱子语类》中选择复句的语气类型降次排列如下：M1+M1（608）型→M1+M2（103）型→M1+M4（1）型→M1+M3（0）型。由上述式子可见，《朱子语类》选择复句中主要语气类型是 M1+M1 型，即陈述+陈述型，其用例占选择复句数量的 85.39%，其次是 M1+M2 型。这是因为平铺直叙的选择固然很多，但是主观性很强的限选式句型中大量的用例都有加强语势的反问内容存在，所以疑问语气的数量才会上升至第二位。同时这大概与《朱子语类》是教学类语录有关，学生会向朱熹提出是非问句、选择问句等多种类型的问题，而该类句子有一部分就会以选择复句的面貌出现。

二、语义重心类型特征

《朱子语类》中选择复句的语义重心降次排列如下：Fo3（416）→Fo2（260）→Fo1（36）。《朱子语类》复句中任选型复句数量最多，这就决定了双向平衡语义重心的类型占优。已定选择和限选型选择复句的主观性相对强，语义重心自然会向主观程度高、感情色彩重的一方倾斜，所以 Fo2 比例也不低。分类中以"宁"等为代表的标记词为先取后舍型则多是 Fo1 型。

第五章

《朱子语类》承接复句

第一节　承接复句界定

承接是人类按时间顺序认识世界后形成的一种语言逻辑。时间是一维的，在这个一维的时间轴上如果用不同的分句来表述前后相承的连续事件，就形成了承接复句。除了时间上的承接外，也存在着空间和逻辑上相承接的承接复句。该类复句的特点是语序（即前后分句之间）不能颠倒，否则就会造成理解的偏差或整个句子的误读。

关于承接复句，前辈学者多有论述。马建忠（1898）对"而""则"进行研究后说，"承接连字者，所以承接上下之文，而概施于句读之中也"。黎锦熙（1924）强调，"依时间或者事势之顺序，蝉联而下"，重视的是时间和事件的顺序。吕叔湘（1982）专门讨论了"不分宾主的几件事先后相继"与副词"就""便""即"的使用情况。此后的学者基本将承接复句定义为：前后分句有相承接的关系，按时间、空间或逻辑顺序表达连续的动作或样态的复句。我们将关于承接复句代表性的观点见表10：

表10　各家学者观点对照表

作者	著作	观点
马建忠	《马氏文通》	"而""则"作为承接连字的代表进行考察。
黎锦熙	《新著国语文法》	依时间或者事势之顺序，蝉联而下。
吕叔湘	《中国文法要略》	事情先后为主，重副词。
邢福义	《复句与关系词语》	属于并列复句一类。
黄伯荣、廖序东	《现代汉语》	前后分句按时、空或逻辑事理上的顺序说出连续的动作或相关的情况。
张斌	《现代汉语》	可称为"连贯复句、承接复句、顺递复句"。

第二节 《朱子语类》承接复句分析

一、单音节标记词

【AP，遂 CP】

该句式在《朱子语类》中共见 362 例。"遂"为承接复句 DM，它所连接的分句表达的语气为 M1+M1（342）/M4（5）/M2（1）/M3（14），后标，CP 中标，语义重心为 Fo2 型①。例如：

（1）魏公复荐赵公，遂令魏公拟批召之。（《卷第一百三十一·本朝五》）

（2）自华来至中，为嵩山，是为前案，遂过去为泰山，耸于左，是为龙。（《卷第二·理气下》）

（3）"初间圣人亦只是略为礼以达吾之诚意，后来遂加详密。"义刚。（《卷第三·鬼神》）

（4）恐是作序者见经中有"钦明文思"，遂改换"钦"字作"聪"字否？（《卷第七十八·尚书一》）

《广雅·释诂一》："遂，往也。"后来，"遂"引申为"如愿；成功"。例如：

（5）上无乏用，百事乃遂。（《礼记·月令》）

当"遂"在非谓语位置上出现时，其意义在使用过程中渐渐虚化，变为一个表示已然意义的副词，意为"于是，终于"。后来，"遂"进一步虚化为连词。在先秦时期，"遂"作连接标记的用法就已出现。例如：

（6）赵王于是遂遣相如奉璧西入秦。（《史记·廉颇蔺相如列传》）

"遂"出现的位置为 CP 中，一般用于承接 AP 所表述的内容，即"遂 CP"所述情况或事件后于 AP 所述情况或事件之后出现。"遂"一般译为"于是""就"，在《朱子语类》中基本继承上古汉语用法，变化不大。

---

① 此处"DM"意为显性标记词；"M1+M1（342）/M4（5）/M2（1）/M3（14）"意为陈述+陈述/感叹/疑问/祈使型语气，括号内数字为语料见次；"CP 中标"意为该标记位于后分句主语之后；"Fo2"意为语义重心在后分句。详细分类标准请参见第二章。

【AP，而₂CP】

该类句式在《朱子语类》中共见 584 例。"而₂"为承接复句 RM，它所连接分句表达的语气为 M1+M1（547）/M2（19）/M4（18），后标，CP 首标，语义重心为 Fo2 型。例如：

(7) 月行又迟，一日一夜绕地不能匝，而于天常退十三度十九分度之七。（《卷第一·理气上》）

(8) 气积为质，而性具焉。（《卷第一·理气上》）

"而"是一个多功能的复句标记词，在《朱子语类》中共出现 2814 次。它最初主要用于连接两个并列的谓词性成分，表示承接关系的功能是在并列关系的基础上因语境影响而产生的。唐五代时期，"而"只用来连接词或词组，例如：

(9) 项羽乌江而自刎，当时四塞绝芬芸。（《敦煌变文集·捉季布》）

(10) 师有定法突然而起。（《祖堂集·第四卷》）

但在《朱子语类》中"而"出现了不少可以连接分句的用法，这是"而"字功能在宋代发展的重要方面。

【AP，则 CP】

该句式在《朱子语类》中共见 1086 例。"则"为承接复句 RM，它所连接分句表达的语气为 M1+M1（1024）/M4（27）/M2（35），后标，CP 首标，语义重心为 Fo2 型。例如：

(11) 天道左旋，自东而西，日月右行，则如何？（《卷第二·理气下》）

(12) 一念忽生，则这心返被他引去。《卷第一百二十·朱子十七》）

(13) 学者不立，则一齐放倒了！（《卷第八·学二》）

(14) 入阵，则割弃竹筒，狼籍其豆于下。（《卷第一百三十六·历代三》）

(15) 有得木气重者，则恻隐之心常多，而羞恶、辞逊、是非之心为其所塞而不发。（《卷第四·性理一》）

"则"是《朱子语类》承接复句中使用频率较高的标记词，多数情况下表示前面分句假设条件成立情况下产生的一种后果。它基本沿用宋以前用法且处于高频使用的阶段，到了元明清时期，仍有较多用例，此后一直保存到现代汉语书面语中。

【AP，乃 CP】

"乃"同"遂"相似，CP 所涉及的事情是因为受到 AP 的影响，才出现的结果，是属于逻辑事理关系的前后，故二者并非一种简单的分句接续，位置更不能随意互换。"乃"相当于现代汉语的"于是""然后",该格式在《朱子语类》中共见 102 例。"乃"所连接的分句表达的语气为 M1＋M1（81）/M4（7）/M2（12）/M3（2），后标，CP 中标，语义重心为 Fo3 型。例如：

（16）后来看横渠"心统性情"之说,乃知此话有大功,始寻得个"情"字着落,与孟子说一般。(《卷第五·性理二》)

（17）又如韩信特地送许多人安于死地,乃始得胜。(《卷第八·学二》)

（18）至于群疑并兴,寝食俱废,乃能骤进。(《卷第十·学四》)

（19）存得此心,乃可以为学。(《卷第十二·学六》)

（20）中国之诸侯,晋以私伐之,乃反使楚人来救!(《卷第八十三·春秋》)

"乃"在上古时期就用作承接连词,例如：

（21）故择其所嗜,必先受业,乃得当之;择其所乐,必先有习,乃得为之。(《大戴礼记·保傅第四十八》)

（22）守丞死,乃入据陈。(《史记·陈涉世家》)

【AP，便 CP】

该句式在《朱子语类》中共 2219 例,用例广泛。"便"为承接复句 RM,它所连接的分句表达的语气为 M1＋M1（2047）/M2（103）/M3（2）/M4（67），后标，CP 首标或中标,语义重心为 Fo3 型。例如：

（23）件件都知得个原头处,凑合来,便成一个物事否?(《卷第一百一十七·朱子十四》)

（24）孔子见这四字好,便挑开说了。所以某尝说,易难看,便是如此。(《卷第一·理气上》)

（25）这一个气运行,磨来磨去,磨得急了,便拶许多渣滓;里面无处出,便结成个地在中央。(《卷第一·理气上》)

（26）君可谓尊矣,便与民为对。(《卷第七十二·易八》)

（27）立个渤海王之子缵,才七八岁,方说梁冀跋扈,便被弑了!(《卷第一百三十五·历代二》)

"便"相当于现代汉语的"就",一般置于后一分句(CP)句首,表示后一分句所述的事件或情况承接前一分句(AP)所述的事件或情况。据我们观察,"就"作为承接复句连词在《朱子语类》中基本未见用例,因为这一时期是与之同功能的"便""则"等连词广泛使用的阶段。

二、复音式标记

【AP，于是 CP】

该句式在《朱子语类》中共出现 31 例。"于是"为承接复句 DM，它所连接的分句表达的语气为 M1+M1（30）/M4（1），后标，CP 首标，语义重心为 Fo2 型。例如：

（28）未感物之时，寂然不动而已，而不能不感于物，于是喜怒哀乐七情出焉。（《卷第三十·论语十二》）

（29）又问："圣人仰观俯察，或说伏羲见天地奇偶自然之数，于是画一以为奇，所以象阳；画两以为偶，所以象阴。"（《卷第六十五·易一》）

（30）惟是子贡便知得这话必有意思在，于是问说："是人皆知夫子是圣人，为说道莫之知？"（《卷第四十四·论语二十六》）

（31）前日因病，觉得无多时月，于是大惧！（《卷第一百二十一·朱子十八》）

《朱子语类》的"于是"用法比较固定，位置均居于 CP 句首，已凝固为承接复句连词。标记词"于是"是由介词"于"加上代词"是"组合而成的介词词组。例如：

（32）仰则观象于天，俯则观法于地，观鸟兽之文，与地之宜；近取诸身，远取诸物，于是始作八卦，以通神明之德，以类万物之情。（《周易》）

"于是"作为介宾词组，主要位于句首或句中作状语，表示时间或处所，相当于"在这时；在这里"。随着虚化程度的加深，"是"的代词性含义出现了抽象化的趋势，增加了语义功能，既可指称事理逻辑性的成分，例如动作行为发生的原因或者条件等，也可指称次序先后分明的时间性成分。这便使"于是"的连接范围更加广阔，这个由具象到抽象的发展过程也是其由词组向标记不断演化的过程。当"于是"虚化为连接性固定词组时，它一般表示前后两件事情或情况之间具有承接关系，通常蕴含"在此种情况或条件下；由于这个原因"等意义。"于是"进一步虚化的结果是，两词之间的边界消失（boundary loss），从而固化为复音节连词。① 关于"于是"连词用法产生的时代，解惠全（1987）认为形成于先秦，例如：

（33）众莫可使往者，于是伏甲于宫中，召赵盾而食之。（《公羊传·宣公六年》）

---

① 谢洪欣. 元明时期汉语连词研究［D］. 济南：山东大学，2008：65.

（34）阳伏而不能出，阴迫而不能蒸，于是有地震。（《国语·周语上》）

（35）丕郑许诺，于是杀奚齐、卓子及骊姬，而请君于秦。（《国语·晋语二》）

"于是"的发展适应了汉语词汇双音化趋势的需要，它一直沿用至现代汉语。至于"于是"有时为承接连词，有时为因果连词，这应是其历史演变的结果。

【至于 AP，CP】

该句式在《朱子语类》中共出现 156 例。"至于"为承接复句 DM，它所连接的分句表达的语气为 M1+M1（139）/M2（8）/M4（9），前标，AP 首标，语义重心为 Fo1 型。例如：

（36）至于北远而南近，则地形有偏尔，所谓"地不满东南"也。（《卷第二·理气下》）

（37）至于所思皆无邪，安得不谓之诚！（《卷第二十三·论语五》）

（38）至于成康以后千有余年，岂复有未散者而来享之乎？（《卷第三·鬼神》）

（39）至于公卿之贵，皆世臣世袭，非若今之可以更进而代为也。（《卷第八十四·礼一》）

"至于"通常表示开始一个新的话题，即表示一件事情叙述完后转到另一件事情。它在《朱子语类》中较常见，多位于句首，后一部分则顺承下去，针对新的话题进行陈述。这种用法已与现代汉语无异，可见在南宋时期，"至于 AP，CP"已经发展成熟。

【至如 AP，CP】

该句式在《朱子语类》中共出现 41 例。"至如"如同"至于"，为承接复句 DM，它所连接的分句表达的语气为 M1+M1（37）/M2（3）/M4（1），前标，AP 首标，语义重心为 Fo1 型。例如：

（40）至如世间一种泛然之鬼神，果当敬否？（《卷第三十二·论语十四》）

（41）至如晋文城濮之战，依旧委曲还他许多礼数，亦如威公之意。（《卷第一百三十四·历代一》）

（42）至如所谓洒扫应对，与佛家默然处合；与陈莹中论"天在山中，大畜"，是"芥子纳须弥"，所引释氏语不一而足。（《卷第十七·大学四或问上》）

（43）至如意、必、固、我，则断不可有，二者焉得而对语哉！（《卷第三十六·论语十八》）

"至如"和"至于"的功能基本一致，它们都位于句首，提出一个新的话题，后一部分再就此话题进行承接陈述。但在《朱子语类》中二者的使用频率具有明显差异，"至如"的出现次数仅相当于"至于"的六分之一。宋以后，"至如"使用情况也呈现递减趋势，以致到现代汉语中基本不再使用。究其原因，我们认为：一是"如"本身多用于引导假设关系的复句，其自身的意义较虚，引导话题时，会使人们对后面承接内容的理解产生歧义；二是与之同功能的"至于"在该时期大量使用，且占绝对优势，由于语言表达经济性的要求，"至如"自然少用，且随着时间的推移而逐渐退出历史的舞台。

"至如"和"至于"的承接连词用法在上古时期已见用例，例如[①]：

（44）其贵国之宾至，则以班加一等，益虔；至于王吏，则皆官正莅事，上卿监之。（《国语·周语中》）

（45）二者皆讥，而学士多称于世云。至如以术取宰相、卿、大夫，辅翼其世主，功名俱著于《春秋》，固无可言者。（《史记·游侠列传序》）

【若乃 AP，CP】

该句式在《朱子语类》仅见 2 例。"若乃"属于文言词语，为承接复句 DM，它所连接的分句表达的语气为 M1+M1（2），前标，AP 首标，语义重心为 Fo1 型。例如：

（46）若乃身外荣辱休戚，当一切听命而已。（《卷第八·学二》）

（47）若乃依阿鹘突，委曲包含，不别是非，要打成一片，定不可。（《卷第一百二十·朱子十七》）

"若乃"功能与"至于"相同，上古汉语已见用例，例如：

（48）燕则吾请以从矣。若乃梁，先生恶能使梁助之耶？（《战国策·赵策三》）

（49）若乃观其四郊，浮游近县，则南望杜、霸，北眺五陵。（班固《西都赋》）

【若夫 AP，CP】

该句式在《朱子语类》中共出现 11 例。"若夫"为承接复句 DM，它所连接的分句表达的语气为 M1+M1（11），前标，AP 首标，语义重心为 Fo1 型。例如：

---

① 王淑华. 晚唐五代连词研究［D］. 济南：山东大学，2009：98.

（50）若夫子畏于匡，微服过宋，料须不如此。（《卷第三十九·论语二十一》）

（51）若夫所以不迁不贰之功，不出于非礼勿视勿听勿言勿动四句耳。（《卷第三十·论语十二》）

（52）若夫坐如尸，立如齐，本大戴礼之文。（《卷第八十七·礼四》）

"若夫"用于句首，无实际意思，功能与"至于""若乃"相似，引出一个新的话题，上古时期已见用例，例如：

（53）若夫杂物撰德，辩是与非，则非其中爻不备。（《易·系辞下》）

（54）此虽免乎行，犹有所待者也。若夫乘天地之正，而御六气之辩，以游无穷者，彼且恶乎待哉？（《庄子·内篇·逍遥游》）

《朱子语类》中的用例，基本沿用上古汉语的用法。

【AP，然后CP】

此句式在《朱子语类》中共见304例。"然后"为承接复句DM，它所连接的分句的语气为M1+M1（286）/M2（12）/M4（6），后标，AP首标，语义重心为Fo3型。例如：

（55）若有理会不得处，深思之；又不得，然后却将注解看，方有意味。（《卷第十一·学五》）

（56）凡读书，先读《语》《孟》，然后观史，则如明鉴在此，而妍丑不可逃。（《卷第十一·学五》）

（57）理会得主宰，然后随自家力量穷理格物；而合做底事，不可放过些子。（《卷第九十七·程子之书三》）

（58）不知先从他径处入，然后却归此？（《卷第一百二十六·释氏》）

（59）如"己所不欲，勿施于人"是恕，天地何尝说我要得性命之正，然后使那万物各正性命来！（《卷第二十七·论语九》）

"然后"的成词过程属于跨层结构词汇化，在上古时期是两个有实在意义的词的结合。"然"本是回指代词，可以翻译为"这个、这样"，"后"原为空间名词，但经过隐喻投射的转化，空间转向了时间。"然后"在上古时代应翻译为"这样以后"。因为"然"经常被用来表示回指，常常位于下一个分句的句首位置，故而多和"后"在线性顺序上相邻。句首本是一个语法化的敏感位置，随着"然"回指性功能的逐渐消失，一经形成这种格式后，就开始被大量地使用。频次既高，再加上双音化的冲击都使得这个表示时间先后关系的承接标记词"然后"固化了下来。

"然后"在上古时期已见用例，例如：

（60）尸出，祝反，入门左，北面复位，然后宗人诏降。（《仪礼·士虞礼》）

（61）三年之外，门人治任将归，入揖于子贡。相向而哭，皆失声，然后归。子贡反，筑室于场，独居三年，然后归。（《孟子·滕文公上》）

王淑华（2009：98）认为，"然后"到晚唐五代时期已经是一个成熟的连词。我们通过对《朱子语类》的考察，也可以看到，承接连词"然后"在南宋时期的使用已非常普遍，已不存在非词的用法。

【AP，而后CP】

该句式在《朱子语类》中共出现81例。"而后"为承接复句DM，所连接分句的语气为M1+M1（72）/M2（7）/M4（2），后标，CP中标，语义重心为Fo2型。例如：

（62）必得是理，而后有以为人物之性，则其所谓同然者，固不得而异也；必得是气，而后有以为人物之形，则所谓异者，亦不得而同也。（《卷第四·性理一》）

（63）盖圣贤说出，道理都在里，必学乎此，而后可以有得。（《卷第九·学三》）

（64）是实有是理，而后有是物否？（《卷第六十四·中庸三》）

（65）圣人岂必待二子之言，而后有所启发耶！（《卷第二十五·论语七》）

"而后"最初是由承接连词"而"加时间副词"后"组成的词组，后来词汇化成了一个表示承接关系的连词，表示两件事情在时间上先后相承，功能上相当于"然后"，在先秦汉语时期已见用例，如：

（66）子与人歌而善，必使反之，而后和之。（《论语·述而》）

"然后"和"而后"在《朱子语类》中的使用比例为3：1。究其原因，我们认为这应与"而"的多义性和多功能性相关。"而"字单用时用例较多，这表明其独立性较强，在凝固度上与"然后"相比要低。另外，"然后"的口语程度要比"而后"高，这也应是"而后"在《朱子语类》中用例不及"然后"的原因之一。

【AP，然则CP】

"然则"的承接用法在近代汉语时期有了一定的发展，在《朱子语类》中共出现65例。"然则"为承接复句DM，它所连接的分句的语气为M1+M1（62）/M2（2）/M4（1），后标，CP首标、中标，语义重心为Fo2型。例如：

(67) 然则天地之中是指道体, 天然自有之中是指事物之理? (《卷第十八·大学五或问下》)

(68) 或问: "气之出入者为魂, 耳目之聪明为魄。然则魄中复有魂, 魂中复有魄耶?" (《卷第三·鬼神》)

(69) 然则此一种学, 在世上乃乱臣贼子之三窟耳! (《卷第一百二十四·陆氏》)

【AP, 便是 CP】

此句式在《朱子语类》中共见 665 例, 用例较多。"便是"为承接复句 RM, 它所连接的分句表达的语气为 M1+M1 (612) /M2 (41) /M4 (12), 后标, CP 中标, 语义重心为 Fo3 型。例如:

(70) 要看历数子细, 只是"璇玑玉衡"疏载王蕃浑天说一段极精密, 可检看, 便是说一个现成天地了。(《卷第二·理气下》)

(71) 到孟子说性, 便是从中间幹出好底说, 故谓之善。(《卷第四·性理一》)

(72) 才先引此, 便是先瞎了一部文字眼目! (《卷第八十·诗一》)

(73) 凡此四端, 时时体认, 不使少有间断, 便是所谓扩充之意否? (《卷第五十三·孟子三》)

【AP, 从此 CP】

"AP, 从此 CP"本是时空的顺序起点标记词, 但在语料中多为事理上的承接关系, 在《朱子语类》中出现 66 例。"此"的代词性还很强, 只有 7 例可以看作承接连词。"从此"为承接复句 DM, 它所连接的分句表达的语气为 M1+M1 (7), 后标, AP 首标, 语义重心为 Fo1 型。例如:

(74) 经纶大经, 他那日用间底, 都是君臣父子夫妇人伦之理, 更不必倚着人; 只是从此心中流行于经纶人伦处, 便是法则。(《卷第六十四·中庸三》)

(75) 从此推将去, 遂识字。(《卷第十五·大学二》)

(76) 以至于兄弟、夫妇、朋友, 从此推之无不尽穷, 始得。(《卷第十八·大学五或问下》)

【AP, 便遂 CP】

此句式在《朱子语类》中仅见 1 例, "便遂"为承接复句 DM, 所连接的复句语气为 M1+M1, 后标, CP 首标, 语义重心为 Fo1 型。例如:

(77) 到穆王好巡幸, 无钱, 便遂造赎法, 五刑皆有赎, 墨百锾, 剕惟倍, 剕倍差, 宫六百锾, 大辟千锾。(《卷第七十八·尚书一》)

【AP，遂乃 CP】

此句式在《朱子语类》中仅出现 1 例，"遂乃"为承接复句 DM，所连接的复句语气为 M1+M1（1），主语承前省略，后标，CP 首标，语义重心为 Fo1 型。例如：

（78）或蕤宾为商，则是商声高似宫声，是为臣陵君，不可用；遂乃用蕤宾律减半为清声以应之。（《卷第三十九·论语二十一》）

【AP，即便 CP】

此句式在《朱子语类》中共见 7 例，"即便"为承接复句 DM，所连接分句的语气为 M1+M1（7），主语承前省略，后标，CP 首标，语义重心为 Fo1 型。例如：

（79）迁善者，但见是人做得一事强似我，心有所未安，即便迁之。（《卷第七十二·易八》）

（80）唯是意已诚实，然后方可见得忿懥、恐惧、好乐、忧患有偏重处，即便随而正之也。（《卷第十八·大学五或问下》）

三、匹配型标记词

【先 AP，后 CP】

此句式在《朱子语类》中共见 41 例，用例固定。"先……后……"为承接复句 DM，它们所连接分句表达的语气为 M1+M1（41），双标，AP 中标+CP 中标，语义重心为 Fo3 型。例如：

（81）先有流行，后有对待。（《卷第六·性理三》）

（82）且以人之生观之，先有阳，后有阴。（《卷第九十四·周子之书》）

（83）先一书费许多工夫，后则无许多矣。（《卷第十·学四》）

（84）学记曰："善问者如攻坚木，先其易者，后其节目。"（《卷第十一·学五》）

【先 AP，然后 CP】

此句式在《朱子语类》中共见 81 例。"先……然后……"为承接复句 DM，它们所连接分句的语气为 M1+M1（81），双标，AP 中标+CP 中标，语义重心为 Fo3 型。例如：

（85）要当先论太虚，以见三百六十五度四分度之一，一一定位，然后论天行，以见天度加损虚度之岁分。（《卷第二·理气下》）

（86）譬如煎药：先猛火煎，教百沸大羁，直至涌垒出来，然后却可以慢火养之。（《卷第八·学二》）

(87) 大抵观书先须熟读，使其言皆若出于吾之口；继以精思，使其意皆若出于吾之心，然后可以有得尔。（《卷第十·学四》）

(88) 且如一章三句，先理会上一句，待通透；次理会第二句，第三句，待分晓；然后将全章反覆抽绎玩味。（《卷第十一·学五》）

【先 AP，又 CP】

此句式在《朱子语类》中共见 32 例。"先……又……"为承接复句 DM，语气为 M1+M1（32），双标，AP 中标+CP 中标，语义重心为 Fo3 型。例如：

(89) 因言读书法，曰："且先读十数过，已得文义四五分；然后看解，又得三二分；又却读正文，又得一二分。"（《卷第十一·学五》）

(90) 先去其粗，却去其精，磨去一重，又磨一重。（《卷第十三·学七》）

(91) 譬如衡之为器，本所以平物也，今若先有一物在上，则又如何称！（《卷第十六·大学三》）

(92) 若事未来，先有一个忿懥、好乐、恐惧、忧患之心在这里，及忿懥、好乐、恐惧、忧患之事到来，又以这心相与滚合，便失其正。（《卷第十六·大学三》）

【先 AP，次 CP】

此句式在《朱子语类》中共见 9 例。"先……次……"为承接复句 DM，它们所连接的分句语气为 M1+M1（9），双标，AP 中标+CP 中标，语义重心为 Fo3 型。例如：

(93) 某要人先读大学，以定其规模；次读论语，以立其根本；次读孟子，以观其发越；次读中庸，以求古人之微妙处。（《卷第十四·大学一》）

(94) 须先读本文，念得，次将章句来解本文，又将或问来参章句。（《卷第十四·大学一》）

值得注意的是，例（93）包括有多个"次 CP"的并列连用。

【先 AP，次 CP，然后 CP】

该句式在《朱子语类》中共见 4 例。"先……次……然后……"为承接复句 DM，它们所连接分句的语气为 M1+M1（4），三标，AP 中标+CP1 中标+CP2 中标，语义重心为 Fo3 型。例如：

(95) 如此说，则先祭上帝，次禋六宗，次望山川，然后遍及群神，次序皆顺。（《卷第七十八·尚书一》）

(96) 譬人看屋，先看他大纲，次看几多间，间内又有小间，然后方得贯通。（《卷第六十二·中庸一》）

（97）且如一章三句，先理会上一句，待通透；次理会第二句，第三句，待分晓；然后将全章反覆抽绎玩味。（《卷第十一·学五》）

【一 AP，便 CP】

此句式在《朱子语类》中共见 8 例。"一……便……"为承接复句 RM，它们所连接分句表达的语气为 M1+M1（8），双标，AP 中标+CP 中标，语义重心为 Fo3 型。例如：

（98）一入城后，便有许多掣肘处，所以迄无成功，至于扈从北狩。（《卷第一百三十·本朝四》）

（99）一闻夫子警省之，便透彻了也。（《卷第二十七·论语九》）

（100）一得富贵，便极声色之娱，穷四体之奉；一遇贫贱，则忧戚无聊。（《卷第三十一·论语十三》）

《朱子语类》承接复句标记词的上述情况如表 11 所示，其类型、句数及所占比例如表 12 所示。

表 11 《朱子语类》承接复句系统综合表

承接标记词		见次	所占比例	《语类》中状态	标记显、隐特征	结构类型	语气类型	语义重心
单音标记连词	遂	362	5.58%	成形、稳固	DM	CP 中标	M1 + M1（342）/M2（1）/M3（14）/M4（5）	Fo2
	而₂	584	9.00%	成形、稳固	RM	CP 首标	M1 + M1（547）/M2（19）/M4（18）	Fo2
	则	1086	16.73%	成形、稳固	RM	CP 首标	M1 + M1（1024）/M4（27）/M2（35）	Fo2
	乃	692	10.66%	成形、稳固	RM	CP 中标	M1 + M1（671）/M2（12）/M3（2）/M4（7）	Fo3
	便	2219	34.19%	成形、稳固	RM	CP 中标、首标	M1 + M1（2047）/M2（103）/M3（2）/M4（67）	Fo3
复音标记词	于是	31	0.48%	成形、稳定	DM	CP 首标	M1+M1（30）/M4（1）	Fo2
	至于	156	2.40%	成形、稳定	DM	AP 首标	M1 + M1（139）/M2（8）/M4（9）	Fo1
	至如	41	0.63%	成形、稳定	DM	AP 首标	M1 + M1（37）/M2（3）M4（1）	Fo1

承接标记词		见次	所占比例	《语类》中状态	标记显、隐特征	结构类型	语气类型	语义重心
复音标记词	若乃	2	0.03	成形、稳定	DM	AP 首标	M1+M1 (2)	Fo1
	若夫	11	0.16%	成形	DM	AP 首标	M1+M1 (11)	Fo1
	然后	304	4.48%	成形、稳固	DM	AP 首标	M1 + M1（286）/M2 (12) /M4 (6)	Fo2
	而后	81	1.25%	成形、稳定	DM	CP 中标	M1+M1 (72) /M2 (7) /M4 (2)	Fo2
	然则	65	1.00%	成形、稳定	DM	CP 首标、中标	M1+M1 (62) /M2 (2) /M4 (1)	Fo2
	便是	665	10.25%	成形、稳固	RM	CP 中标	M1 + M1（612）/M2 (41) /M4 (12)	Fo2
	从此	7	0.11%	成形中	DM	AP 首标	M1+M1 (7)	Fo1
	便遂	1	0.01%	成形	DM	CP 首标	M1+M1 (1)	Fo1
	遂乃	1	0.01%	成形	DM	CP 首标	M1+M1 (1)	Fo1
	即便	7	0.11%	成形、稳定	DM	CP 首标	M1+M1 (7)	Fo1
匹配标记词	先 AP，后 CP	41	0.63%	成形、稳定	DM	AP 中标+CP 中标	M1+M1 (41)	Fo3
	先 AP，然后 CP	81	1.25%	成形、稳定	DM	AP 中标+CP 中标	M1+M1 (81)	Fo3
	先 AP，又 CP	32	0.49%	成形、稳定	DM	AP 中标+CP 中标	M1+M1 (32)	Fo3
	先 AP，次 CP	9	0.14%	成形、稳定	DM	AP 中标+CP 中标	M1+M1 (9)	Fo3
	先 AP，次 CP，然后 CP	4	0.06%	成形、稳定	DM	AP 中标+CP1 中标+CP2 中标	M1+M1 (4)	Fo3
	一 AP，便 CP	8	0.12%	成形、稳定	RM	AP 中标+CP 中标	M1+M1 (8)	Fo3
总计				6490				

表12 《朱子语类》承接复句标记词一览表

结构类型	一般性承接		
标记类型	单音标记	复音标记	匹配标记
标志词	遂 而₂ 则 乃 便	于是 至于 至如 若乃 若夫 然后 而后 然则 便是 从此 便遂 遂乃 即便	先 AP，后 CP 先 AP，然后 CP 先 AP，又 CP 先 AP，次 CP 先 AP，次 CP，然后 CP 一 AP，便 CP
句数	4943	1372	175
比例	76.16%	21.14%	2.70%

第三节 《朱子语类》承接复句句法特征

承接复句的意合度比较高，因为它一般符合"时间顺序原则"，分句之间的前后关系比较明确，因而该类复句标记词不太多，但相对比较稳定。

一、单音标记

（一）数量特征

单音标记共有5个，只占标记词个数的27.78%。但是单音标记的复句数量达到了3314句，占承接复句总数的68.18%。可见，《朱子语类》的递进复句主要还是以单音标记为主体。

（二）词性特征

单音标记词的词性主要有两种，一为连词性标记"而"和"则"共有1670

例，占总数的 34.35%；另有一种主要为副词"便""遂""乃"，该群体数量较大，共计 1644 例，占递进复句总数的 33.82%。可见副词性、连词性承接单音标记数量彼此抗衡，大体用例量均衡。

（三）来源特征

5 个单音标记词，都产生于先秦时代，是由虚化发展而来的，在南宋继续使用，保存着富有生机的状态。

（四）位置特征

"而""则"为连词，均是 CP 首标，这就意味着它们都位于句子的主语之前。但是"乃、便、遂"都是 CP 中标，这三者的共同点都是副词，它们必须要放置于 CP 的主语之后。北京大学中文系汉语教研室的《语法修辞》认为："连词的位置往往和它所连接的各个分句的主语是否相同有关。一般地说，分句的主语相同，连词就要放在主语之后；如果分句的主语不同，连词就要放在主语之前。"① 经过观察，我们确实发现《朱子语类》中的复句标记位置也体现了这个特点，词性和主语的一致与否，会对标记词的位置产生影响。

二、复音标记

（一）数量特征

复音标记的个数是单音标记的 2 倍多，不仅如此，数量也在大幅度上涨，其用例共计 1372 例，占 31.02%。可见，《朱子语类》中承接复句的复音标记词相对发展地比较完善，而且用例丰富。

（二）来源构成特征

其中来源于凝定型语法化的仅"于是"1 例，所占比例不高，只占 0.56%。而来源于黏合型的标记则有 9 种，占到总比例的 30.46%。可见两个没有直接语义语法关系，而因位置相近、使用频度高等原因形成的复音标记词，在《朱子语类》中是很常见的。总体来说，承接标记都出现得非常早，而且后续衍生变化不大。本语料中出现的复音标记在先秦时期都已出现。

（三）状态特征

复音标记在语料使用中基本呈稳定状态。但是类同的标记在同一时期都使用，而其差异又很有限，这种存在不符合语言的经济原则。故而承接复句在南宋时期虽然是一个双类并存期，但是竞争已经开始，优势明显的标记多生命力

---

① 莫超. 关联词语的定位与主语的关系 [J]. 兰州大学学报（社会科学版），1997（1）：134-141.

顽强，一直延续到了现代汉语中。例如"至于"在《朱子语类》中的使用量是"至如"的 6 倍，"然后"的使用量是"而后"的 3 倍。虽然上述两组词，在各自组内的语义内涵和使用方法上都一致，但各自未来的发展情况已颇为明显。

（四）语义相似性

在 13 个复音标记词当中，很多都是关于时间前后及其引申后相关的有联系的词。例如："然后""而后""从此"以及从"在那个时候"转化来凝固成词的"于是"，这些都凸显承接连词语义上连接时间、空间、事件先后，从而生发出来的重要作用。

三、匹配框架

相对于其他复句类型来说，《朱子语类》中的匹配框架比较单一。除了"一 AP，便 CP"均为较原始的表示时间、空间的序列词，类型单一，所占比例也只有承接复句总数的 3.60%。

四、承接标记显隐特征

承接复句的标记词以隐性标记为主，其用例数为 3625，占承接复句总数的 74.57%。这也体现了承接复句的一个特点即意合性。它所使用的标记多为上古沿用下来的，因而功能强大，兼职很多，可以引导多种复句，因而语义和语境对该类复句的判断尤为重要。

第四节 《朱子语类》承接复句的语义特征

从语义类型的行域、知域、言域来看，表示单纯动作行为语法意义的承接复句有 2174 例，比例为 44.72%；表明说明推理性的知域承接复句有 2454 例，占承接复句的 50.48%，多集中在"则""乃""便"等标记中，它们多表示事实和说明类承接关系；言域类复句仅 233 例，只占 4.79% 的比例。可见承接复句行域和知域类复句相差不多，说明在《朱子语类》中承接复句所连接的内容已经不局限于具象化的时、空、动作的先后，更有判断思考推理性的逻辑先后关系的部分。且其数量甚至达到了半数以上，这也反映了南宋时期承接复句的语义状态。

第五节 《朱子语类》承接复句的语用特征

一、语气类型特征

《朱子语类》承接复句语气类型的出现频率降次排列如下：M1+M1 型（4444）→M1+M2 型（243）→M1+M4 型（156）→M1+M3 型（18）。由此可见，承接复句 M1+M1 型即陈述+陈述型占绝对优势，达到承接复句总句数的91.42%。因为承接复句多陈述 AP 和 CP 的时间、事理先后关系，该类同一话题接续式的语义结构使得陈述型必然为主导。尽管一些 CP 部分使用感叹或疑问语气，但用例并非很多。承接复句 AP 陈述事实而 CP 进行命令和请求祈使语气的仅有 18 例。

二、语义重心类型特征

《朱子语类》承接复句语义重心类型的使用频率降次排列如下：Fo2（3178）→Fo3（1457 例）→Fo1（226）。可见，承接复句的语义重心明显偏向 CP，因为承接部分的内容一般为句子的焦点所在。双向语义重心类型之所以占29.97%，主要是由于结合上下文语境 AP 和 CP 仅为前后所述事件或情况的简单连接，语义上很难区别谁主谁次。且 Fo3 类多用"乃""便"等词语连接，它们均为不能明显标记复句语义重心的词语，语义重心为 Fo1 的承接复句所占比重很小（4.64%）。

第六章

《朱子语类》递进复句

第一节　递进复句界定

黎锦熙（1924）称"递进复句"为"进层的复句"，但设定的范围比较狭窄。吕叔湘在《中国文法要略·范畴论》中将其分为"累积性递进"和"比较性递进"两类。黄伯荣、廖序东（2002）将递进复句定义为"后面分句的意思比前面分句的意思更进一层，一般由少到多，由小到大，由轻到重，由浅到深，由易到难，反之亦可。"[①] 邢福义（2002）认为"不但……而且……"为递进句的典型句式，是以一层意思为基点向另一层意思顺序推进的发展。我们将诸家观点大致列表，见表13：

表 13　诸家观点参照表

作者	著作	主要观点
黎锦熙	《新著国语文法》	单独设立了"进层的复句"，归入等立复句中平列复句的一个次类。
黎锦熙，刘世儒	《汉语语法教材》	突进式、比进式、转进式
吕叔湘	《中国文法要略》	"累积性递进"和"比较性递进"
黄伯荣，廖序东	《现代汉语》	后面分句的意思比前面分句的意思更进一层
邢福义	《复句与关系词语》	属于并列复句一类
王维贤	《现代汉语复句新解》	三层逻辑关系论

以上现代汉语关于递进复句的定义，对汉语史递进复句的研究也是适用的。

---

① 黄伯荣，廖序东．现代汉语（下）［M］．北京：高等教育出版社，2002：164.

第二节 递进复句的分类

递进复句各分句层级排列为，后一分句的程度、语势要比前一分句高、重。前一分句阐述的内容一般为说话人和听话人所共同知晓或认可的内容，后一分句表达的则为新信息或焦点所在。《朱子语类》的递进复句，我们将其分为两类：其一为一般递进式类型的递进复句，是指前分句述说一种情况，后分句述说的情况比它更进一层，而且后分句用陈述语气来表示，常使用"而""且""不独""非徒"等连词；其二为逼近式递进复句。这类复句中，前一分句往往"以一种情况为下面的正分句作势，然后以'况''何况''况于''莫论'等连词进逼，作一反问"。① 相当于"甲事尚且如此，何况是乙事呢?"的意思。因此，后一分句多会运用反问的语气，主要用"犹""况""尚"等连词作为标记词。这类递进复句的作用是"用深证浅"，② 总之是用比较明显的对比来反映递进关系，这就是邢福义先生所说的"反递句式"。下面我们依次对上述两类进行分析。

一、递进式递进复句

（一）单音节标记词

【AP，而₃CP】

该句式在《朱子语类》中共见 161 例。递进连词"而₃"一般只用来连接谓词性成分或小句。相对"而"的其他用法，它作为递进复句标记的用法出现不多。它为递进复句 RM，所连接的分句表达的语气为 M1＋M1（115）/M2（29）/M4（17），后标，CP 中标，语义重心为 Fo2 型。例如：

（1）想得春夏间天转稍慢，故气候缓散昏昏然，而南方为尤甚。（《卷第二·理气下》）

（2）即精粗表里，融会贯通，而无一理之不尽矣。（《卷第九·学三》）

（3）今以不漆不灰之棺，而欲以砖土围之，此可不可耶? 必不可矣。（《卷八十九·礼六》）

（4）"骤雨不终朝"，自不能久，而况其小者乎?（《卷第七十三·易九》）

---

① 杨伯峻，何乐士. 古汉语语法及其发展（下）[M]. 北京：语文出版社，2001：982.
② 吕叔湘. 中国文法要略 [M]. 北京：商务印书馆，1982：441.

（5）自秦桧和戎之后，士人讳言内外，而春秋大义晦矣！（《卷第八十三·春秋》）

【AP，并₂CP】

该句式在《朱子语类》中共见21例。"并₂"为递进复句RM，所连接的分句的语气为M1+M1（27），后标，CP首标，语义重心为Fo2型。例如：

（6）他于六经三传皆通，亲手点注，并用小圈点。（《卷第十·学四》）

（7）想只是战国时人收拾仲当时行事言语之类著之，并附以它书。（《卷第三十七·论语十九》）

（8）学无浅深，并要辨义利。（《卷第十三·学七》）

（9）如此了，却把来看：中间有拟得是底，并依其所拟断决，合追人便追人；若不消追人，便只依其所拟，回申提刑司去。（《卷第一百六·朱子三》）

"并"本为动词，在上古汉语时期即已虚化为递进连词，例如：

（10）昔下宫之难，屠岸贾为之。矫以君命，并命群臣。（《史记·赵世家》）

它作为递进连词后代一直沿用，例如（柳士镇1992：251，王淑华2009：114）：

（11）平子谏之，并言不可。（《世说新语·规箴》）

（12）便遣使吊祭，并加显谥。（《宋书·氏胡传》）

《朱子语类》中的"并"基本继承前代用法。

【AP，且₂CP】

该句式在《朱子语类》中共见251例。"且₂"为递进复句RM，它所连接的分句表达的语气为M1+M1（245）/M2（6），后标，CP首标，语义重心为Fo2型。例如：

（13）盖此是万理之原，万事之本，且要先识认得，先存养得，方有下手立脚处耳。（《卷第六·性理三》）

（14）那个无形影，是难理会底，未消去理会，且就日用紧切处做工夫。（《卷第三·鬼神》）

（15）曰："这个极难说，且是难为譬喻。"（《卷第五·性理二》）

（16）如问黑白，且去认取那个是白？（《卷第六十四·中庸三》）

在《说文解字》中："且，荐也。从几，足有二横，一其下地也。凡且之属皆从且。""且"本义为名词：土冢隆起的祖坟，进一步引申为动词：洒扫祭祖，此后开始虚化变成"几乎、就要"等含义的副词，然后又变成了表示并列和递进的连词，并且这个变化在先秦时期，就已经完成了。例如：

(17) 王以天下为尊秦乎？且尊齐乎？（《战国策》）

但在上古时期"且"以并列标记作用为绝对主导。可是随着语言的发展，到了《朱子语类》时期，"且"作为递进标记词的数量已经超过了并列标记词的数量。这不仅表现在 AP，CP 形式的参差上，更是语义关系的递进和深化所带来的必然进步上。"且"作为递进复句标记词，在《朱子语类》中使用还是比较广泛的。但在南宋时期，由"且"而来的双音标记词"而且""并且"，在《朱子语类》中还尚未见到用例。进入明清时代，"且"由于其文言语体色彩比较浓重，随着古白话的增多，到后来白话文取代文言文，其使用频率更是大幅度下降，在后代小说中，"且"也只多出现于篇章回目，或者仿古人之作的骈文里面了。

【AP，兼$_2$CP】

该句式在《朱子语类》中共见6例。"兼$_2$"为递进复句RM，它所连接的分句表达的语气为 M1+M1 (6)，后标，CP 首标，语义重心为 Fo2 型。例如：

(18) "读大学，必次论孟及中庸，兼看近思录。"（《卷第一百一十六·朱子十三》）

(19) 圣人之语，本自浑然，不当如此苛刻搜人过恶，兼也未消论到他后来在。（《卷第二十九·论语十一》）

据王淑华（2009：104）研究，"兼"用作递进连词较早的用例见于汉魏时期，如：

(20) 当吕氏之贵也，太后称制而专政，禄、产秉事而握权，擅立四王，多封子弟，兼据将相，外内盘结，自以虽汤、武兴，五霸作，弗能危也。（东汉·王符《潜夫论·忠贵》）

唐五代时期的用例如（引自王淑华 2009：113)①：

(21) 臣启陛下，放陵入楚，救其慈母，兼请卢绾相随。（《敦煌变文集王陵变文》）

(22) 毁骂三宝，遂堕龙中，兼盲其目。（《祖堂集》1.19）

"兼"在《朱子语类》中作递进复句关系标记的功能不强，因其主要功能为标明并列关系复句。"兼"的递进关系标记功能是由其并列关系标记功能在特定语境中发展而来。

上面的四个标记都可以同时兼做并列复句的标记词，但是随着它们用途的

---

① 王淑华. 晚唐五代连词研究 [D]. 济南：山东大学，2009：104-113.

广泛化，其所负载连接的东西越来越多，在语义内涵上就会形成一种链条式，有梯度的递推，使得事情的程度、范围有了更近一步延展的含义在其中。因而它们也兼具了递进复句标记词的功能。

【AP，更CP】

该句式在《朱子语类》中共见668例。"更"是《朱子语类》递进复句标记词中使用频率较高的一个标记词，它为递进复句DM，所连接的分句表达的语气为M1+M1（610）/M2（21）/M3（21）/M4（16），后标，CP首标，语义重心为Fo2型。例如：

（23）敬只是敬，更寻甚敬之体？（《卷第十二·学六》）

（24）如今学者元不曾识那个高坚前后底是甚物事，更怎望他卓尔底！（《卷第三十六·论语十八》）

（25）盖非不晓，但是说滑了口后，信口说，习而不察，更不去子细检点。（《卷第二·理气下》）

（26）如此，则天地间常只是许多人来来去去，更不由造化生生，必无是理。（《卷第三·鬼神》）

（27）看得是了，未可便说道是，更须反覆玩味。（《卷第十·学四》）

《说文解字》："更，改也。从攴，丙声。""更"本义为动词：在钟点交替之际敲钟报时，此后其发展轨迹就出现了两个方向的引申变化：一为借代引申，出现了改变更替之意。这种用法先秦已经很早出现。例如：

（28）良庖岁更刀，割也；族庖月更刀，折也。（《庄子·养生主》）

"更"另一个方向则是出现词性引申，变成副词，译为"又、再、越"，明显地表现出了层级加深的含义，由此逐渐演变成为递进标记词，其在《朱子语类》中使用频率已经非常高了。

【AP，还CP】

该句式在《朱子语类》中共见8例。"还"为递进复句RM，它所连接的分句表达的语气为M1+M1（2）/M4（6），后标，CP首标、中标，语义重心为Fo2型。例如：

（29）必大因问："虹霓只是气，还有形质？"（《卷第三·鬼神》）

（30）观前辈文章如贾谊董仲舒韩愈诸人，还有一篇如此否？（《卷第一百三十九·论文上》）

（31）器远问："穷事物之理，还当穷究个总会处，如何？"（《卷第九·学三》）

（32）曰："人则有孝悌忠信，犬牛还能事亲孝、事君忠也无？"（《卷

第五十九·孟子九》）

"还"作为标记词在《朱子语类》中使用的一个特点是它所在的后一分句多为疑问语气。

【AP，又 CP】

该句式在《朱子语类》中共见 1256 例，"又"作为递进标记在《朱子语类》中使用比较普遍，它为递进复句 RM，所连接分句的语气为 M1 + M1（1185）/M2（26）/M3（6）/M4（39），后标，CP 首标，语义重心为 Fo2 型。例如：

（33）说得出，又名得出，方是见得分明。（《卷第五·性理二》）

（34）到工夫要断绝处，又更增工夫，着力不放令倒，方是向进处。（《卷第八·学二》）

（35）看了一遍，又重重看过，一齐记得，方是。（《卷第十·学四》）

（36）今常说见得，又岂是悬空见得！（《卷第十·学四》）

（37）我但不可去寻求不如己者，及其来也，又焉得而却之！（《卷第二十一·论语三》）

（38）但既是千百年已往之诗，今只见得大意便了，又何必要指实得其人姓名？（《卷第八十·诗一》）

（二）复音标记词

【不但 AP，CP】

"不但"是现代汉语最常用的递进复句标记词。可是《朱子语类》中"不但"的见次只有 16 例，且其中仅 5 例可作为递进复句标记词，其余的用例均为"不"和范围副词"但"的组合。"不但"为递进复句 DM，语气为 M1+M1（4）/M3（1），前标，AP 首标，语义重心为 Fo2 型。例如：

（39）曰："不但如此壮而已，又更须进一步也。"（《卷第七十七·易十三》）

（40）曰："不但是行要无邪，思也要无邪。"（《卷第二十三·论语五》）

（41）曰："前辈多如此说，不但钦夫，自五峰发此论，某自是晓不得。"（《卷第九十五·程子之书一》）

"不但"一般用于 AP 句首，全句一方面指出并承认"不但"引出的意思，同时表示这不是要表达的全部意思，CP 的意思要比 AP 更进一层。CP 通常有副词"又""也"等与之相呼应。周刚（2002：182）认为，"不"和范围副词

"但"组合虚化为连词表递进开始于魏晋时期。例如①：

(42) 盈缩之期，不但在天；养怡之福，可得永年。（北魏·曹操《步出夏门行》）

(43) 失其善法丧诸功德，不但自失其利，复使余人失其道业。（南朝《百喻经·为恶贼所劫失氎喻》）

唐代以后，"不但"用例逐渐增多，例如（引自王淑华 2009：104）：

(44) 不但未来成佛果，定如累劫出沉沦。（《敦煌变文集·佛说阿弥陀经讲经文》）

(45) 不但今夜斫营去，前头风火亦须汤。（《敦煌变文集·王陵变文》）

【不惟 AP，CP】

该句式在《朱子语类》中共见 18 例，"不惟"是一个功能相对固定的标记词，为递进复句 DM，它所连接分句的语气为 M1＋M1（15）/M2（1）/M4（2），前标，AP 首标，语义重心为 Fo2 型。例如：

(46) 若是远游，不惟父母思念之切；人子去亲庭既远，温清定省之礼，自此间阔，所以不远游。（《卷第二十七·论语九》）

(47) 不惟仁如此，而为义礼智亦必以此为本也。（《卷第二十·论语二》）

(48) 他也是做得个贼起，不惟窃国之柄，和圣人之法也窃了！（《卷第一百四十·论文下诗》）

(49) 公不惟读圣贤之书如此，凡说话及论人物亦如此，只是不敬。（《卷第一百一十九·朱子十六》）

另外，框架匹配标记"不惟 AP，也 CP"在《朱子语类》中也见 6 例。例如：

(50) 曰："不惟不晓义，也不晓那智了。"（《卷第三十三·论语十五》）

(51) 当时不惟门人知夫子，别人也知道是圣人。（《卷第四十四·论语二十六》）

"不惟 AP，又 CP"在《朱子语类》中见 5 例。例如：

(52) 不惟可免"戚君"之非礼，又可因而见其世系，稍全得些宗法。（《卷第一百二十八·本朝二》）

"不惟 AP，且 CP"在《朱子语类》中见 2 例。例如：

---

① 周刚. 连词与相关问题 ［M］. 合肥：安徽教育出版社，2002：182.

（53）若不待愤悱而启发之，不以三隅反而复之，则彼不惟不理会得，且听得亦未将做事。（《卷第三十四·论语十六》）

【不独 AP，CP】

该句式在《朱子语类》中共见 15 例。"不独"与"不但"意义、功能均类似，为递进复句 DM，它所连接的分句表示的语气为 M1+M1（15），前标，AP首标，语义重心为 Fo2 型。例如：

（54）复，不独是要他活，是要聚他魂魄，不教便散了。（《卷三·鬼神》）

（55）不独行处要如此，思处亦要如此。表里如此，方是诚。（《卷二十三·论语五》）

（56）圣人之意，不独是教人于富贵贫贱处做工夫，须是到终食不违，颠沛造次都用工，方可。（《卷二十六·论语八》）

（57）未出坎中，不独是说九二爻，通一卦之体，皆是未出乎坎险，所以未济。（《卷第七十三·易九》）

"不独"用为递进连词在先秦汉语时期已见用例。例如（引自王淑华 2009：107）：

（58）凡法术之难行，不独万乘，千乘亦然。（《韩非子·孤愤》）

（59）且夫一致之善者，物多胜于人，不独龟鹤也。（《抱朴子》）

"不独"在《朱子语类》中标记递进复句的用法，应为上古汉语用法的延续。

【不特 AP，CP】

该句式在《朱子语类》中共见 16 例。"不特"为递进复句 DM，它所连接的分句表示的语气为 M1+M1（16），前标，AP 首标，语义重心为 Fo2 型。例如：

（60）长善救失，不特教者当如此，人自为学亦当如此。（《卷第八·学二》）

（61）不特外面有，心中欲为善，而常有个不肯底意思，便是自欺也。（《卷第十六·大学三》）

（62）要推广充满得自家本然之量，不特是孺子入井便恁地，其他事皆恁地。（《卷五十三·孟子三》）

"不特"与"不但"用法基本也是一样的。上述三个以"不"开头的递进标记词，在语义、用法、结构位置上并没有太大的差异，虽然在《朱子语类》中用例都不多，但它们的同时出现本身就是一个值得关注的现象。我们就有必要来考察一下它们的来源变化以及共同特征。

结构框架为【“不”】+【事物数量、行为范畴等的限定词“但、惟、独、特”】

(63) 不但天爱之也，四时五行、日月星辰皆善之，更照之，使不逢邪也。（《太平经》）

在这个例句中，“不但”对后面成分管控能力大大下降，其后谓语动词已非其所能控制，“不但”仅能对紧接其后的内容的程度、范畴等进行节制。作为AP 的主控词，其能力不能延展到 CP 部分，必须还需要出现新的内容来对其说明和补充。因而否定词“不”和“限定词”粘合度就大大提高，慢慢经过重新分析变成了递进复句的连接标记词。而且在这个过程中，作为“不”的否定意思，已经虚化，更重要的是其连接作用。正如吕叔湘先生指出的：否定词否定的是其以后的全部词语，伴随着“不但”类连词语法化的历程，“不”的否定范围经历了一个从大到小的过程，并且在这个过程中，否定的意义逐渐弱化，连接的功能逐渐增强。①

刘立成、柳英绿在《“不但”类连词的成词理据》一文中提到：“不但”类连词的成词与该类词内部两个语素的标记性有关。它的否定和限定都具有连接功能，正是这两种有标记语素构成了一个无标记的组配，在重新分析作用下形成了一组同义递进连词。②

综合上述学者所言，“不但”重新分析的过程应该如下：否定词+【“但、惟、独、特”+被限定成分】→【否定词+“但、惟、独、特”】+被限定成分。

我们可以看到，在《朱子语类》中上述标记的用例，一部分已经比较定型，但是更多的用例却还处在重新分析的过程中。“不但”5 例，“不惟”18 例，“不独”15 例，“不特”16 例。“不仅”这个在现代汉语中常见标记 1 例也没有。可见《朱子语类》时期最常见到的递进标记词是“不惟”，而现汉中最发达的“不但”仅处于草创时期。其实“但、独、特”根据音韵学的研究成果可知在上古的时候它们本是同一个字而来，在声韵关系上完全是同源的，因而会出现这些变体。但是它们的用例数量却又有较大的差距，它们甚至在后世的发展也极为不平衡，有的继续壮大，发展为现代汉语的主要递进复句标记，有的却已经彻底退出历史舞台，比如“不特”。究其原因，大致在于，“但、惟、独、特”几个字发展的轨迹并不相同。据王力考证（1954）只有“但”在清代真正

---

① 吕叔湘. 汉语语法分析问题［M］. 北京：商务印书馆，1979：45.
② 刘立成，柳英绿. “不但”类连词的成词理据［J］. 汉语学习，2008（3）：54-61.

虚化成了连词，从而"不但"被大面积地广泛运用，其他字并没有发展出这种功能，所以就消亡或者仅出现在某些特定的语境之中了。

【非但 AP，CP】

该句式在《朱子语类》中共见 6 例。"非但"为递进复句 DM，它所连接的分句表示的语气为 M1+M1（6），前标，AP 首标，语义重心为 Fo2 型，在意义及功能上与"不但""非独""不独"等词基本一致。例如：

（64）敬者，非但是外面恭敬而已，须是要里面无一毫不直处，方是所谓"敬以直内"者是也。（《卷四十四·论语二十六》）

（65）道合则从，不合则去，即此是义，非但只说要出仕为义。（《卷第四十八·论语三十》）

（66）所谓致中者，非但只是在中而已，才有些子偏倚，便不可。须是常在那中心十字上立，方是致中。（《卷一百一十三·朱子十》）

此词历史比较悠久，在先秦时代就已经出现。例如：

（67）今又走芒卯，入北地，此非但攻梁也，且劫王以多割也，王必勿听也。（《战国策·魏策三》）

这一时期的"非但"一般是出现在动词性成分之前，否认事件或事态仅限于其后动词性成分所述，一般在下句指出。"非但"置于动词性成分之前，表明"但"的副词性特征。而我们上举《朱子语类》中的用例，"非但"多出现在小句前，此时无论是功能还是位置都发生了改变。

【非独 AP，CP】

该句式在《朱子语类》中共见 20 例。"非独"与上述"非但"等词功能、意义相同，为递进复句 DM，它所连接的分句表示的语气为 M1+M1（20），首标，AP 首标，语义重心为 Fo2 型。例如：

（68）今有恣为不忠不孝，冒廉耻，犯条贯，非独他自身不把作差异事，有司也不把作差异事，到得乡曲邻里也不把作差异事。（《卷第十三·学七》）

（69）到得有德礼时，非独使强者革，弱者也会革。（《卷二十三·论语五》）

（70）所欲有甚于生者，所恶有甚于死者，非独贤者有是心也，人皆有之，贤者能勿丧耳。（《卷五十九·孟子九》）

"非独"用为递进连词在先秦汉语已见用例，如：

（71）非独贤者有是心也，人皆有之。（《孟子·告子下》）

（72）非独处家者未然，虽处国者亦然。（《墨子·天志上》）

"非独"在《朱子语类》中的用例，当为先秦汉语文言格式"非独"用法的延续。"非独"到现代汉语时期已不再使用。

【非特 AP，CP】

该句式在《朱子语类》中共见 18 例。"非特"为递进复句 DM，它所连接的分句表示的语气为 M1+M1（18），前标，AP 首标，语义重心为 Fo2 型。其意义及功能与"非但""非独"等词一致。例如：

（73）夷狄之教入于中国，非特人为其所迷惑，鬼亦被他迷惑。（《卷第一百二十七·本朝一》）

（74）只细看它书，便见他极有好处，非特荀扬道不到，虽韩退之也道不到。（《卷第一百三十七·战国汉唐诸子》）

（75）立此六义，非特使人知其声音之所当，又欲使歌者知作诗之法度也。（《卷第八十·诗一》）

"非特"还可构成框架匹配词"非特……亦……"，在《朱子语类》中共见6 例。例如：

（76）当云："此非特义心自胜，亦血气之壮故也。"（《卷第四十六·论语二十八》）

【非惟 AP，CP】

该句式在《朱子语类》中共 19 例，"非惟"与"不惟"功能及意义相似，为递进复句 DM，它所连接的分句表示的语气为 M1+M1（15）/M4（4），前标，AP 首标，语义重心为 Fo2 型。例如：

（77）曰："非惟学禅，如老庄及释氏教典，亦曾涉猎。"（《卷第一百一十六·朱子十三》）

（78）非惟不知针之札身，便是刀锯在身，也不知痛了！（《卷第一百一十四·朱子十一》）

（79）此说非惟不成道理，且非易象文义。（《卷第七十·易六》）

上述"非"字类词也属于否定词+程度、范畴+被限定成分的类型，语法化机制同于"不但"。正因为"非"类的词它们在句子中对不同的被限定词起着同样的否定性作用，与"不"类标记词有着相同的生成过程，才能在类推机制的作用下形成递进标记词。

杨荣祥（2005）认为"非"是对判断表示否定的副词。上古汉语时期"非"最多的是用来修饰体词性判断谓语。随着汉语中判断词"是"的产生和普遍使用，"非"由直接修饰体词性谓语发展出修饰"是 NP"的用法。① 但是我们也要看到"非+是 NP"结构并不符合语言的经济原则。因为"非"本来就是一个准系词，后面又加一个标准系词，这是一种语言使用上的浪费，所以"不"类的标记词发展在最后胜过了"非"类词，在现代汉语中占据主导地位。但是这个现象在《朱子语类》用例中表现并不明显，两类词在数量上比较，"非"类还稍占优势，所以这个取代过程在南宋时期还没有展开，两类词还在各自发展中。

我们就"不但"类词在《朱子语类》的分布来看，"不但""不惟""不独""不特"（称为"不"类标记词）和"非但""非独""非特""非惟"（称为"非"类标记词）用例均不多。如表 14：

表 14 "不"类标记词用例表

"不"类标记词	用例	"非"类标记词	用例
不惟	18	非惟	19
不但	3	非但	6
不独	15	非独	20
不特	16	非特	18
总计	52	总计	63

由表可见，"不"类标记词和"非"类标记用例大体相当，但后者还稍占优势。

【AP，以至 CP】

该句式在《朱子语类》中共见 81 例。该时期"以至"作为递进复句标记词，已基本定型。它为递进复句 DM，所连接分句表示的语气为 M1+M1（76）/ M5（5），后标，CP 中标，语义重心为 Fo2 型。例如：

（80）陆子寿言："古者教小子弟，自能言能食，即有教，以至洒扫应对之类，皆有所习，故长大则易语。"（《卷第七·学一》）

（81）今有一样人不能安贫，其气销屈，以至立脚不住，不知廉耻，亦何所不至！（《卷第十三·学七》）

（82）做文章底，也只学做那不好底文章；做诗底，也不识好诗；以至说禅底，也不是他元来佛祖底禅；修养者，也非老庄之道，无有是者。

---

① 杨荣祥. 近代汉语副词研究［M］. 北京：商务印书馆，2005：380.

（《卷第十三·学七》）

【AP，以至于 CP】

该句式在《朱子语类》中共见 28 例。"以至于"为递进复句 DM，所连接的分句表示的语气为 M1+M1（28），后标，CP 首标，语义重心为 Fo2 型。例如：

（83）如中庸说"天命之谓性"，即此心也；"率性之谓道"，亦此心也；"修道之谓教"，亦此心也；以至于"致中和"，"赞化育"，亦只此心也。（《卷第十二·学六》）

（84）如孩提之童，知爱其亲；及其长也，知敬其兄；以至于饥则知求食，渴则知求饮，是莫不有知也。（《卷第十五·大学二》）

（85）问："'因其已知之理推而致之，以求至乎其极'，是因定省之孝以至于色难养志，因事君之忠以至于陈善闭邪之类否？"（《卷第十六·大学三》）

"以至"和"以至于"在先秦即已成词。据刘红妮（2009）研究，"以至"最初为"连词'以'+动词'至'"，"至"后可跟名词性宾语，也可跟介宾短语作补语，形成"以至于"。例如①：

（86）之狙也，伐其巧、恃其便，以敖予，以至此殛也！（《庄子》卷八）

（87）款也不才，寡智不敏，不能教导，以至于死。（《国语》卷八）

后来，"至"后成分扩展为谓词性成分或小句，"以至（于）"逐渐凝固成词，例如：

（88）吴娃死，爱弛，怜故太子，欲两王之，犹豫未决，故乱起，以至父子俱死，为天下笑，岂不痛乎！（《史记》卷四十三）

（89）然使郎中日闻道于郎门之外，以至于境内日见法，又非其难者也。（《韩非子·说疑》）

"以至"和"以至于"到《朱子语类》时期已经基本定型。

【AP，甚至 CP】

该句式在《朱子语类》中共见 5 例。"甚至"为递进复句 DM，它所连接的分句表示的语气为 M1+M1（5），后标，CP 中标，语义重心为 Fo2 型。例如：

（90）若或父母坚不从所谏，甚至怒而挞之流血，可谓劳苦，亦不敢疾怨，愈当起敬起孝。（《卷第二十七·论语九》）

（91）此圣人教天下之为人子者，不惟平时有愉色、婉容，虽遇谏过之时，亦当如此；甚至劳而不怨，乃是深爱其亲也。（《卷第二十七·论语九》）

---

① 刘红妮. 汉语非句法结构的词汇化［D］. 上海：上海师范大学，2009：281.

（92）或言："近有为乡邑者，泛接部内士民，如布衣交，甚至狎溺无所不至。"（《卷第一百二十九·本朝三》）

上述三类都属于"至"字类别的标记词。至，本义为"鸟飞从高下至地也"，动词。随着词义的演化，"至"字逐渐虚化，从运动变化的情况，扩展到了功能、事态、行为等都可由近及远、从短到长用其表达，慢慢就出现了递进的用法。但比较特殊的是，这类词强调的是递进的最终层次。在《朱子语类》中该词类的使用情况已经比较成熟，用例广泛。但是在和其他词结合的过程中，我们看到"以至"类发展比较成熟。"甚至""乃至"等词要么用例很少，要么还是两个词素，没有固化为标记词。

二、逼近式递进复句

（一）单音节标记词

【AP，况 CP】

该句式在《朱子语类》中共见 52 例。"况"为递进复句 DM，它所连接的分句表示的语气为 M1+M1（25）／M2（10）／M4（17），后标，为 CP 首标，语义重心为 Fo2 型。例如：

（93）今人至于沉迷而不反，圣人为之屡言，方始肯来，已是下愚了。况又不知求之，则终于为禽兽而已！（《卷第八·学二》）

（94）学者当常以"志士不忘在沟壑"为念，则道义重，而计较死生之心轻矣。况衣食至微末事，不得未必死，亦何用犯义犯分，役心役志，营营以求之耶！（《卷第十三·学七》）

（95）如里克等事，只当时人已自不知孰是孰非，况后世乎？（《卷第八十三·春秋》）

（96）人治一家一国，尚且有照管不到处，况天下之大！（《卷第十六·大学三》）

杨伯峻、何乐士（1992）认为，"况"是在其表"情形"的名词义基础上，在上古汉语无系词判断句的结构中逐步演变为递进连词的。"在古汉语里，在系词大量运用之前，大约在汉魏以前，判断句是以没有系词的为主要形式"。① 因此，"况"在先秦时期的结构应为："【况+（主语+动词性成分）】"，以此结构来表述要陈述的情况是怎样的。后来"况"由于经常出现在小句或句子的句首，且常和反问语气使用，位置、语用等原因使其重新分析为递进标记词。

① 杨伯峻，何乐士. 古汉语语法及其发展（下）[M]. 北京：语文出版社，2001：705.

"况"作为递进连词的用法在先秦文献中已见用例。例如：

　　（97）君子居其室，出其言善，则千里之外应之，况其迹者乎？（《周易·系辞上》）

　　（98）过君以义，犹自抑也，况以恶乎？（《左传·襄公二十三年》）

　　（99）陶以寡，且不可以为国，况无君子乎？（《孟子·告子下》）

到《朱子语类》时期，"况"作为递进复句标记词的用法仍较活跃。

【AP，尚CP】

该句式在《朱子语类》中共见89例，"尚"为递进复句RM，它所连接的分句表示的语气为M1+M1（85）/M4（4），后标，CP中标，语义重心为Fo2型。例如：

　　（100）到得平天下处，尚有些工夫。（《卷第十五·大学二》）

　　（101）凡恶恶之不实，为善之不勇，外然而中实不然，或有所为而为之，或始勤而终怠，或九分为善，尚有一分苟且之心，皆不实而自欺之患也。（《卷第十六·大学三》）

　　（102）人有所见，不肯尽发出，尚有所藏，便是枉道。（《卷第五十三·孟子三》）

【AP，连CP】

该句式在《朱子语类》中共见5例。"连"为递进复句RM，它所连接的分句表示的语气为M1+M1（5），后标，CP中标，语义重心为Fo2型。例如：

　　（103）非惟是功效不见，连那所做底事都坏了。（《卷第十·学四》）

　　（104）这个是转水车相似，只拨转机关子，他自是转，连那上面磨子筛箩一齐都转，自不费力。（《卷第一百二十一·朱子十八》）

（二）复音标记词

【AP，何况CP】

该句式在《朱子语类》中共见15例。"何况"为递进复句DM，它所连接的分句表示的语气为M1+M1（2）/M2（4）/M4（9），后标，CP首标，语义重心为Fo2型。例如：

　　（105）圣人已说底话尚未理会得，何况圣人未做底事，如何测度得？（《卷第三十五·论语十七》）

　　（106）而今灰漆如此坚密，犹有蚁子入去，何况不使钉漆？（《卷第八十九·礼六》）

　　（107）而今假令亲见圣人说话，尽传得圣人之言不差一字，若不得圣人之心，依旧差了，何况犹不得其言？（《卷第九十三·孔孟周程张子》）

"何况"与其他同类连词用法上的区别在于，它一般多出现在反问句里，用反问语气来表达递进。语义上，"何况"采用同向推理形式来表达递进关系，因此，具有语气强烈、表义明确的特点。"何况"是由疑问代词"何"加上递进连词"况"组合而成的。据曹小云（2005：57-67）的研究，"何况"最早的用例出现在西汉，例如①：

(108) 是故鞭噬狗，策蹄马，而欲教之，虽伊尹造父弗能化，欲害之心亡于中，则饥虎可尾，何况狗马之类乎？（《淮南子·原道》）

(109) 故布衣皆得风议，何况公卿之吏乎？（《盐铁论·刺议》）

【莫说 AP，CP】

该句式在《朱子语类》中共见 8 例。"莫说"为递进复句 DM，它所连接的分句表示的语气为 M1+M1（6）/M4（2），后标，CP 首标，语义重心为 Fo2型。例如：

(110) 而今莫说更做甚工夫，只真个看得百十字精细底，也不见有。（《卷第一百二十一·朱子十八》）

(111) 如今莫说教宰执坐，奏对之时，顷刻即退。（《卷第一百二十八·本朝二》）

(112) 莫说古人底晓不得，只今之阵法也晓不得，更说甚么？（《卷第九十二·乐古今》）

"莫说"是由否定副词"莫"加言说动词"说"组合固化而成的，多用于带有让步意味的递进复句。它所在的分句一般首先把某一事态往小里说，然后在此基础上突出后续分句所表达的事件或情况。"莫说"作为递进连词较早的用例见于唐代变文中。例如（引自吴福祥 1996）：

(113) 鹫峰王舍两俱美，余国余山难可比。莫说人皆智慧人，兼缘地总贤灵地。（《敦煌变文集·双恩记》）

【莫道 AP，CP】

该句式在《朱子语类》中仅见 2 例。"莫道"为递进复句 DM，它所连接的分句表达的语气为 M1+M4（2），后标，AP 中标，语义重心为 Fo2 型。例如：

(114) 恁地莫道做好人不成，便做恶人也不成！（《卷第二十九·论语十一》）

(115) 而今只是差役，尚有万千难行处；莫道便要夺他田，他岂肯！（《卷第九十八·张子之书一》）

---

① 曹小云．"何况"早期使用情况考察［J］．语言研究，1998（1）：63-66.

【未论 AP，CP】

该句式在《朱子语类》中共见 9 例。"未论"为递进复句 DM，所连接的分句表示的语气为 M1+M1（6）/M2（1）/M4（2），前标，AP 首标，语义重心为 Fo2 型。例如：

(116) 某外家子侄，未论其贤否如何，一出来便齐整，缘是他家长上元初教诲得如此。（《卷第七・学一》）

(117) 未论为天下，且以作一县言之：若宽其赋敛，无征诛之扰，民便欢喜爱戴；若赋敛稍急，又有科敷之扰，民便生怨，决然如此。（《卷第十六・大学三》）

(118) 未论别处如何，只这一处利少而害多，便自行不得。（《卷第八十六・礼三》）

【未说 AP，CP】

该句式在《朱子语类》中共见 12 例。"未说"为递进复句 DM，它所连接的分句表示的语气为 M1+M1（9）/M2（1）/M4（2），前标，AP 首标，语义重心为 Fo2 型。例如：

(119) 而今未说读得注，且只熟读正经，行住坐卧，心常在此，自然晓得。（《卷第十・学四》）

(120) 未说到用舍行藏处，且先看个"毋意、毋必"底意。（《卷第三十四・论语十六》）

【未说道 AP，CP】

该格式复句在《朱子语类》中仅见 2 例。"未说道"为递进复句 DM，它所连接的分句表示的语气为 M1+M1（1）/M2（1），前标，AP 首标，语义重心为 Fo2 型。例如：

(121) 未说道有甚底事分自家志虑，只是观山玩水，也煞引出了心，那得似教他常在里面好！（《卷第十二・学六》）

(122) 既做秀才，未说道要他理会甚么高深道理，也须知得古圣贤所以垂世立教之意是如何？（《卷第一百二十一・朱子十八》）

上述五个词（称为"莫说"类词）具有以下特点：一是它们均由否定副词"未、莫"加上言语类动词"说、道、论"组合固化而成。这些组合最初的意义为"不用说"或"不要说"。言说类动词本来带主语，但在特定的语境中经常可以省略不说，这样"莫说"类词的位置就常被提到句首或分句开头，此时如果其后出现的宾语成分由体词性成分扩展到谓词性成分或者一个小句，这样"否定副词+言说动词"的结构就会被重新分析为一个词，由于这些词常同

"且、也"等词相呼应（见以上例句），逐渐增加了"不但"的词义，从而变成了一个递进连词。二是，"莫说"类词语在语义上含有让步的意义。既然"不用说或不要说"什么，就意味先将前一分句AP的内容往小处说，从而衬托和铺垫CP部分的内容，使其更为突出，成为整个复句的语义重心。

这一时期由"否定副词+言说动词"形式组合构成的递进复句标记词有不少，但在《朱子语类》中类型并不很多。除上述"莫说"等五个连词外，"勿说""休说"在《朱子语类》中均未见用例。"别说"虽见18例，但均为不同结构关系的短语。例如：

（123）"果行育德"，又是别说一个道理。（《卷第七十·易六》）（状中结构）

（124）与既言"无偏无党"又言"无党无偏"，无别说也。（《卷第七十九·尚书二》）（定中结构）

"谩说"在《朱子语类》中见3例，均为"随便一说"之义，并非递进关系标记词。例如：

（125）如为臣而必忠，非是谩说如此，盖为臣不可以不忠；为子而必孝，亦非是谩说如此，盖为子不可以不孝也。（《卷第十八·大学五或问下》）

"不要说"在《朱子语类》中仅见6例，但已开始虚化，但尚未完全凝固成形。例如：

（126）曰："都不要说圣人之画数何以如此。"（《卷第六十五·易一》）

【AP，岂止CP】

该句式在《朱子语类》中仅见3例。"岂止"为递进复句DM，所连接的分句表示的语气为M1+M2（2）/M4（1），后标，CP首标，语义重心为Fo2型。例如：

（127）曰："全然不是，岂止有不是处？"（《卷第八十三·春秋》）

（128）"明于庶物"，岂止是说禽兽？（《卷第五十七·孟子七》）

（129）盖人心不全是人欲，若全是人欲，则直是丧乱，岂止危而已哉！（《卷第一百一十八·朱子十五》）

（三）匹配型标记词

【犹AP，况CP】

该格式在《朱子语类》中共见8例。"犹……况……"为递进复句DM，它们所连接的分句的语气为M1+M1（2）/M2（3）/M4（3），双标，AP首标，CP首标，语义重心为Fo2型，作为递进复句标记词，已较成熟。例如：

（130）若读书上有七分志，科举上有三分，犹自可；若科举七分，读

书三分，将来必被他胜却，况此志全是科举！（《卷第十三·学七》）

（131）以姚崇犹先以十事与明皇约，然后为之相，而况孔子乎！（《卷第四十三·论语二十五》）

递进复句匹配框架共有38组，限于篇幅我们不再一一列举，将在后面的表中专门予以呈现，见表15。《朱子语类》递进复句标记词的类型、句数和所占比例如表16所示。

表15 《朱子语类》递进复句系统综合表

递进标记词		见次	所占比例	《语类》中状态	标记显隐特征	结构类型	语气类型	语义重心
单音标记词	而$_3$	161	5.75%	成形、稳固	RM	CP 中标	M1+M1（115）/M2（29）/M4（17）	Fo2
	且$_2$	251	8.97%	成形、稳固	RM	CP 首标	M1+M1（245）/M2（6）	Fo2
	并$_2$	21	0.75%	成形、稳固	RM	CP 首标	M1+M1（27）	Fo2
	兼$_2$	6	0.21%	成形、稳固	RM	CP 首标	M1+M1（6）	Fo2
	更	668	23.87%	成形、稳固	DM	CP 首标	M1+M1（610）M2（21）/M3（21）/M4（16）	Fo2
	还	8	0.29%	成形、稳固	RM	CP 首标、中标	M1+M1（2）/M4（6）	Fo2
	连	5	0.18%	成形、稳固	RM	CP 中标	M1+M1（5）	Fo2
	又	1256	44.87%	成形、稳固	RM	CP 首标	M1 + M1（1185）/M2（26）/M3（6）/M4（39）	Fo2
	况	52	1.86%	成形、稳固	DM	CP 首标	M1+M1（25）/M2（10）/M4（17）	Fo2
	尚	89	3.18%	成形、稳固	RM	CP 中标	M1+M1（85）/M4（4）	Fo2

续表

递进标记词		见次	所占比例	《语类》中状态	标记显隐特征	结构类型	语气类型	语义重心
复音标记词	不但	5	0.18%	成形中	DM	AP 中标	M1+M1（4）/M3（1）	Fo2
	不惟	18	0.64%	成形	DM	AP 首标	M1+M1（15）/M2（1）/M4（2）	Fo2
	不独	15	0.54%	成形	DM	AP 首标	M1+M1（15）	Fo2
	不特	16	0.57%	成形	DM	AP 首标	M1+M1（16）	Fo2
	非但	6	0.21%	成形中	DM	AP 首标	M1+M1（6）	Fo2
	非独	20	0.71%	成形	DM	AP 首标	M1+M1（20）	Fo2
	非特	18	0.64%	成形	DM	AP 首标	M1+M1（18）	Fo2
	非惟	19	0.68%	成形	DM	AP 首标	M1+M1（15）/M4（4）	Fo2
	何况	15	0.54%	成形	DM	CP 首标	M1+M1（2）/M2（4）/M4（9）	Fo2
	莫说	8	0.29%	成形、不稳定	DM	CP 首标	M1+M1（6）/M4（2）	Fo2
	莫道	2	0.07%	成形、不稳定	DM	AP 中标	M1+M4（2）	Fo2
	未论	9	0.32%	成形、不稳定	DM	AP 首标	M1+M1（6）/M2（1）/M4（2）	Fo2
	未说	12	0.43%	成形中	DM	AP 首标	M1+M1（9）/M2（1）/M4（2）	Fo2
	未说道	2	0.07%	成形中	DM	AP 首标	M1+M2（1）/M4（1）	Fo2
	以至	81	2.89%	成形、稳定	DM	CP 中标	M1+M1（76）/M4（5）	Fo2
	以至于	28	1.00%	成形	DM	CP 首标	M1+M1（28）	Fo2
	甚至	5	0.18%	成形	DM	CP 中标	M1+M1（5）	Fo2
	岂止	3	0.11%	成形	DM	CP 首标	M1+M2（2）/M4（1）	Fo2
总计		2799						

表 16 递进复句标记词一览表

复句	递进复句			
结构类型	一般性递进		逼近式递进	
标记类型	单音标记	复音标记	单音标记	复音标记
标志词	而	不但	况	何况
	且	不惟	尚	而况
	并	不独	连	莫说
	兼	不特		莫道
	更	非但		未论
	还	非独		未说
	又	非特		未说到
		非唯		乃至
		非惟		岂止
		以至		
		以至于		
		甚至		
句数	2371	160	117	39
比例	84.71%	5.72%	4.18%	1.39%

第三节 《朱子语类》递进复句句法特征

一、单音标记

（一）数量特征

单音标记为 10 个，个数上虽然不占优势，只有标记词总量的 35.71%，但句子总数比较庞大，共 2488 例，占递进复句总数的 88.89%。可见《朱子语类》的递进复句主要还是以单音标记为主体。

（二）词性特征

单音标记词的词性主要有两种，一为连词性标记"并""且""而"和

"况"，共有 446 例，占总数的 15.93%。另有一种主要为副词"还""又""更"
"兼""尚"，该群体数量庞大，共计 2012 例，占递进复句总数的 71.88%。虽然
词性个数上两者均衡，但是副词性单音标记的见次在《朱子语类》中还是明显
占优的。

（三）来源特征

单音标记均为词性引申虚化而来，除了"兼₂"在汉魏时代出现，其他 8 个
单音标记均可上溯到先秦时代。

（四）功能特征

至晚唐五代，一些只能连接体词性成分的单音标记的"并₂""兼₂"等，我
们在《朱子语类》中看到其新的用法，"并"可以连接动词、动词短语，甚至
分句。这样"并 CP"部分继续发展，加载出层级的含义，逐渐成为全句的语义
重心，从而使递进逻辑语义的用例超过并列复句，这也是单音标记兼类现象的
表现。此外，"又、更"作为递进复句用量最大的两个标记词，经观察，后面可
以接双宾语、介宾、使成式等所有的汉语语法结构。可见两者在《朱子语类》
中发展已经相当成熟、功能强大。

（五）位置特征

除"尚、连"外，其余 7 个单音标记均为 CP 首标，即后分句的最前面，位
于主语之前，顺序是不可颠倒的。主语要受到标记词的管控，如果位置互换会
导致句子产生歧义，或者造成句子不通顺。经观察，《朱子语类》中"尚"
"连"二词都属于 CP 中标，主语常承前省略。《朱子语类》复句单音标记，没
有出现在 AP 部分的，即无前标，只有后标。这应该是由于递进复句属于层级推
进关系，AP、CP 的话题多是一致的，因而只需 CP 标记有所表现即可。

（六）跨域兼用

在递进复句中，有不少跨域兼类的现象，这意味着它们用法并非单一一种。
例如"并、又、且、兼"等还可以跨域使用到其他类型复句中，如并列、承接
等。但是，每个标记在不同类型复句中有所侧重的现象还是比较突出的。

（七）再生成能力强大

单音标记的主导地位不仅体现在用量上，同时也体现在其生成新的复音标
记的能力上。其复音标记的能力主要有两种方式：其一为"近义复合"型，例
如"而""况"组合成"而况"；"又""兼"组合成"又兼"。其二为线性排列
的共现引发重新分析而产生的新型复音标记，如"且又""更兼"等。

二、复音标记

（一）数量特征

递进复句复音标记共有 18 个，占标记总数的 64.29%。可见南宋时期大量的复音标记已经开始使用，标记的复音化现象明显。但是它们总体用例却很少，仅 199 例，占递进复句总量的 7.11%，这表明，单音标记还是时人的首选，复音标记虽然种类繁多但并不为人们所常用。

（二）构词方式

首先，数量最为庞大的是"否定副词+限制性成分"，下分两类：一为"不"字类，如"不但""不特""不惟""不独"；一为"非"字类，如"非但""非惟""非独"，此类用例很多，为 117 句，占复音标记词的 58.79%。之所以能衍生出这么多该类型的词和"但""惟""独"的音近义通类推而成有关。其次是"否定副词+言说性动词"例如"莫说、莫论、未说、未说到"等。最后是纯动词"至"形成的"以至于""以至""甚至"等。但是在晚唐五代形成一定规模的"况"字类标记如"况当、岂况、况乃"等并未在《朱子语类》中出现，只有"何况"一词用例有 15 句，现代汉语中常见的"况且"还尚未出现。

（三）出现时代

先秦时期就有的标记有"不特""不独""非独""非惟"等；两汉魏晋南北朝时期形成的有"不但""尚况""岂况"等；到了唐五代时期的新词为"莫说""莫论""莫道""非论"等；宋代始见的有"未论""未说""未说到"等。

我们可以看到现在沿用先秦时期产生的复音标记为最多，有 8 个，占总数的 29.6%；两汉魏晋南北朝时期主要是以"况"字类为主的标记，《朱子语类》中该类词很少见，基本没有用例。唐代新生标记，以"莫"字+言语动词为主，基本被沿袭下来，至宋又产生了"未"+言说动词的标记形式。总的来说我们认为递进关系的复音标记至唐代基本已经定型，用法较为完善。宋代沿袭唐代递进关系的复音标记的内容很多，由此可见语言发展的稳定性和承继性。

（四）来源成因

《朱子语类》中复音标记词构成的最重要来源方式是词语黏合方式。以此方式成词的包括否定副词+限制词和否定副词+动词，全部共计 13 个，占到复音标记的 72.2%。词组凝定而来的有 2 个，为"何况""岂止"；跨层结合形成的有

3个，为"以至于""以至""甚至"。相同来源的标记用例大概持平，见文中"不"类和"非"类表格，说明南宋时期还没有哪一种标记占据绝对优势，形成阻断性局面，一家独大。这种淘汰要到明清才出现，优选下来的最终结果就是"不但"。

（五）语料中的状态

复音标记在语料中的形态有时还不是特别稳定，往往处于正在凝固的状态中，以至于虽然见次很多，但是经过认真排查用例，发现仅有很少的句子达到了标准。例如"不但"出现了16次，只有5例为递进复句，至于刚刚出现的"未"字类词组更是不少用例都处于短语和标记词的中间状态。

（六）句中定位

9个复音标记为AP首标，这9个词有一个特点就是已经成形，完全可以作为一个标记来看。这样放置于句首其就有了对整个句子的控制力，相对来说其受到主语的限制就变小了。凝固程度相对不高的，动词性还残留的"否定词"+言说动词的类型以及动词"至"跨层结合的标记类型，在《朱子语类》中都处于AP中标和CP中标的位置。显然它们受到主语的影响要大很多，如果换到首标会引起整个句子的语义变化。

总的来说，《朱子语类》中单音标记的句子还是占有绝对优势的。但经过一定时期的膨胀和扩展，涌现了大量的复音标记用例，虽然它们有的还在凝固中，有的用例还极少，但是代表着一种发展的势头，即复音标记词开始大量出现，虽然还没有形成蔚为壮观的数量，但是已经为近现代汉语的复音标记积累了能量。

三、匹配框架

匹配框架较为发达，用例数量为112句，组配多样并且自由灵活。递进复句中，CP标多为单音节标记。排名前三的均为副词词性，"亦""便"和"只"可以和10个以上的标记进行组配，形成框架的能力最强。其次为"也"是7个，以下依次是"则、又、亦、且、是"。这些标记的词性来源广泛，包括连词、副词、介词甚至动词。

双向复现量最大的当属【否定副词+限定结构】类标记+【亦】的类型，共有32句，占到双标复句总数的28.57%。"亦"和"也"是同义副词，在《朱子语类》时代递进的表意内涵和现代汉语没有什么区别，正是CP标"亦"最鼎盛的时期。但是因为"亦"文言色彩浓重，在后世受到"也"的逐步排挤而大量减少，可见每一个时期双向复现最高的匹配框架都有所差异。《朱子语类》所彰显的南宋时代的用量情况我们可以从表17获得清晰的了解。

　　总的来说，在《朱子语类》中递进复句的框架标记呈现多元化发展的趋势。框架结构的大量形成，显示出南宋时期，人们的思维更加严谨，对复杂语句进行表述的时候也力求更加注重周延性。

表17　递进复句匹配框架标记词一览表

递进类匹配框架标记词					
句型	见次	频率	句型	见次	频率
不但 AP，亦 CP	1	0.04%	非特 AP，亦 CP	3	0.11%
不但 AP，又 CP	1	0.04%	非特 AP，而 CP	1	0.04%
不惟 AP，亦 CP	6	0.21%	非惟 AP，亦 CP	6	0.21%
不惟 AP，又 CP	3	0.11%	非惟 AP，而 CP	2	0.07%
不惟 AP，而 CP	3	0.11%	非惟 AP，也 CP	2	0.07%
不独 AP，亦 CP	6	0.21%	非惟 AP，且 CP	2	0.07%
不独 AP，只 CP	6	0.21%	莫说 AP，也 CP	1	0.04%
不特 AP，乃 CP	1	0.04%	莫说 AP，只 CP	3	0.11%
不特 AP，便 CP	2	0.07%	未论 AP，只 CP	2	0.07%
不特 AP，亦 CP	2	0.07%	未论 AP，且 CP	3	0.11%
不特 AP，而 CP	4	0.14%	未说 AP，只 CP	2	0.07%
不特 AP，也 CP	2	0.07%	未说到 AP，只 CP	1	0.04%
非但 AP，亦 CP	1	0.04%	况 AP，乃 CP	4	0.14%
非但 AP，便 CP	1	0.04%	况 AP，便 CP	2	0.07%
非独 AP，便 CP	2	0.07%	况 AP，亦 CP	3	0.11%
非独 AP，亦 CP	4	0.14%	况 AP，而 CP	4	0.14%
非独 AP，而 CP	2	0.07%	况 AP，只 CP	1	0.04%
非独 AP，也 CP	3	0.11%	况 AP，又 CP	2	0.07%
非独 AP，且 CP	1	0.04%	况 AP，则 CP	5	0.18%
非特 AP，便 CP	4	0.14%	犹 AP，况 CP	8	0.29%
合计			112		

四、标记显隐特点

递进复句的标记词以显性标记为主。隐性标记词个数为 8 个，用句数量为 1797 句，占递进复句数量的 64.20%。显性标记相对来说比较少，在进行递进复句判断的时候，更多的还是要结合具体的上下句语境进行分析，同时也有一些跨域的现象，即一些标记词不止有一种含义，引导的复句类型也有差异，需要语境和后面的副词、连词标记帮我们作出判断。例如"尚"见次虽多，但只有 81 例是作为递进标记词出现。我们不能将其简单归入隐性标记，因为作为递进关系标记是它的主要含义和用法。

第四节　《朱子语类》递进复句语义特征

递进复句中"一般性递进复句"明显共有 2602 句，占到该类复句总数的 92.96%。相对来说"逼近式"递进复句则相对较少，仅有 197 句。可见时、空、事理的一般性层级推理复句在《朱子语类》当中更为常见。

从行域、知域、言域来看，我们分析递进复句的语义类型特点，表示行为一层层递进的复句数量有 964 例，占到总数的比例为 34.41%；以说明和推理为主的知域用例为 1729 句，比例为 61.77%；针对 AP 进行言说的言域递进复句仅 106 例，只占 3.79%的比例。《朱子语类》中递进结构以说明推理为主要内容。行为在 CP 的进一步以及言语对 AP 的归纳都处于相对弱势的地位。

第五节　《朱子语类》递进复句语用特征

一、语气类型特征

《朱子语类》中递进复句的语气类型排列顺序依次降低如下：M1＋M1（2540）型→M1＋M4（134）型→M1＋M2（129）型→M1＋M3（28）型。按上述式子可见，《朱子语类》递进复句中是以 M1＋M1 型，即陈述型＋陈述型占据优势地位。递推复句以逻辑上的层级推进为主，重说明和推理，因而语气上以 AP 陈述＋CP 陈述的句子为主。但是逼近式复句比较特殊，本身就有诸多用例为反问语气，同时受到一些标记词，比如"岂止""何况"等主观感情很强烈的词的影响，就会出现式子中 M1+M4 型和 M1+M2 型。递进复句虽然不多，但比起选择和承接复句来说多了一些祈使语气的分句，故而递进复句语气类型在《朱子语类》中比较齐全，语用内容更加灵活多样。

二、语义重心类型特征

《朱子语类》中递进复句的语义重心类型比较简单，其用例排序如下：Fo2（1450）→Fo1（0）→Fo3（0）。CP 单向重心的特点非常突出，这是由于人们认知上的先后性在语言中必然有所体现，递进复句正是因此而出现的，它的这种"分层"性特征决定其语义重心的类型。此外 AP 出现的多为众所周知的信息，在 AP 之上是递减、递增，是变大还是变小，才是人们关心的重点。因而复句后半部分往往成为语义表达的重心。

总的来说，《朱子语类》中带标记的递进复句数量并不是很多。这或许是由于递进关系在多数情况下可采取意合方式来表达。此外，递进复句的逻辑关系在前后分句之间是不可颠倒的，因而体现这种深层语义关系的语言表层编码（主要为语序）通常是固定的。语序固定本身也可视为一种标记，因此，带标记词的递进复句数量也会少些。

第七章

《朱子语类》条件复句

第一节　条件复句的界定

条件复句，是指分句之间存在条件预设和该条件导致的结果类语义关系的复句。一般前一分句表示条件，为偏句；后一分句表示在该条件下产生的结果，为正句，即 AP 设定出条件，CP 阐发其导致的结果。关于条件复句，前辈时贤多有论及，争论的焦点主要在于条件复句的次类划分上。我们现将主要观点列表 18：

表 18　各家主要观点表

代表人物	著作	层级	分类
黎锦熙	《新著国语文法》	一级三分	积极条件
			消极条件
			无条件
吕叔湘	《中国文法要略》	一级四分	充足条件
			必须条件
			唯一条件
			无条件
胡裕树	《现代汉语》	一级三分	假设条件
			特定条件
			无条件
王维贤	《现代汉语复句新解》	二级二分	必要条件
			充分条件

续表

代表人物	著作	层级	分类
邢福义	《汉语复句研究》	一级二分	充足条件
			必要条件
张志公	《汉语知识》	一级二分	条件1
			条件2
张斌	《现代汉语》	一级三分	充分条件
			必要条件
			无条件
黄伯荣、廖序东	《现代汉语》	二级二分	有条件
			无条件

从本质上讲，条件复句是以复句的语言形式表达条件范畴。条件复句属于偏正复句范畴，但不同类型偏正复句之间通常存在重合的情形，比如非现实条件（即"假设的条件"）复句通常跟假设复句的功能类似，这类条件复句在一定条件下就是假设复句，二者的区别有时不甚明显。为了便于分析描写《朱子语类》条件复句系统，我们有必要选择一种分类标准作为我们的框架。

黄伯荣、廖序东《现代汉语》（2002）认为，条件复句是"偏句提出条件，正句表示在满足条件的情况下所产生的结果。条件关系分为有条件和无条件两类，有条件又分为充分条件和必要条件两类。它们的代表句式分别是：充分条件'只要A，就B'，必要条件'只有A，才B'，无条件'无论A，都B'"。[1]我们基于黄伯荣、廖序东（2002）的观点将《朱子语类》条件复句分为：充分条件型、必要条件型和无条件型。

充分条件型的特点是非唯一性。AP只要是充分性条件，无论还有无其他条件，都会在CP产生其对应的结果。

必要条件型的特点是独一性。有AP这样的条件，就必有CP相应的必然结果，彼此都是唯一的对应关系。

无条件型的特点是绝对性。无论AP为何种条件，对CP都没有影响。

现将本文条件复句分类情况列表19：

---

① 黄伯荣，廖序东. 现代汉语（下）[M]. 北京：高等教育出版社，2002：166.

表 19　条件复句分类情况表

一级分类	二级分类	标记
有条件	充分条件	只要、只需、一旦等
	必要条件	只有、唯有、除非等
无条件		无论、不论、不管、任凭等

第二节　《朱子语类》条件复句分类

一、充分条件类复句

（一）单音标记词

【但 AP，CP】

该句式在《朱子语类》中共见 556 例，"但"为条件复句 DM，所连接的分句表示的语气为 M1+M1（545）/M4（11），前标，AP 首标，语义重心为 Fo1 型。例如：

　　（1）但有此气，则理便在其中。（《卷第一·理气上》）

　　（2）但人分上所合当者，便是理。（《卷第三·鬼神》）

　　（3）但就气上看便见，如元亨利贞是也。（《卷第六·性理三》）

　　（4）但学者不如此，如何着力！（《卷第十七·大学四或问上》）

"但"是由表达限定意义的范围副词进一步虚化而来的，意义相当于"只要"，后一分句常出现"则"……"便"等标记词与之相呼应，如上述例（1）—（3）。"但"用于条件关系标记，可追溯至先秦汉语时期，例如（引自《汉语大词典》）：

　　（5）敌人但至，千丈之城，必郭迎之，主人利。（《墨子·号令》）

"但"是由表达"只要、仅"含义的限定范围副词不断演变虚化而来，最终成为条件标记词，《朱子语类》用例主要沿用先秦用法。

【AP，便 CP】

该句式在《朱子语类》中共见 916 例，通常表示在 AP 中设定一个条件，CP 就会出现一个结果。"便"为条件复句 DM，它所连接的分句表示的语气为

M1+M1（863）/M2（28）/M3（8）/M4（17），后标，CP 中标，语义重心为 Fo2 型。例如：

(6) 所谓"精气为物"，须是此两个相交感，便能成物；"游魂为变"，所禀之气至此已尽，魂升于天，魄降于地。（《卷第八十三·春秋》）

(7) 曰："今只看大序中说，便可见。"（《卷第八十一·诗》）

(8) 孟子只见得是性善，便把才都做善，不知有所谓气禀各不同。（《卷第五十九·孟子九》）

(9) 譬如一井水，终日搅动，便浑了那水。（《卷第五十九·孟子九》）

(10) 读关雎之诗，便使人有齐庄中正意思。（《卷第八十一·诗二》）

《朱子语类》条件复句匹配框架中最常见的一种格式即为"只 AP，便 CP"，如例（7）—（8）。副词"便"通常表示在上一个动作行为或事态，发生或结束完成的情况下，产生另一个事态或结果，这同条件复句的语义关系相吻合。因此在特定的语境中，"便"也发展出连接两个条件关系的分句的用法，变为条件关系复句标记词，并通过与"只"相匹配来降低上下文歧义。因此二者常关联在前后分句中，在《朱子语类》里成为出现频率较高的条件复句框架匹配标记。

【AP，则$_2$CP】

该句式在《朱子语类》中共见 207 例，"则"为条件复句 RM，所连接的分句表示的语气为 M1+M1（207），前标，CP 首标，语义重心为 Fo1 型。

(11) 但且谓之物格，则不害其为一事一物在。（《卷第十八·大学五或问下》）

(12) 但得其道，则交相为养；失其道，则交相为害。（《卷第十八·大学五或问下》）

(13) 但到那贯通处，则才拈来便晓得，是为尽也。（《卷第六十·孟子十》）

在条件复句中，"则"前多有"但"等表示条件的标记与之相匹配，前后呼应表示条件和结果之间的关系。

（二）复音标记词

【但即 AP，CP】

该句式在《朱子语类》中仅见 1 例。"但即"为条件复句 DM，它所连接的分句表示的语气为 M1+M1（1），前标，AP 首标，语义重心为 Fo1 型。例如：

(14) 但即形器之本体而离乎形器，则谓之道；就形器而言，则谓之器。（《卷第七十五·易十一》）

"但即"在句中意思为"只要是","即"的意义与"是"相同,"但即"可视为条件标记词,"但"加上"即"构成的。据王淑华(2009:195)研究,"但即"用为条件标记词的最早用例见于敦煌变文中,例如①:

(15)但即得居安乐者,根基全是圣人恩。(《敦煌变文集·长兴四年中兴殿圣节讲经文》)

【只要 AP,CP】

《朱子语类》中,"只要"共出现 276 次,但大多数不能视为条件复句标记词,多为偏正式的状中短语。例如:

(16)古人自入小学时,已自知许多事了;至入大学时,只要做此工夫。(《卷第七·学一》)

(17)也只要存得这个在,克去私意。(《卷第九十五·程子之书一》)

在条件复句中,"只要"表示产生某一结果的充分条件。如果条件分句中所提出的情况出现,那么后续分句中的情况或结果也必会出现。《朱子语类》中,"只要"用为条件复句标记词的仅 47 例,它为条件复句 DM,所连接的分句表示的语气为 M1+M1(47),前标,AP 首标,语义重心为 Fo1 型②。例如:

(18)只要日日熟读,须教它在吾肚中先千百转,便自然纯熟。(《卷十九·论语一》)

(19)只要他稍稍追听,便收杀了。(《卷二十五·论语七》)

(20)只要穷得这道理,便是天理。(《卷第九·学三》)

(21)上蔡只要说得泊然处,便有些庄老。(《卷第三十四·论语十六》)

(22)然只要就所偏倚一事,处之得恰好,则无过、不及矣。(《卷第六十二·中庸一》)

(23)今却恁地跷说时,缘是智者过于明,他只去穷高极远后,只要见得便了,都不理会行。(《卷第六十三·中庸二》)

(24)只要常常提撕,莫放下,将久自解有得。(《卷第一百二十·朱子十七》)

(25)所谓礼乐,只要合得天理之自然,则无不可行也。(《卷第八十七·礼四》)

以上八例均为充分条件复句。在《朱子语类》中,"只要"若出现在 CP

① 王淑华.晚唐五代连词研究[D].济南:山东大学,2009:195.
② 此处"DM"意为显性标记词;"M1+M1/M4"意为陈述+陈述/感叹语气,括号内数字为语料见次;"AP 首标"意为该标记位于前分句主语之前,居于句首;"Fo1"意为语义重心在前分句。详细分类标准请参见第二章。

中，基本上不是条件复句。例如：

（26）问："明道说'学者识得仁体，实有诸己，只要义理栽培'一段，只缘他源头是个不忍之心，生生不穷，故人得以生者，其流动发生之机亦未尝息。"（《卷第九十五·程子之书一》）

（27）钦夫说得高了，故先生只要得典实平易。（《卷第一百三·罗氏门人》）

条件复句标记词"只要"是由"限定副词+能愿动词"结构凝固而成的，"只"是限制，"要"表示能愿。"只"在演变过程中起了关键作用，充分条件逻辑关系是将前一分句的情况视为后一分句情况出现的条件，因此必然要对前面的情况加以限制。正好"只"具备这种限制性功能，经常出现在条件分句中，从而逐渐确立了表示条件关系的语法功能。向熹（1993）认为，"'只要'用作条件连词产生于唐代，用在条件分句前，表示充分条件"。① 例如：

（28）经文深妙理难过，无上菩提从此出，只要门徒发信根，万般一切由心识。（《敦煌变文集》）

"只要"在《朱子语类》时代，距唐未远，用为条件复句标记词的用例尚不多，只有8.3%的用例可视它为标记词，且出现位置基本为AP，出现在CP位置上的均不可理解为条件复句。

【但凡 AP，CP】

该类句式在《朱子语类》中共见2例。"但凡"为条件复句DM，所连接的分句表示的语气为M1+M1（2），前标，AP首标，语义重心为Fo1型。例如：

（29）但凡事须当立志，不可谓今日做些子，明日便休。（《卷第十八·大学五或问下》）

（30）但凡事察之贵精，守之贵一。如戒慎恐惧，是事之未形处；慎独，几之将然处。不可不精察而慎守之也。（《卷第六十二·中庸一》）

【但有 AP，CP】

《朱子语类》中，"但有"共见74例，但仅有18例用为充分条件复句标记，仅占24.32%。"但有"为条件复句DM，它所连接的分句表示的语气为M1+M1（18），前标，AP中标，语义重心为Fo1型。例如：

（31）但有文言与系辞中数段说得较详，然也只是取可解底来解，如不可晓底也不曾说。（《卷第六十六·易二》）

（32）曰："但有子孙之气在，则他便在。"（《卷第三·鬼神》）

---

① 向熹.简明汉语史［M］.北京：高等教育出版社，1993：298.

（33）但有纤毫用意处，便是颜子之过。（《卷第三十·论语十二》）

（34）但有出入治事，则只得服之。（《卷第八十九·礼六》）

我们不难发现，《朱子语类》中的"但有"均出现于 AP 中，且 CP 中常有与之对应的标记词，如"则""便"，其中"则"使用较多，"便"仅见 1 例，即可构成充分条件复句框架标记结构："但有 AP，则 CP""但有 AP，便 CP"。

这几例，AP 与 CP 的主语均不同。主语同标记词位置互换后，句子就不成立。例如：

但有本根，则枝叶自然繁茂。（√）

本根但有，则枝叶自然繁茂。（×）

可见，"但有"是一个前置标记词，且主语定位对其尤为重要。其他"但有"的用例，多为偏正结构的短语。例如：

（35）忽到一庙，但有三间弊屋，狼籍之甚。（《卷第三·鬼神》）

（36）燕山之北，古有大山岭为隔，但有一路傍险水。（《卷第一百三十三·本朝七》）

（37）便是人不及知，但有天知而已，以其与天相合也。（《卷第四十四·论语二十六》）

（38）今未曾知觉甚事，但有知觉在，何妨其为静？（《卷第九十六·程子之书二》）

上述四例"但有"相当于"只是有……"。

【但使 AP，CP】

该类句式在《朱子语类》中共见 3 例。"但使"为条件复句 DM，所连接的分句表示的语气为 M1+M1（1）/M4（1）/M2（1），前标，AP 首标，语义重心为 Fo1 型。例如：

（39）但使伯恭为相，果能尽用三代法度否？（《卷第一百三十四·历代一》）

（40）但使某答那人，则但云："公且去'出门如见大宾，使民如承大祭'。"（《卷第四十二·论语二十四》）

（41）但使功罪各当，是非显白，于吾何慊！（《卷第七十二·易八》）

二、必要条件类复句

黄伯荣、廖序东（2002）指出，"偏句提出必要的条件，缺少了这个条件，就不能产生正句指出的结果"。① 必要条件的要求比充分条件更加严格，必须符合所有条件和加起来共同起作用才能出现一个结果的要求，即其中任何一个条件对结果来说都是必要的，缺一不可，如果仅仅只有一个条件也不会出现对应的结果。这表明，若一个必要条件复句的 AP 设定一个必要条件，后续分句 CP 须具备两层意思：一是不具备 AP 的条件就无法出现对应的结果，二是只有具备了这些条件才能产生这个结果。

（一）单音标记词

【惟 AP，CP】

该类句式在《朱子语类》中共见 168 例。"惟"为条件复句 DM，所连接的分句表示的语气为 M1+M1（160）/M2（4）/M3（4），前标，AP 首标，语义重心为 Fo1 型。例如：

（42）宇举圣门弟子，惟称颜子好学，其次方说及曾子，以此知事大难。（《卷第八·学二》）

（43）又曰："惟仁，然后能公。"（《卷第六·性理三》）

（44）惟动时能顺理，则无事时能静；静时能存，则动时得力。（《卷第十二·学六》）

（45）惟其胸中了然，知得路迳如此，知善之当好，恶之当恶，然后自然意不得不诚，心不得不正。（《卷第十五·大学二》）

（46）惟圣人能提出此心，使之光明，外来底物欲皆不足以动我，内中发出底又不陷了。（《卷第十五·大学二》）

（47）"惟如此，乃能'择乎中庸'否？"（《卷第六十三·中庸二》）

"惟"在《朱子语类》中见次颇多，但用为必要条件复句标记词的并不常见，其后常加"然后"明确此种条件关系，如例（43）、例（45）。

【须 AP，CP】

该句式在《朱子语类》中共见 228 例，通常表示在 AP 中设定一个条件，CP 就会出现一个结果。"须"为条件复句 RM，它所连接的分句表示的语气为 M1+M1（223）/M4（5），前标，AP 首标，语义重心为 Fo1 型。例如：

（48）须是心广大似这个，方包裹得过，运动得行。（《卷第八·学二》）

（49）须是如市井底人拖泥带水，方始是通儒实才！（《卷第一百八·朱子五》）

---

① 黄伯荣，廖序东. 现代汉语（下）［M］. 北京：高等教育出版社，2002：167.

(50) 须是辣拔，方始有进！（《卷第八·学二》）

(51) 须是时复玩味，庶几忽然感悟，到得义理与践履处融会，方是自得。（《卷第一百五·朱子二》）

"须"为副词性条件复句标记词，在《朱子语类》中用例较多，常和"方""方始"组配，见上例。

【AP，方 CP】

该类句式在《朱子语类》中共见 1372 例，表示 AP 只有出现某个条件或情况时，CP 才会出现相对应的结果或情况。"方"为条件复句 DM，所连接的分句表示的语气为 M1+M1（1306）/M2（18）/M3（37）/M4（11），后标，CP 中标，语义重心为 Fo2 型。例如：

(52) 学者知此，当于喜怒哀乐未发，加持敬工夫；于喜怒哀乐已发，加省察工夫，方为切己。（《卷第五十五·孟子五》）

(53) 似一条路，须每日从上面往来，行得熟了，方认得许多险阻去处。（《卷第五十九·孟子九》）

(54) 安于天理之正，无一毫人欲计较之私，而天命在我，方始流行。（《卷第六十·孟子》）

(55) 聪明视听，作为运用，皆是有这知觉，方运用得这道理。（《卷第六十·孟子十》）

(56) 过此一关，方是人，不是贼！（《卷第十五·大学二》）

(57) 尽心了，方能尽性否？（《卷第六十四·中庸三》）

(58) 那个优游和缓，须是做得八分九分成了，方使得优游和缓。（《卷第一百二十一·朱子十八》）

(二) 复音标记词

【惟有 AP，CP】

"惟有"在《朱子语类》中共见 25 例，但用为必要条件复句标记的仅 6 例，占 24%。"惟有"相当于"只有"，为条件复句 DM，所连接的分句表达的语气为 M1+M1（6），前标，AP 首标，语义重心为 Fo1 型。例如：

(59) 惟有三者，方可观其至与不至，尽与不尽，行此三者之得失也。（《卷第二十五·论语七》）

(60) 惟有一柁以运之，则虽入波涛无害。（《卷第六十二·中庸一》）

(61) "只上面'忠信'与'修辞立诚'，便是材料；下面'知至，知终'，惟有实了，方会如此。"（《卷第六十九·易五》）

(62) 惟有渠尚不顾死，且得倚仗之。（《卷第一百三十·本朝四》）

在《朱子语类》中，我们可以看到"惟有"从短语发展为必要条件复句标记词的过程。"惟有"起初是"只有……"的偏正结构，后面常带体词性成分作宾语。例如：

（63）既女真先灭了契丹，王师到日，惟有空城，金帛子女，已为女真席卷而去，遂竭府库问女真换此空城。（《卷第一百二十七·本朝一》）

随着"惟有"后可带上动词性成分或小句，位于小句句首位置，同时其后有"且、方、则"等词与之呼应时，它则重新分析为条件复句标记词。如上举例（59）、例（60）、例（62）。

【除非 AP，CP】

这句式在《朱子语类》中共见 7 例，其中有 4 例是"除非"跟"方"构成框架匹配标记结构。"除非"为条件复句DM，它所连接的分句表达的语气为 M1+M1（7），前标，AP 中标，语义重心为 Fo1 型。例如：

（64）只是他那工夫大段难做，除非百事弃下，办得那般工夫，方做得。（《卷第四·性理一》）

（65）除非无了此气，只口不会说话，方可休也。（《卷第八·学二》）

（66）如古人皆用竹简，除非大段有力底人方做得。（《卷第十·学四》）

（67）盖古人无本，除非首尾熟背得方得。（《卷第十·学四》）

（68）若要做见几而谏，除非就本文添一两字始得。（《卷第二十七·论语九》）

上述例句中，前四例为"除非 AP，方 CP"，后一例为"除非 AP，始 CP"，强调只有具备某种条件，才能产生某种结果或情况，用法相当于现代汉语的"除非……才……"。可见"除非"在《朱子语类》中用为必要条件复句标记的用法已发展成熟。太田辰夫（1987：311）指出，"除非"从唐代开始使用，例如：

（69）除非寒食节，子孙冢傍泣。（《王梵志诗》）

（70）除非听受法华经，如此灾殃方得出。（《敦煌变文集，法华经变文》）

【除是 AP，CP】

《朱子语类》中，"除是"共见 15 例，仅 8 例用为条件复句标记词。"除是"为条件复句DM，所连接的分句表达的语气为 M1+M1（8），前标，AP 中标，语义重心为 Fo1 型。例如：

（71）人多是被那旧见恋不肯舍。除是大故聪明，见得不是，便翻了。（《卷九·学三》）

（72）除是无此物，方无此理；既有此物，圣人无有不尽其理者。（《卷十八·大学五或问下》）

（73）除是自近而推，渐渐看将去，则自然见得矣。（《卷第四十九·论语三十一》）

"除是"作条件连词的用法在唐代已经出现。例如：

（74）县诉云："此并犯禁之具，若不毁，除是诱人砖陷阱也。"（《全唐文·对覆车置果判》）

张相《诗词曲语辞汇释》云："除非是，假设一例外以见其只有此也。……省去非字，则曰除是。""除是"义同"除非"，相当于"唯有""只有"，形成的匹配框架多为"除是 AP，方 CP"。例如：

（75）除是夫子"七十而从心所欲，不逾矩"，方可说此。（《卷第四十一·论语二十三》）

"除是"也可组配为"除是 AP，则 CP"，见例（73）。

【只有 AP，CP】

该句式在《朱子语类》中共见 16 例。"只有"为条件复句 DM，它所连接的分句表达的语气为 M1＋M1（16），前标，AP 首标，语义重心为 Fo1 型。例如：

（76）只有季通说得好，当初造历，便合并天运所差之度都算在里。（《卷第八十六·礼三》）

（77）只有一毫不诚，便是诈也。（《卷第三十六·论语十八》）

（78）只有先主名分正，故只得从之。（《卷第一百三十六·历代三》）

较常见的匹配框架为"只有 AP，便 CP"，如例（76）、例（77）。值得一提的是"只有……"这个现代汉语中最典型的必要条件复句标记词，在《朱子语类》中虽用例较多，但仅有 16 例用为必要条件复句标记词，其他非条件复句标记词用法的，如：

（79）只有法，更无说也。（《卷第三十五·论语十七》）

（80）只有个韩文公依稀说得略似耳。（《卷第九十三·孔孟周程张子》）

（81）建州有一士人，行遇一人，只有一脚，问某人家安在。（《卷第三·鬼神》）

（82）我只有寸铁，便可杀人！（《卷第八·学二》）

例（79）—例（82）的"只有"显然都只是一种临时组合的词组。但我们认为，条件复句标记词"只有"正是从【限定副词"只"】＋【动词"有"】

的组合固化而来。"只"表示严格的范围限定,"有"表示存在与否,二者结合在一起,在语义上就对其后的成分形成严格条件限制,这同必要条件复句的语义关系一致,因而最终演化为必要条件的重要标记词。《朱子语类》中的用例可以显示这个演化的过程。

"只有 AP,CP"与"除非 AP,CP",我们认为在语法结构、使用方法上均相似,但应该注意到,从事情的反方向来推出唯一条件的情况,使用"除非",而从事情的顺向推理去提出唯一必须条件的时候则用"只有"。这两种标记,虽然在《朱子语类》中用例均不多,但已经基本成熟,此后一直沿用到现代汉语中。

三、无条件类复句

无条件复句,是指不管前一分句中的条件如何,后一分句都会产生某种情况或结果。

（一）单音标记词

【任 AP,CP】

该句式在《朱子语类》中共出现 9 例。"任"为条件复句 DM,所连接的分句表达的语气为 M1+M1 (9),前标,AP 首标,语义重心为 Fo2 型。例如:

（83）只是这四者,任是世间万事万物,皆不出此四者之内。（《卷九·学三》）

（84）任你如何,只是我做不得。（《卷十四·大学一》）

（85）一定,则不可移易,任是千动万动,也动摇他不得。（《卷十四·大学一》）

多数情况下,"任"是放在疑问代词或带有疑问语气的句子前,其含义为无论什么条件下,都会出现这样的结果。一般置于 AP 句首,常跟 CP 中"也""皆"等词组配关联,形成"任 AP,也 CP""任 AP,皆 CP"的匹配框架。

（二）复音标记词

【不拘 AP,CP】

该句式在《朱子语类》中共见 3 例。"不拘"为条件复句 DM,所连接的分句表达的语气为 M1+M1 (2)／M4 (1),前标,AP 中标,语义重心为 Fo2 型。例如:

（86）不拘静坐与应事,皆要专一否?（《卷十二·学六》）

（87）如孺子将入于井,不拘君子小人,皆有怵惕、恻隐之心,便可见。（《卷十七·大学四或问上》）

（88）不拘思虑与应事,皆要专一。（《卷九十六·程子之书二》）

"不拘"表示在特定范围内任何条件下都会产生某一结果，位置多在 AP 句首，且常与后续分句中"全""皆"等总括副词组配，见以上三例。

【不管 AP，CP】

《朱子语类》中，"不管"的"否定副词+动词"的动词短语同其条件复句标记词同形并存。不过，《朱子语类》中"不管 AP，CP"仅见 1 例。"不管"为条件复句 DM，所连接的分句表达的语气为 M1+M1（1），前标，AP 首标，语义重心为 Fo2 型。例如：

（89）看外面有甚事，我也不管，只恁一心在书上，方谓之善读书。（《卷第一百一十六·朱子十三》）

（90）自家但遂志循义，都不管生死，不顾身命，犹言致死生于度外也。（《卷第七十三·易九》）

（91）但是它都不管天地四方，只是理会一个心。（《卷第一百二十六·释氏》）

（92）不管夜行，投明要到。（《卷第一百二十五·老氏》）

上述四例，前三例的"不管"为偏正结构，后一例的"不管"则用以连接条件复句，置于前一分句句首。

【不问 AP，CP】

该句式在《朱子语类》中共见 15 例。"不问"为条件复句 DM，所连接的分句表达的语气为 M1+M1（15），前标，AP 首标，语义重心为 Fo2 型。例如：

（93）圣人教人，不问智愚高下，未有不先之浅近，而后及其高深。（《卷三十二·论语十四》）

（94）看是甚么事来，不问大小，改头换面来，自家此心各各是一个道理应副去。（《卷三十七·论语十九》）

（95）不问大事小事，精粗巨细，尽用照管，尽用理会。（《卷四十九·论语三十一》）

【不论 AP，CP】

该句式在《朱子语类》中共出现 5 例。"不论"为条件复句 DM，所连接的分句表达的语气为 M1+M1（5），前标，AP 中标，语义重心为 Fo2 型。例如：

（96）不论感与未感，平日常是如此涵养，则善端之发，自然明著。（《卷十二·学六》）

（97）而今官员不论大小，尽不见客。（《卷一百六·朱子三》）

（98）学者须是要穷理，不论小事大事，都识得通透。（《卷一百二十·朱子十七》）

"不论 AP，CP"中，CP 中常有"全""尽""都"等总括副词与"不论"关联组配，如例（97）、例（98）。AP 通常涵盖所有条件，CP 的结果则不受 AP 条件的影响而照常出现。

上述四个条件复句标记"不拘、不管、不问、不论"等（下简称"不"类词）的形成方式和发展演变都是类似的。它们均是由否定副词"不"跟动词"拘、管、论、问"等构成的偏正结构的动词短语，逐渐演变为条件复句标记词。据谢洪欣（2008：172）研究，当这些偏正结构的动词短语后所跟的名词性成分之后没有其他的成分时，"拘、管、论、问"等只能体现动词的功能，此时，这些偏正结构的短语不会演变为连词。例如①：

（99）不恤是非，不论曲直，以期胜人为意，是役夫之知也。（《荀子·性恶》）

（100）从掉尾，且穿腮。不管前溪一夜雷。（唐无名氏《和张志和〈渔父〉》）

（101）故圣人法天贵真，不拘于俗。（《庄子·杂篇·渔父》

但是，当"不+拘（管、论、问）"动词短语后跟的宾语由单个的名词性成分扩展到语义上互补的具有选择性的并列语句或并列短语时，由于语义上互补性的成分表达的意义是"非此即彼"（即不存在中间状态），整个结构就包含了概念范畴的所有意义；如果这些偏正结构的动词短语后的宾语为含有疑问词的语句（如"谁、什么、怎样"等）时，这些疑问成分不表疑问，而是表示周遍性，蕴含"所有、一切"之义。这两种环境就为"不+拘（管、论、问）"动词短语重新分析为条件复句标记词创造了相应的语境。例如（引自吴福祥1996：274）②：

（102）不论富贵与高低，皆似水中墨一片。（《敦煌变文集·维摩诘经讲经文》）

（103）财物器藏，任意般将，不管与谁，进（尽）任破用。（《敦煌变文集·八相变文》）

（104）不问贫富街巷，行衣匝合，总不见阿娘。（《敦煌变文集·目连救母变文》）

以上三例，"不论、不管、不问"均已演变为条件关系的标记词。

虽然《朱子语类》中上述类型的词语用例不是很多，还处于开始或凝固中

---

① 谢洪欣. 元明时期汉语连词研究［D］. 济南：山东大学，2008：172.

② 吴福祥. 敦煌变文语法研究［M］. 长沙：岳麓书社，1996：274.

的阶段，但在明清时期用例不断增多，至现代汉语中还一直占有一席之地。

四、条件倚变句

条件倚变句是条件复句中特殊的一类。分句之间条件同结果的关系是成正比的，即前一分句的情况或事态出现怎么样的变化，后一分句的事态或结果也会随之发生变化。多数情况下，前一分句表达的为充分条件，后一分句为此条件下出现的结果或情况。常见标记词有"弥 AP，弥 CP""愈 AP，益 CP""越 AP，越 CP""愈 AP，愈 CP"等。

【越 AP，越 CP】

该类句式复句在《朱子语类》中共见 5 例，南宋时期尚不常见。"越……越……"为条件复句 RM，所连接的分句表达的语气为 M1+M1（5），双标，AP 中标+CP 中标，语义重心为 Fo3 型。例如：

（105）曰："才说偏了，又著一个物事去救他偏，越见不平正了，越讨头不见。"（《卷第八·学二》）

（106）越说得圣人低，越有意思。（《卷第四十四·论语二十六》）

（107）先生曰："我则异于是，越明眼底，越当面谩他。"（《卷第一百一十八·朱子十五》）

【愈 AP，愈 CP】

此类句式在《朱子语类》中共见 28 例，用法较成熟。"愈……愈……"为条件复句 RM，所连接的分句表达的语气为 M1+M1（28），双标，AP 中标+CP 中标，语义重心为 Fo3 型。例如：

（108）因论为学，曰："愈细密，愈广大；愈谨确，愈高明。"（《卷第八·学二》）

（109）今人做诗，愈著题，愈不好。（《卷第一百四十·论文下（诗）》）

（110）古人尊贵，奉之者愈备，则其养德也愈善。（《卷第十三·学七》）

（111）分得愈见不同，愈见得理大。（《卷第六·性理三》）

【愈 AP，益 CP】

此类句式在《朱子语类》中仅见 1 例。"愈……益……"为条件复句 RM，所连接的分句表达的语气为 M1+M1，双标，AP 中标、CP 中标，语义重心为 Fo3 型。例如：

（112）失之愈明，则行之愈笃；行之愈笃，则知之益明。（《卷第十四·

大学一》）

此外，"弥……弥……"在《朱子语类》中仅见一例，为引用《论语·子罕》的话：

（113）颜子"仰之弥高，钻之弥坚，瞻之在前，忽焉在后"，不是别有个物事。（《卷第三十六·论语十八》）

《朱子语类》条件复句的上述情况如表 20 所示，其类型、句数和所占比例如表 21 所示。

表 20 《朱子语类》条件复句系统综合表

条件标记词		出现次数	所占比例	《语类》中状态	标记显、隐特征	结构类型	语气类型	语义重心
单音标记词	但	556	15.35%	成形、稳固	DM	AP 首标	M1+M1（545）/M4（11）	Fo1
	惟	168	4.64%	成形、稳固	DM	AP 首标	M1+M1（160）/M2（4）/M3（4）	Fo1
	方	1372	37.89%	成形、稳固	DM	CP 中标	M1+M1（1306）/M2（18）/M3（37）/M4（11）	Fo2
	须	228	6.30%	成形、稳固	RM	AP 首标	M1+M1（223）/M4（5）	Fo1
	任	9	0.25%	成形、稳固	DM	AP 首标	M1+M1（9）	Fo2
	便₂	916	25.30%	成形、稳固	DM	CP 中标	M1+M1（863）/M2（28）/M3（8）/M4（17）	Fo2
	越	5	0.14%	成形、稳固	RM	AP+CP 中标	M1+M1（5）	Fo3
	则₂	207	5.72%	成形、稳固	RM	CP 首标	M1+M1（207）	Fo1
	愈	28	0.77%	成形、稳固	RM	AP+CP 中标	M1+M1（28）	Fo3
复音标记连词	但即	1	0.03%	成形中	DM	AP 首标	M1+M1（1）	Fo1
	但凡	2	0.06%	成形中	DM	AP 首标	M1+M1（2）	Fo1
	但有	18	0.50%	成形中	DM	AP 中标	M1+M1（18）	Fo1
	但使	3	0.08%	成形中	DM	AP 首标	M1+M1（1）/M4（1）/M2（1）	Fo1
	只要	47	1.30%	成形中	DM	AP 首标	M1+M1（47）	Fo1
	惟有	6	0.17%	成形中	DM	AP 首标	M1+M1（6）	Fo1
	除非	7	0.19%	成形	DM	AP 中标	M1+M1（7）	Fo1

133

条件标记词	出现次数	所占比例	《语类》中状态	标记显、隐特征	结构类型	语气类型	语义重心
除是	8	0.22%	成形中	DM	AP 中标	M1+M1（8）	Fo1
只有	16	0.44%	成形中	DM	AP 首标	M1+M1（16）	Fo1
不论	5	0.14%	成形中	DM	AP 中标	M1+M1（5）	Fo2
不拘	3	0.08%	成形中	DM	AP 中标	M1+M1（2）/M4（1）	Fo2
不问	15	0.41%	成形中	DM	AP 首标	M1+M1（15）	Fo2
不管	1	0.03%	成形中	DM	AP 首标	M1+M1（1）	Fo2
总计				3621			

表 21　《朱子语类》条件复句标记词一览表

复句类型	条件复句			
类型	充分条件	必要条件	无条件	倚变条件
代表性关联词	但、但即、只要、但凡、但有、但使、便、则	惟、惟有、除非、除是、只有、方、须	任、不论、不拘、不问、不管	越……越……；愈……益……愈……愈……
句数	1534	1642	30	26
所占比例	42.36%	45.35%	0.83%	0.72%

第三节　《朱子语类》条件复句句法特征

一、单音标记

（一）数量特征

《朱子语类》中条件复句的单音标记词共 9 个，占该类复句标记词总数的 40.91%。但是，使用这些单音标记的条件复句用例却占该类复句的 86.66% 以上，可见，南宋时期有标记的条件复句仍是以单音标记为主。

（二）词性特征

在单音标记中，仅有一个标记词"便"的词性为连词，其他标记词，如"但""惟""方""越""愈""任"等均为副词。由此可见，《朱子语类》条件复句单音标记中占主导地位的是副词而非连词。

（三）出现位置

单音标记中，"但""惟""须""任"为 AP 首标，其余均为 CP 中标，但其用例仅占整个单音标记词的 27.54%。这表明限制条件分句且不受主语管控的标记词在《朱子语类》中还是较少的。多数单音标记出现在后一分句表示满足条件出现的结果，但它们常见于 CP 主语之后。这表明，《朱子语类》条件复句的单音标记词也符合黄伯荣、廖序东（2002）提出的"后一分句的连词不论分句的主语是否相同，都在主语前；副词则在主语后"的规则。

二、复音标记

（一）数量特征

《朱子语类》条件复句复音标记词共 13 个，在数量上超过了单音标记词。但其出现的用例较少，仅见 94 例，尚未形成规模。这表明，在南宋时期单音标记仍为人们表达条件复句中条件及结果关系的主要标记类型；复音标记虽已产生，且数量可观，但尚未普遍使用。

（二）来源及构成方式

从复音标记的形成方式来看，复音标记词主要有三类：一类是同义复合型，如"但使""但凡"等；一类是词组固化（或称"词组凝定"）型，如"不论、不拘、不问、不管"为"否定副词+动词"的偏正结构的动词短语凝固虚化而来；"只要、只有、但有、惟有"等为"限定副词+动词"的偏正结构虚化而来；另一类是跨层结构固化型（或"词汇黏合"型），如"除非、除是"。

（三）稳定性特征

《朱子语类》条件复句复音标记词的一个显著特点是标记词跟同形的短语结构并存。比如"只要、但有"等虽在《朱子语类》中出现较频繁，但多数不能看作复句的标记词。"只有""只要"中的动词后一般都带体词性宾语，动词功能明显。这可能是由于条件复句复音标记词出现的时间均较晚（基本在唐代），距宋未远，人们接受度不高，用法上不固定。

三、匹配框架

《朱子语类》条件复句标记词匹配形式多样。它们出现的总用例数量虽然不多，但不可否认的一个趋势是《朱子语类》时代的语言使用者为了使复句内部分句之间条件及结果的逻辑语义关系更加清晰，已经开始注意在条件复句的后一分句中使用相应的标记性词语同前一分句的标记词呼应，从而使复句逻辑关系更加周延、紧密。《朱子语类》条件复句标记词匹配情况如表22：

表22 条件复句匹配框架标记词一览表

句型	见次	频率	句型	见次	频率
但即 AP，则 CP	1	0.03%	除非 AP，方 CP	2	0.06%
但有 AP，则 CP	6	0.17%	除是 AP，则 CP	2	0.06%
只 AP，便 CP	199	5.50%	只 AP，方 CP	12	0.33%
但有 AP，便 CP	1	0.03%	除是 AP，方 CP	4	0.11%
但使 AP，果 CP	1	0.03%	只有 AP，便 CP	5	0.14%
只要 AP，方 CP	1	0.03%	不拘 AP，皆 CP	2	0.06%
只要 AP，便 CP	5	0.14%	不问 AP，都 CP	1	0.03%
只要 AP，则 CP	2	0.06%	唯 AP，则 CP	5	0.14%
惟有 AP，乃 CP	1	0.03%	越 AP，越 CP	5	0.14%
惟有 AP，方 CP	2	0.06%	弥 AP，弥 CP	1	0.03%
惟有 AP，便 CP	1	0.03%	愈 AP，益 CP	1	0.03%
惟有 AP，则 CP	1	0.03%	须 AP，方 CP	128	3.53%
合计			389		

四、标记显隐特征

条件复句的标记词以隐性标记为主，占条件复句标记总数的76.11%。这应与条件复句多用意合方式表达及其标记词出现较晚有关。显性标记词在《朱子语类》中还处于发展的早期阶段，但部分显性标记词在句中位置较固定，均位于 AP 句首，不管是语义还是结构位置都具有明显标记前后分句逻辑关系的作用。

第四节 《朱子语类》条件复句语义类型特征

从逻辑语义角度看，充分条件复句和必要条件复句数量非常庞大，且二者的比例接近，复句用例数量相差不多，在《朱子语类》条件复句中占据绝对优势。无条件句和倚变条件句用例则很少，二者加起来仅有条件复句的2%左右。

　　我们从语义角度进行分析和归纳，经分析得出，《朱子语类》条件复句中表示逻辑推理性内容的知域型条件复句共2326例，占该类复句总数的64.23%；以动作行为为主的行域条件复句共1221例，占33.71%；针对AP进行提问、讨论等言域条件复句仅74例，占2.04%。由此可见，《朱子语类》中"知域"语义类型的条件复句在用例上已经超过半数以上，在充分性条件、必要性条件两个比例最高的类型中，AP部分提出预设前提，CP部分经过推理得出结果的用例是最常见的，故而能够使知域型复句在数量上拥有较高的比重。但是语料中比较单纯的行为条件极其结果的描述也占有三分之一左右，排在第三位的是言域类复句，因其本身辖域范围相对于动作和推理就少，对于语气也有一定要求，故而数量最少。

第五节　《朱子语类》条件复句语用特征

一、语气类型特征

　　我们将《朱子语类》条件复句语气类型出现频率降次排列如下：M1+M1型（3475）→M1+M2型（52）→M1+M3型（49）→M1+M4型（45）。条件复句语气最多的为陈述+陈述型。条件复句的主要功能是设定条件，然后阐述此条件下会出现的结论或结果。语义类型上是以知域为主。这些类型的条件复句虽有一定的主观性，但通常感情色彩并不特别强烈，因此表现在前后分句的语气类型上常是以"M1+M1型"为主。位居第二的是陈述+疑问型的语气。此类型的用例有一定比例为反问句，突出强调阐述者对于前设条件的质疑或不满。第三位为陈述+祈使型语气。因行域中多有前句设定条件，后句进行主观色彩较强的请求和命令的情况。第四位为陈述+感叹型。后三个类型数量分布比较均匀。

二、语义重心类型特征

　　《朱子语类》条件复句的语义重心类型按出现频率降次排列如下：Fo2（2354）→Fo1（1267）→Fo3（0）。可见，《朱子语类》条件复句的语义重心类型是以Fo2为主，这是因为条件是达成结果的一部分，除非特别强调条件，否则听话人一般更关心的是在某条件下产生的结果。正因如此，一般将表示条件的分句视为偏句，将表示该条件下产生的结果的分句称为正句。比如，在"方""则"等隐性标记的辅助下，"方能如何"的部分均为焦点，即条件所产生的结果。《朱子语类》条件复句语义重心用例经分析后也表现出该特征，故而 Fo2 型占到该类复句总量的 65.00%。但是有一些条件复句的显性标记词出现后，情况就不同了，标记本身就是一个明示和强调的作用。充分、必要、无条件、倚变条件复句中比例最高的必要条件复句用例中很大一部分强调只有满足唯一的 AP 部分设定的条件，才会出现 CP 的结果，该类用例都属于 Fo1 型，所以它可以排到第二位。至于双相平衡语义重心，条件句中是缺失的。

第八章

《朱子语类》转折复句

第一节 转折复句的界定

转折又称逆接，是语言中句子与句子之间的一种逻辑关系，即所连接的前后两句在意思表达上是对立的。转折复句，是指在这种复句中，前一分句所说的是意思的一面，后一分句不是顺着前面分句的意思说，而是转到与前面分句的意思相对或相反（或部分相对、相反）的意思说下去。一般来说，转折复句中前一分句是偏句，后一分句是正句。

转折复句一直以来是汉语复句研究的重点，前辈时贤在这方面多有论述，也取得了丰硕的成果。我们现将一些代表性观点简要罗列如下，见表23：

表23 各家著作主要观点对照表

作者	著作	主要观点
马建忠	《马氏文通》	反上文而转申一义
杨树达	《高等国文法》	急转、轻转和激转
吕叔湘	《中国文法要略》	句意背庚，属转折句。重心理角度
王力	《中国现代语法》	转折式是把性质相反的两件事并成一句
张斌	《现代汉语》	与预设相反或不尽相合
胡裕树	《现代汉语》	转折关系偏重后面分句；前后不互为条件
刘月华等	《实用现代汉语语法》	偏句所叙事与正句结果无因果关系
郭锡良	《古代汉语》	前后两个语段与参照语段预期相反，成为异态
邢福义	《汉语复句研究》	重逻辑语义关系。转折句、让步句和假转句
王维贤	《现代汉语复句新解》	重逻辑语义关系和形式特征结合

由上表可见，诸家对转折复句所表达的分句间的语义关系的意见基本一致，分歧主要在于该类复句的分类。

逻辑关系、情理关系和心理关系是转折复句两个分句间的 3 种基本关系，最为重要的当属逻辑关系，即为 A 情况确实为事实，但不认为 B 情况会对 A 情况产生影响。A、B 两者之间的语义关系存在着违理性，B 情况没有满足 A 情况的心理预期，而是出现了重转、微转的心理改变，思维跳跃度是所有复句类型中最大的。

第二节　《朱子语类》转折复句分类

为了对《朱子语类》中转折复句系统作较为详细的描写分析，我们将转折复句进一步分为对比性转折复句、让步性转折复句和补充性转折复句三类，下面分别进行说明与阐释，如表 24 所示。

一、对比性转折复句

对比性转折复句，是指前分句 AP 和后分句 CP 在意思上相关但又彼此互相独立、对立的复句。该类转折复句前后分句彼此在语义上是直接的转向关系，在《朱子语类》中常见的典型标记词有"然""但是""虽然""却""可""然而"等。

【AP，然 CP】

该类句式在《朱子语类》中共见 981 例。"然"为转折复句 DM，所连接的分句表达的语气为 M1+M1（927）/M2（36）/M4（18），后标，CP 中标，语义重心为 Fo2 型。① 例如：

（1）夜明多是星月。早日欲上未上之际，已先烁退了星月之光，然日光犹未上，故天欲明时，一霎时暗。（《卷第二·理气下》）

（2）如水波样，后水非前水，后波非前波，然却通只是一水波。（《卷第三·鬼神》）

（3）学者固当以圣人为师，然亦何须得先立标准？（《卷第九十五·程

---

① 此处"DM"意为显性标记词；"M1+M1/M2/M4"意为陈述+陈述/疑问/感叹语气，括号内数字为语料见次；后标指标志词在后分句；"CP 中标"意为标志词位于主语之后；"Fo2"意为语义重心在后分句。详细分类标准可参见第二章。

子之书一》）

（4）百行万善，固是都合着力，然如何件件去理会得！（《卷第六·性理三》）

（5）尽性至命是圣人事，然必从孝弟做起否？（《卷第九十六·程子之书二》）

（6）余正父欲用国语而不用周礼，然周礼岂可不入！（《卷第八十四·礼一》）

"然"表示转折的意义是由其代词的回指用法发展而来的。"然"作为回指代词（义为"这样、如此"），总是出现在后续小句的句首，指代前面小句所说的内容。"然"所衔接的前后两分句在语义上若能彼此承接，则构成承接复句；如果二者在语义上不能相承，而是形成一种转折，此时处在两个分句之间衔接位置上，"然"就被语境赋予了"转折"的意味，就有了重新分析为转折复句标记词的可能。在先秦，即可见到"然"为转折连词的用例，如：

（7）良弓难张，然可以及高入深；良马难乘，然可以任重致远。（《墨子·亲士》）

（8）今吾子之言，乱之道也，不可以为法；然吾子，主也，至敢不从？（《左传·成公十二年》）

《朱子语类》转折复句标记词"然"基本沿袭先秦用法，因发展时间漫长，故而功能强大、用例广泛。此外，"然"常会在同一分句中与一些副词连用，来加强转折的意味，如"却"字。例如：

（9）外面一副当虽好，然里面却踏空，永不足以为善，永不济事，更莫说诚意、正心、修身。（《卷第十六·大学三》）

（10）他那个当下自散了，然他根却在这里。（《卷第三·鬼神》）

【AP，而₄CP】

该类句式在《朱子语类》中共出现1556例。"而"为转折复句RM，所连接的分句表达的语气为M1+M1（1483）/M4（40）/M2（33），后标，CP首标，语义重心为Fo2型。例如：

（11）月与日会，而少五日九百四十分日之五百九十二者，为朔虚。（《卷第二·理气下》）

（12）今告子乃欲指其气而遗其理，梏于其同者，而不知其所谓异者，此所以见辟于孟子。（《卷第四·性理一》）

（13）论天地之性，则专指理言；论气质之性，则以理与气杂而言之。未有此气，已有此性。气有不存，而性却常在。（《卷第四·性理一》）

（14）火中有黑，阳中阴也；水外黑洞洞地，而中却明者，阴中之阳也。（《卷第一·理气上》）

（15）子贡，孔门高弟，岂有圣人之门，而以贾竖为先乎！（《卷第三十九·论语二十一》）

（16）六三"观我生进退"，不观九五，而观己所行通塞以为进退否？（《卷第七十·易六》）

"而"常可跟前一分句中的"然"呼应，构成"然 AP，而 CP"，例如：

（17）然圣人得天地清明中和之气，宜无所亏欠，而夫子反贫贱，何也？（《卷第四·性理一》）

（18）然理无形，而气却有迹。（《卷第五·性理二》）

"而"原本是以连接两个并列结构为主的连接词，故在进行转折复句连接的时候，经常会隐含 AP 和 CP 的比较。

（19）却是见得他从前不是处，而今却能迁善改过，这个便是透处。（《卷第四十一·论语二十三》）

（20）问："一阳复于下，是前日既退之阳已消尽，而今别生否？"（《卷第七十一·易七》）

例（19）、例（20）的就有一种事理、时间上的比较转折含义。

《朱子语类》中"而₄"用例较多，基本延续上古汉语用法，没有太大变化。"而"连接两个分句表示转折关系，在先秦时期已见用例。例如：

（21）戎虽小子，而式弘大。（《诗经·大雅·民劳》）

（22）吾力足以举百钧，而不足以举一羽；明足以察秋毫之末，而不见舆薪，则王许之乎？（《孟子·梁惠王上》）

【AP，然而 CP】

该类句式在《朱子语类》中共见 42 例。"然而"为转折复句 DM，它所连接的分句表达的语气为 M1+M1（42），后标，CP 首标，语义重心为 Fo2 型。例如：

（23）佛氏说得甚相似，然而不同。佛氏要空此心，道家要守此气，皆是安排。子思之时，异端并起，所以作中庸发出此事；只是戒慎恐惧，便自然常存，不用安排。（《卷第一百一十三·朱子十》）

（24）问："天地之化，虽生生不穷，然而有聚必有散，有生必有死。"（《卷第三十九·论语二十一》）

（25）且如中庸言学、问、思、辨四者甚切，然而放心不收，则以何者而学、问、思、辨哉！（《卷第五十九·孟子九》）

据刘利（2005）研究，转折标记词"然而"在上古已经形成，具体时间应在战国初期，到西汉时数量开始增加。① 例如：

（26）故夫兵，虽非备道至德也，然而所以辅王成霸。（《管子·兵法》）

（27）乐以天下，忧以天下，然而不王者，未之有也。（《孟子·梁惠王下》）

刘利（2008）指出，"然而"的词汇化历程经过了四个阶段，即：S，然·而 VP1 者+VP2 也→S，然·而 VP 也→S1，然·而 S2→S1，然而 S2。起初"然"跟"而"为跨层非短语结构，二者仅为位置相邻接的非直接关系成分，"然"为回指代词，常用于后一小句句首回指上文；"而"用以衔接下文。随着"然"回指功能的弱化及"而"因其后成分的改变（由动词性短语变为小句）而出现的衔接功能的衰落，"然·而"逐渐取消边界，凝固为一个复音词。

"然而"发展到宋代时，作为转折标记词的用法已经成熟，在《朱子语类》中已经看不到其历史演变的痕迹。

【AP，但$_2$CP】

按照我们的对比性转折和补充性转折进行划分，该类句式在《朱子语类》中也可分为两类。对比性转折型共有 217 例，"但$_2$"为转折复句 DM，它所连接的分句表达的语气为 M1+M1（725）/M2（5）/M4（3），后标，CP 首标，语义重心为 Fo2 型。例如：

（28）便是人不及知，但有天知而已，以其与天相合也。（《卷第四十四·论语二十六》）

（29）且如轿中亦可看册子，但不可以读书而废居官之事耳。（《卷第四十九·论语三十一》）

（30）想得孟子亦必以伐之为是，但不意齐师之暴虐耳。（《卷第五十四·孟子四》）

补充性转折型共见 516 例。"但"用在后一分句的句首，表示转折，相当于"只是""不过""但是"等。其转折连词的用法是从义为"只、仅仅"等表限定的范围副词逐渐虚化而来的。蒋冀骋、吴福祥（1997）指出，在六朝前后，"但"开始由范围副词演变为转折连词，例如：②

---

① 刘利. 上古汉语的双音节连词"然而"［J］. 中国语文，2005（2）：35-36.
② 前一例引自蒋冀骋、吴福祥（1997：513），后两例引自中国社会科学院语言研究所编《古代汉语虚词词典》85 页"但"条例。

(31) 既召见而惜之。但名字已去，不欲中改，于是遂行。(《世说新语·贤媛》)

(32) 公干有逸气，但未道耳；其五言诗之善者，妙绝时人。(《三国志·吴质传》)

(33) 安与任隗举奏请二千石，又它所连及贬秩免官者四十余人，窦氏大恨。但安、隗素行高，亦未有以害之。(《后汉书·袁安传》)

到唐代，"但"表示转折的用法还较少见，仍以表限定为主。降至宋代，"但"作转折连词的用例迅速增加。这在《朱子语类》中也有突出表现，见例(28)至(30)。但是，"但"作为补充转折的用例还是占据主导地位，比对比性转折"但"多出一倍以上。例如：

(34) 易中言"天之命也"，"天之道也"，义只一般，但取其成韵耳，不必强分析。(《朱子语类·易六》)

(35) 然明道却自有着力处，但细腻了，人见不得。(《卷第三十六·论语十八》)

(36) 事也是心里做出来，但心是较近里说。(《卷第三十二·论语十四》)

(37) 初间亦未尝不如此，但较生涩勉强否？(《卷第十五·大学二》)

(38) 仁者如射，但那发时毫厘不可差！(《卷第五十三·孟子三》)

例(34)至(36)中"但"表示"只、仅仅"之义，例(34)中"但"限定其后动词"取"的范围，甚至有的句子中，两种转折类型均有。足见《朱子语类》时期是"但"向现代汉语发展的一个重要阶段。例如：

(39) 善人虽不曾知得前人所做样子，效他去做，但所为亦自与暗合，但未能到圣人深处。(《卷第三十九·论语二十一》)

例(39)中的第一个"但"为对比性重度转折，第二个"但"则为补充性轻度转折。二者出现在同一个用例当中，可见该时期是两种"但"混杂发展，彼此竞争优势地位的时代。到现代汉语中对比性转折的"但"终于超过补充性转折的"但"，占据了其用法的主流地位。

在《朱子语类》中，"但"还可跟一些词(如"然""纵""固"等)构成关联形式，例如：

(40) 曰："致察于思虑，固是，但事上亦须照管。"(《卷第二十四·论语六》)

(41) 或问："危邦固是不可入，但或有见居其国，则当与之同患难，岂复可去？"(《卷第三十五·论语十七》)

（42）曰："便是它大本领处不曾理会，纵有一二言语可取，但偶然耳。"（《卷第一百三十七·战国汉唐诸子》）

（43）然零碎底非是不当理会，但大处攻不破，纵零碎理会得些少，终不快活。（《卷第八·学二》）

【AP，但是 CP】

该类句式在《朱子语类》中共出现 40 例。"但是"为转折复句 DM，所连接的分句表达的语气为 M1＋M1（40），后标，AP 首标，语义重心为 Fo2 型。例如：

（44）后其道人归，叫骂取身，亦能于壁间写字，但是墨较淡，不久又无。（《卷第三·鬼神》）

（45）"仁者以财发身"，但是财散民聚，而身自尊，不在于财。不仁者只管多聚财，不管身之危亡也。（《卷第十六·大学三》）

"但"与"但是"在《朱子语类》中出现的比例为 20：1。我们认为，这是由"但"用为转折连词的时间要早于"但是"决定的。如前所述，"但"的转折连词用法大致始于六朝时期，降至南宋，其用法已基本成熟，故在《朱子语类》中出现了较多用例，而"但是"用为转折连词的时代则相对较晚。蒋冀骋、吴福祥（1997）认为，"但是"用为转折连词不晚于晚唐五代，例如：

（46）纵然子孙满山河，但是恩爱非前后。（《罗氏藏·天下传孝十二时》）（太田辰夫 1987 例）

宋元文献虽也有用例，但在元明以前，"但是"用作转折连词的例子还比较少见，到清代，例子才开始多起来。南宋时期距离"但是"的转折连词用法产生的时代较近，因此在《朱子语类》中用例较少。

此外，《朱子语类》中，"但是"多用为轻度转折，例如：

（47）曰："圣人取象有不端确处。如此之类，今也只得恁地解，但是不甚亲切。"（《卷第七十三·易九》）

（48）盖人之有恶，我不是恶其人，但是恶其恶耳。（《卷第二十九·论语十一》）

【AP，则₃CP】

该类句式在《朱子语类》中使用非常普遍，有多种复句跨域兼用的情况出现，但作为转折复句标记的并不多，仅有 124 例。"则"为转折复句 RM，它所连接的分句表达的语气为 M1＋M1（104）/M2（7）/M4（13），后标，CP 中标，语义重心为 Fo2 型。例如：

（49）说他光明，则是乱道！（《卷第十二·学六》）

（50）自初学者言之，它既未知此道理，则教它认何为德？（《卷第九十七·程子之书三》）

【AP，却 CP】

该类句式在《朱子语类》中共出现 1108 例。"却"为转折复句 DM，所连接的分句表达的语气为 M1+M1（953）/M4（66）/M3（8）/M2（81），后标，CP 中标，语义重心为 Fo2 型。例如：

（51）某尝谓原性一篇本好，但言三品处，欠个"气"字，欠个来历处，却成天合下生出三般人相似！（《卷第四·性理一》）

（52）中间一截是几时，却无一事系美刺！（《卷第五·性理二》）

（53）譬如人有个家，不自作主，却倩别人来作主！（《卷第九十六·程子之书二》）

（54）今人读书，只是说向外面去，却于本文全不识！（《卷第八十一·诗二》）

（55）礼如此之严，分明是分毫不可犯，却何处有个和？（《卷第二十二·论语四》）

"却"为"反而"的意思，其语气之强，超过"则"等词语。它还可跟其他类型复句的显性标记词（如假设类的"盖、若、如"等）结合使用。例如：

（56）盖义理本平易，却被人求得深了。（《卷第六十一·孟子十一》）

（57）盖欲以此形容'勇'字，却不知其不类也。（《卷第四十四·论语二十六》）

（58）若是崎崎，却教当时人如何晓。（《卷第十一·学五》）

（59）如去见人，只见得他冠冕衣裳，却元不曾识得那人。（《卷第十八·大学五或问下》）

【AP，反 CP】

该类句式在《朱子语类》中共出现 28 例。"反"为转折复句 DM，它所连接的分句表达的语气为 M1+M1（28），后标，CP 首标，语义重心为 Fo2 型。例如：

（60）只要自察其心，反不知其事亲、从兄为如何也。（《卷第十二·学六》）

（61）如省试义大段闹装，说得尧舜大段胁肩谄笑，反不若黄德润辞虽窘，却质实尊重。（《卷第一百二十二·吕伯恭》）

（62）云心梏于见闻，反不弘于性耳。（《卷第六十·孟子十》）

（63）随著前辈说，反不自明，不得其要者多矣。（《卷第十九·论

语一》）

"反"本义为"翻转""翻覆"。"反"的虚词义是由其实词义引申而来的。"反"为副词，用在动词前，表示动作行为与事理或预期的情况相反，相当于"反而""却"，在转折复句中用为标记词。

另外，"反"也可跟其他标记词构成搭配，连接使用。例如：

（64）若以太祖为尊，而自僖祖至宣祖，反置于其侧，则太祖之心安乎？（《卷第一百七·朱子四》）

（65）盖弘是广大之意，若"信道不笃"，则容受太广后，随人走作，反不能守正理。（《卷第四十九·论语三十一》）

【AP，倒 CP】

该类句式在《朱子语类》中共出现 4 例。"倒"为转折复句 DM，它所连接的分句表达的语气为 M1+M1（4），后标，CP 中标，语义重心为 Fo2 型。例如：

（66）某自十六七读时，便晓得此意。盖偷心是不知不觉自走去底，不由自家使底，倒要自家去捉它。（《卷第十六·大学三》）

（67）今如此说，倒钝滞了。（《卷第二十七·论语九》）

【AP，倒是 CP】

"倒是"表示转折，与"倒"相同，该类句式在《朱子语类》中仅见 1 例，"倒是"为转折复句 DM，所连接的分句表达的语气为 M1+M1（1），后标，CP 中标，语义重心为 Fo2 型。例如：

（68）义理人心之所同然，人去讲求，却易为力。举业乃分外事，倒是难做。可惜举业坏了多少人！（《卷第十三·学七》）

【AP，偏 CP】

该类句式在《朱子语类》中共出现 4 例。"偏"为转折复句 RM，它所连接的分句表达的语气为 M1+M1（4），后标，CP 中标，语义重心为 Fo2 型。例如：

（69）今世博学之士大率类此。不读正当底书，不看正当注疏，偏拣人所不读底去读，欲乘人之所不知以夸人。（《卷第五十七·孟子七》）

（70）永嘉看文字，文字平白处都不看，偏要去注疏小字中，寻节目以为博。（《卷第一百二十三·陈君举》）

【AP，然却 CP】

该类句式在《朱子语类》中共出现 52 例。"然却"为转折复句 DM，所连接的分句表达的语气为 M1+M1（52），后标，CP 中标，语义重心为 Fo2 型。例如：

（71）如隙中之日，隙之长短大小自是不同，然却只是此日。（《卷第

四·性理一》)

(72) 虽其言短浅，时说不尽，然却得这意思。(《卷第十九·论语一》)

(73) 权是碍着经行不得处，方使用得，然却依前是常理，只是不可数数用。(《卷第三十七·论语十九》)

【AP，又却 CP】

该类句式在《朱子语类》中共出现 82 例。"又却"为转折复句 DM，所连接的分句表达的语气为 M1+M1（79）/M4（2）/M2（1），后标，CP 中标，语义重心为 Fo2 型。例如：

(74) 伏羲自是伏羲易，文王自是文王易，孔子因文王底说，又却出入乎其间也。(《卷第一·理气上》)

(75) 狂简既是"志大而略于事"，又却如何得所为成章？(《卷第二十九·论语十一》)

(76) 曰："此是颜子当初寻讨不着时节，瞻之却似在前，及到着力赶上，又却在后；及钻得一重了，又却有一重；及仰之，又却煞高；及至上得一层了，又有一层。"(《卷第三十六·论语十八》)

(77) 大概其说以为欲明言之，恐泄天机，欲不说来，又却可惜！(《卷第一百二十五·老氏》)

"又却"常跟"然"搭配，例如：

(78) 然虽各自有一个理，又却同出于一个理尔。(《卷第十八·大学五或问下》)

(79) 然心之本体未尝不善，又却不可说恶全不是心。(《卷第五·性理二》)

【AP，却又 CP】

该类句式在《朱子语类》中共出现 56 例。"却又"与"又却"相同，为转折复句 DM，所连接的分句表达的语气为 M1+M1（53）/M4（1）/M2（2），后标，CP 中标，语义重心为 Fo2 型。例如：

(80) 才欲作一事，却又分一心去察一心，胸中扰扰，转觉多事。(《卷第十二·学六》)

(81) 不毅，便倾东倒西，既知此道理当恁地，既不能行，又不能守；知得道理不当恁地，却又不能割舍。(《卷第三十五·论语十七》)

(82) 而周子言"无极之真"，却又不言太极？(《卷第九十四·周子之书》)

【AP，然却又 CP】

该类句式在《朱子语类》中共出现 2 例。"然却又"为转折复句 DM，所连接的分句表达的语气为 M1+M1（2），后标，CP 中标，语义重心为 Fo2 型。例如：

　　（83）然却又曰"其实未尝反经"，权与经又却是一个，略无分别。（《卷第三十七·论语十九》）

　　（84）其与知不至而自欺者，固是"五十步笑百步"，然却又别。（《卷第十六·大学三》）

【AP，然又却 CP】

该类句式在《朱子语类》中共出现 4 例。"然又却"为转折复句 DM，所连接的分句表达的语气为 M1+M1（4），后标，CP 中标，语义重心为 Fo2 型。例如：

　　（85）天下之物未尝无对，有阴便有阳，有仁便有义，有善便有恶，有语便有默，有动便有静，然又却只是一个道理。（《卷第九十五·程子之书一》）

　　（86）东莱论井田引蔡泽传两句，然又却多方回互，说从那开阡陌之意上去。（《卷第一百三十四·历代一》）

"AP，然却 CP""AP，又却 CP""AP，却又 CP""AP，然却又 CP""AP，然又却 CP"等功能基本相同。它们在《朱子语类》中共出现 283 例，总体数量不少，为 CP 标记的重要组成部分。经过观察，可以看到"然""却""又"三个词都可以在不同层次、不同程度上表示转折。上述几种句式，是人们自由组合的结果，它们无论怎样搭配都表示转折度比较重的假设，较之"则""偏"等则为多倍转折。

二、补充性转折复句

补充性转折复句，即转折程度没有对比性转折复句或者重转句那么明显，前后分句之间固然存在转折关系，但仅是稍有转向，不是"非 A 即 B"这种极端的反差转折。若按《马氏文通》的解释，即为："承上文，不相批驳，只从言下单抽一端，轻轻调转，犹云别无可说，只有一件如此云云。"① 补充性转折复句的特点，即后一分句（CP）对前一分句（AP）作补充性说明或者订正前一分句的某一点。CP 往往是复句的语义重心所在。补充性转折复句的典型标记词有"只是""不过"等。

---

① 马建忠. 马氏文通 [M]. 北京：商务印书馆，1983：268.

【AP，然亦 CP】

该类句式在《朱子语类》中共出现 121 例。"然亦"为转折复句 DM，所连接的分句表达的语气为 M1+M1（118）/M2（2）/M3（1），后标，CP 中标，语义重心为 Fo2 型。例如：

(87) 颜子虽闻一知十，然亦未尝以此自多。(《卷第二十八·论语十》)

(88) 理明学至，件件是自家物事，然亦须各有伦序。(《卷第八·学二》)

(89) 自着破敝底，却把好底与朋友共，固是人所难能，然亦只是就外做。(《卷第二十九·论语十一》)

"然亦"的用法和位置与"然"相似，是"然"双音化过程中产生的一个形式，相当于"然而"。

【AP，然乃 CP】

该类句式在《朱子语类》中共出现 2 例。"然乃"为补充性转折复句 DM，所连接的分句表达的语气为 M1+M1（2），后标，CP 中标，语义重心为 Fo2 型。楚永安《文言复式虚词》将"然乃"界定为"表示轻微转折的连接词"。可见，它一般不能加在表示重转关系的 CP 上，在《朱子语类》中，"然乃"也体现这个特点。例如：

(90) 有知倨傲跛倚为非礼而克之，然乃未能"如尸如齐"者，便是虽已克己而未能复礼也。(《卷第四十一·论语二十三》)

(91) 却似向内做工夫，非是作用于外，然乃所以致用于外也。(《卷第九十八·张子之书一》)

【AP，然尚 CP】

该类句式在《朱子语类》中共出现 4 例。"然尚"为转折复句 DM，所连接的分句表达的语气为 M1+M1（4），后标，CP 中标，语义重心为 Fo2 型。其位置和用法，均与"然乃"类似，《文言复式虚词》也将其归为轻微转折类标记词。例如：

(92) 今朋友着力理会文字，一日有一日工夫，然尚恐其理会得零碎，不见得周匝。(《卷第一百二十一·朱子十八》)

(93) 官有渝，随之初主有变动，然尚未深。(《卷第七十·易六》)

【AP，然犹 CP】

该类句式在《朱子语类》中共出现 20 例。"然犹"为补充性转折复句 DM，所连接的分句表达的语气为 M1+M1（20），后标，CP 中标，语义重心为 Fo2 型。例如：

（94）辈如李泰伯们议论，只说贵王贱伯，张大其说，欲以劫人之听，却是矫激，然犹有以使人奋起。（卷第一百二十九·本朝三》）

（95）与持国所言，自是于持国分上当如此说，然犹卒归于收放心。（《卷第九十七·程子之书三》）

但"然"和"犹"结合得并非特别紧密，有时"犹"还会跟其后的动词性成分构成直接成分关系。例如：

（96）道教最衰，儒教虽不甚振，然犹有学者班班驳驳，说些义理。（《卷第一百二十五·老氏》）

【AP，然且CP】

该类句式在《朱子语类》中共出现2例。"然且"为转折复句DM，所连接的分句表达的语气为M1+M1（2），后标，CP中标，语义重心为Fo2型。例如：

（97）莫急于教人，然且就身上理会。（《卷第十八·大学五或问下》）

（98）曰："如驽骀之马，固不可便及得骐骥，然且行向前去，行不得死了，没奈何。（《卷第三十二·论语十四》）

【AP，只是CP】

该类句式在《朱子语类》中共出现298例。"只是"为转折复句DM，它所连接的分句表达的语气为M1+M1（290）/M2（3）/M4（5），后标，CP中标，语义重心为Fo2型。例如：

（99）天下之物，至微至细者，亦皆有心，只是有无知觉处尔。（《卷第四·性理一》）

（100）如遇事亦然，事中自有一个平平当当道理，只是人讨不出，只随事羁将去，亦做得，却有掣肘不中节处。（《卷第八·学二》）

（101）圣贤千言万语，只是要知得，守得。（《卷第九·学三》）

我们应注意的是，"只是"在《朱子语类》中的用法是范围副词与转折连词并存。"只是"用为转折连词的用例约占"只是"总见次的20%。"只是"为表限定的范围副词，相当于"只"，例如：

（102）自天地言之，只是一个气。（《卷第四十六·论语二十八》）

（103）曰："如这片板，只是一个道理，这一路子恁地去，那一路子恁地去。"（《卷第六·性理三》）

根据吴福祥（1996）的观点，"只是"发展有三个阶段。其一，"只是"原本是两个分开的词素，在变成复合词以前，"只"是一个限制范围的副词，"是"毫无疑问是一个判断系词。二者搭配使用时就会出现这样的结构：限定词【只】+【系词"是"】+【体词性成分】，显然前两者的结合会更为紧密。其二，当后面的内容不仅限于体词性成分的时候，"是"的动词性成分就会磨损，最终虚化变成"只"的一个后缀。其三，当其位置固定到转折复句的后 CP 句首的时候，其限定功能也在退化，彻底不属于范围副词范畴的时候，终于完全转变为了一个真正的转折复句标记词。经对《朱子语类》中数据的分析，我们确定"只是"的演化在南宋时期已处于成形稳定的第三个时期。

转折标记"只是"产生的过程可简述为：【只】（范围副词）+【是】（系词）→只是（范围副词）→只是（转折连词）。"只是"用作转折连词，不晚于唐代。例如（引自蒋冀骋、吴福祥 1997：512）①：

（104）来生报答甚分明，只是换头不识面。（《王梵志诗·欺枉得钱君莫美》）

（105）轩窗帘幕皆依旧，只是堂前欠一人。（白居易《重到毓村宅有感》）

晚唐五代，"只是"逐渐多起来，到了宋代已普遍使用。例如（前两例引自太田辰夫 1987：298）②：

（106）夕阳无限好，只是近黄昏。（李商隐《乐游原》）

（107）某甲祖公在南岳，欲得去那里礼觐，只是未受戒，不敢去。（《祖堂集》卷五）

（108）雕阑玉砌应犹在，只是朱颜改。（李煜《虞美人》）

（109）天祺自然有德气，似个贵人气象，只是却有气短处。（《河南程氏遗书·卷十九》）

（110）粘罕云："你说得也煞好，只是你南家说话多生捎空。"（《三朝北盟汇编·茅斋自叙》）

《朱子语类》中，"只是"还常跟一些副词、语气词搭配关联。比如，在后一分句句尾可用语气词"耳"，在前一分句可用副词与之相呼应（如"固"）。例如：

（111）曰："如一条索，曾子都将钱十十数了成百，只是未串耳。"（《卷第二十七·论语九》）

（112）看仁宗时制诏之文极朴，固是不好看，只是它意思气象自恁地深厚久长；固是拙，只是他所见皆实。（《卷第一百三十九·论文上》）

① 蒋冀骋，吴福祥.近代汉语纲要 [M].长沙：湖南教育出版社，1997：512.
② 太田辰夫.中国语历史文法 [M].北京：北京大学出版社，1987：298.

【AP，但只是 CP】

该类句式在《朱子语类》中共出现 15 例。"但只是"为转折复句 DM，所连接的分句表达的语气为 M1+M1（15），后标，CP 中标，语义重心为 Fo2 型。"但只是"与"只是"功能相似，"但"与"只"意义相同。例如：

（113）尝问和仲先世遗文，因曰："先公议论好，但只是行不得。"（《卷第一百三十一·本朝五》）

（114）曰："'妙'字便稍精彩，但只是不甚稳当，'具'字便平稳。"（《卷第十七·大学四或问上》）

（115）久之，乃曰："他本是释学，但只是翻誊出来，说许多话耳。"（《卷第九十六·程子之书二》）

【AP，可是 CP】

该类句式在《朱子语类》中仅见 1 例。"可是"为转折复句 DM，它所连接的分句表达的语气为 M1+M1（1），后标，CP 中标，语义重心为 Fo2 型，例如：

（116）曰："人固有命，可是不可不'顺受其正'，如'知命者不立乎岩墙之下'是。若谓其有命，却去岩墙之下立，万一倒覆压处，却是专言命不得。人事尽处便是命。"（《卷第九十七·程子之书三》）

【AP，不过 CP】

该类句式在《朱子语类》中共出现 33 例。"不过"为转折复句 DM，所连接的分句表达的语气为 M1+M1（33），后标，CP 首标，语义重心为 Fo2 型。表示轻微的转折。例如：

（117）看得这个，不惟人家冠、昏、丧、祭之礼，便得他用；兼以之看其他礼书，如礼记仪礼周礼之属，少间自然易，不过只是许多路径节目。（《卷第一百二十·朱子十七》）

（118）所谓功夫者，不过居敬穷理以修身也。（《卷第二十八·论语十》）

作为转折复句标记的"不过"，首先是由"不·过（宾）"的动词性结构凝固虚化为表限定的范围副词，然后由范围副词进一步转变而来的。刘利（1997）考察了复音副词"不过"虚化的过程，指出："一部分'不过'由动词性结构虚化为复音副词，与'不过'构成的动宾结构体的语义密切相关。动词性'不过'的宾语，其语义表示极限（L），'不·过（宾）'的基本语义就是'不超过 L'。"① 例如［下引例（119）—（121）均引自刘利 1997］：

① 刘利. 先秦汉语的复音副词"不过"[J]. 中国语文，1997（1）：67-69.

（119）燕无私，送不过郊。（《国语·周下》）

（120）古者刑不过罪，爵不逾德。（《荀子·君子》）

当"不过"后面的成分为确数或确数短语时，"不·过（宾）"的语义就有所变化。例如：

（121）故殡久不过七十日。（《荀子·礼论》）

该例中，"不过"与"七十日"结合后，除了表示以这些数量为极限外，还暗含着"数量不大"的伴随语义。这样，在"不过"与确数或确数短语（"确数+名词"）的不断重复组合中，"数量不大"的语义特征就逐渐附着在"不过"之上，这就是"不过"虚化的语义基础。

但是，此后"不过"的发展速度极为缓慢，到了南宋时期的《朱子语类》中也还没有完全固化为一个标记词，用例中大量的复句"不过"还只是用来限定范围的副词，类同于"只"的含义，可译为"不超过……"。例如：

（122）曰："滕，国小，绝长补短，止五十里，不过如今一乡。（《卷第五十五·孟子五》）

这一点也印证了蒋冀骋、吴福祥（1997）指出的范围副词"不过"用为转折标记词的典型用例要晚于宋元以后的观点。

三、让步性转折复句

我们这里将让步复句作为转折复句的一个次类，着重突出其"让转"的功能，没有单独分出一章来分析让步复句。

黎锦熙先生认为，让步句即前者重在表事实上之容认，后者重在表心理上之推拓。我们根据 AP 表述内容的现实与否，将让步性转折复句进一步分为事实性让步转折复句与虚拟性让步转折复句。

（一）事实性让步转折复句

事实性让步转折复句，指 AP 表述了一个情况事实，以此为基点发展下去应该出现一个结果 X，但预料中的 X 并未出现，实际的情况结果是非 X。典型的标记词有"虽""虽然""尽管""尚且"等。

【虽 AP，CP】

该类句式在《朱子语类》中共出现 1163 例。"虽"为转折复句 DM，它所连接的分句表达的语气为 M1+M1（992）/M2（85）/M4（86），前标，AP 首标、中标，语义重心为 Fo2 型，是事实性让步转折复句中最为典型的标记词。例如：

（123）虽未能便断得它按，然已是经心尽知其情矣。（《卷第十九·论语一》）

（124）如"天子祭天地，诸侯祭山川，大夫祭五祀"，虽不是我祖宗，然天子者天下之主，诸侯者山川之主，大夫者五祀之主。（《卷第三·鬼神》）

（125）圣贤之道，如一室然，虽门户不同，自一处行来便入得，但恐不下工夫尔。（《卷第十二·学六》）

（126）虽至小之事，以苟且行之，必亦有害，而况大事乎！（《卷第五十六·孟子六》）

（127）虽欲友之，安得而友之？（《卷第二十一·论语三》）

在后一分句中，"却、然、还、而、然而"等词常与"虽"组配成框架标记词。例如：

（128）且如义利两件，昨日虽看义当为然，而却又说未做也无害；见得利不可做，却又说做也无害；这便是物未格，知未至。（《卷第十五·大学二》）

（129）广曰："人不志学有两种：一是全未有知了，不肯为学者；一是虽已知得，又却说道'但得本莫愁末'了，遂不肯学者。"（《卷第二十三·论语五》）

（130）"操则存"，此"存"虽指心言，然理自在其中。（《卷第五·性理二》）

（131）许多言语，虽随处说得有浅深大小，然而下工夫只一般。（《卷第十二·学六》）

"虽"作为事实让步转折连词在上古时期就已出现。例如：

（132）鸣呼，有王虽小，元子哉。（《尚书·召语》397 页）

（133）颜渊曰："回虽不敏，请事斯语矣。"（《论语·颜渊》）

"虽"在《朱子语类》中用法成熟稳固，用例较广泛。

【虽然 AP，CP】

该类句式在《朱子语类》中共出现 14 例，用例甚少，可见当时还是以单音词让转标记"虽"为主。"虽然"为转折复句 DM，所连接的分句表达的语气为 M1+M1（14），前标，AP 首标或中标，语义重心为 Fo2 型。例如：

（134）向前去，虽然更有里面子细处，要知大原头只在这里。（《卷第一百三十·本朝四》）

（135）虽然减半，然只是此律，故亦自能相应也。（《卷第三十九·论

语二十一》）

"虽然"在《朱子语类》中共见 273 次，但多数情形下仍表"虽然如此"的意义，此时"然"为代词，"虽"为连词。例如：

> （136）虽然，圣人之责人也轻，如所谓"以人治人，改而止"，教他且存得这道理也得。（《卷第五十六·孟子六》）

【虽是 AP，CP】

该类句式在《朱子语类》中共出现 76 例。"虽是"为转折复句 DM，所连接的分句表达的语气为 M1+M1（53）/M2（13）/M4（10），前标，AP 首标或中标，语义重心为 Fo2 型。例如：

> （137）荀扬韩诸人虽是论性，其实只说得气。（《卷第四·性理一》）
> （138）因问："明道所言'漆雕开曾点已见大意'，二子固是已见大体了。看来漆雕开见得虽未甚快，却是通体通用都知了。曾点虽是见得快，恐只见体，其用处未必全也。"（《卷第二十八·论语十》）
> （139）虽是气禀，亦尚可变得否？（《卷第九十五·程子之书一》）
> （140）虽是圣人法，岂有无弊者！（《卷第一百八·朱子五》）

"虽是"是由连词"虽"与系词"是"构成的组合固化而成。我们在《朱子语类》中同样可以见到这样的组合，例如：

> （141）虽是朝廷甚么大典礼，也胡乱信手捻合出来使，不知一撞百碎。

（《卷第十·学四》）

该例中，"是"后出现的为名词性成分，"是"的动词功能较明显，"虽"和"是"还是两个独立的词。当"是"后出现谓词性成分或小句时，"是"的动词性功能减弱，并逐渐向"虽"靠拢，与"虽"的边界消失，重新分析为一个复合词"虽是"。此时，"是"已虚化为"虽是"的一个构词后缀，如前举例（137）、例（138）。

【然虽 AP，CP】

该句式在《朱子语类》中共见 10 例。"然虽"为转折复句 DM，所连接的分句表达的语气为 M1+M1（10），前标，CP 首标，语义重心为 Fo2 型。例如：

> （142）然虽不为帝王，也闲他不得，也做出许多事来，以教天下后世，是亦天命也。（《卷第十四·大学一》）
> （143）然虽是收敛，早是又在里面发动了，故圣人说"复见天地之心"，可见生气之不息也。（《卷第二十·论语二》）

"然虽"先对前一分句所述内容作一定程度的肯定，然后再让步转折。

【虽则 AP，CP】

该类句式在《朱子语类》中共出现 5 例。"虽则"为转折复句 DM，所连接的分句表达的语气为 M1+M1（5），前标，AP 首标，语义重心为 Fo2 型。例如：

（144）虽则是爱民，又须着课农业，不夺其时。（《卷第二十一·论语三》）

（145）虽则是形骸间隔，然人之所以能视听言动，非天而何。（《卷第十六·大学三》）

"虽则"是由同义连词复合而成的。"则"亦有"虽"义。张相《诗词曲语辞汇释》："则，犹即使也；就使也；亦犹虽也……"

【AP，则虽 CP】

该类句式在《朱子语类》中共出现 5 例。"则虽"为转折复句 DM，所连接的分句表达的语气为 M1+M1（5），后标，CP 首标，语义重心为 Fo2 型。例如：

（146）某与说，若如此说，则虽终身不改可也。（《卷第二十二·论语四》）

多数情况下，"则虽"为两个独立的连词，只是位置上相邻接。一般"则"是先对前一分句所述内容进行承接，"虽"再在此基础上进行转折，二者黏合度很低。它在《朱子语类》中的用例，如：

（147）徒笃信而不好学，则所信者或非所信；徒守死而不能推以善其道，则虽死无补。（《卷第三十五·论语十七》）

【虽便 AP，CP】

该类句式在《朱子语类》中共出现 2 例。"虽便"为转折复句 DM，所连接的分句表达的语气为 M1+M1（2），前标，AP 首标，语义重心为 Fo2 型。例如：

（148）虽便做得正，人君到此也则羞吝。（《卷第七十·易六》）

（149）虽便得左相，汤做右相，也不得。（《卷第一百三十一·本朝五》）

【虽使 AP，CP】

该类句式在《朱子语类》中共出现 6 例。"虽使"为转折复句 DM，所连接的分句表达的语气为 M1+M1（6），首标，AP 首标、中标，语义重心为 Fo2 型。例如：

（150）虽使前面做得去，若义去不得，也只不做；所谓"杀一不辜，行一不义而得天下，有所不为"。（《卷第三十四·论语十六》）

（151）虽使可以得天下，然定不肯将一毫之私来坏了这全体。（《卷第

五十二·孟子二》)

【尚且 AP，CP】

该类句式在《朱子语类》中共出现 3 例。"尚且"为转折复句 DM，所连接的分句表达的语气为 M1+M4（3），前标，AP 中标，语义重心为 Fo3 型。例如：

（152）今学者本文尚且未熟，如何会有益！（《卷第十·学四》）

"尚且 AP，CP"所包含的事实让步有明显的层次感，AP 为一层，然后 CP 在其让步的事实基础上再微转一层。它位置多在 AP 句首。后续分句多用感叹或反问的语气，多用相关的副词与"尚且"组配（如"况"），例如：

（153）人治一家一国，尚且有照管不到处，况天下之大！（《卷第十六·大学三》）

（154）今文字在面前，尚且看不得，况许多事到面前，如何奈得他！（《卷第八十六·礼三》）

本节匹配框架结构很多，我们简单列出如下："虽"可以和"也"乃""便""才""亦"等连词、副词构成匹配框架。下文中的"纵"也有跟"也""乃""便""才""亦"等搭配的用例。因仅是指出框架，列举例子，要说解的地方不多，我们所以就不再一一列出。但是在后表，我们会对其出现的频次、内容及其体现的规律进行分析。

【虽 AP，但 CP】

该类句式在《朱子语类》中共出现 32 例，双标。例如：

（155）曰："虽不用大段着工夫，但恐其间不能无照管不及处，故须着防闲之，所以说'君子慎其独也'。"（《卷第十六·大学三》）

【虽 AP，然 CP】

"虽"已表让转，再辅之以转折词，则转折之意更为凸显，在《朱子语类》中共见 361 例，双标。例如：

（156）南边虽近海，然地形则未尽。（《卷第二·理气下》）

【虽是 AP，然 CP】

该类句式在《朱子语类》中共出现 73 例，双标。例如：

（157）学而时习之，虽是讲学、力行平说，然看他文意，讲学意思终较多。（《卷第二十·论语二》）

【虽 AP，亦 CP】

该类句式在《朱子语类》中共出现 46 例，双标。例如：

（158）形器之物，虽天地之大，亦有一定中处。（《卷第二·理气下》）

(159) 虽有礼之节文，亦不能行，况为国乎！（《卷第二十六·论语八》）

（二）虚拟性让步转折复句

虚拟性让步转折复句，是指前一分句 AP 先假设叙述的事实成立，按此逻辑，后一分句 CP 本应得到相应的结论 X，可是实际上得到的却是和预期相对立或者不一致的非 X。此类型让步转折复句的常见标记有"纵""纵使""纵然"等。

【纵 AP，CP】

该类句式在《朱子语类》中共出现 21 例。"纵"为让步转折复句 DM，所连接分句表达的语气为 M1+M1（12）/M2（5）/M4（4），前标，AP 首标、中标，语义重心为 Fo2 型。例如：

(160) 纵有些个仁，亦成甚么！（《卷第二十·论语二》）

(161) 苟操舍存亡之间无所主宰，纵说得，亦何益！（《卷第十二·学六》）

(162) 纵那上有些零碎道理，济得甚事？（《卷第一百二十一·朱子十八》）

"纵"的位置多在前一分句句首，先表达一个让步的事实尚未发生，后一分句再进行转折，表示在假设让步情况下的结果或结论，相当于"即使"，在先秦已见用例，例如：

(163) 青青子佩，悠悠我思。纵我不往，子宁不来？（《诗经·郑风·子衿》）

(164) 纵子忘之，山川鬼神其忘诸乎？（《左传·定公元年》）

《朱子语类》的"纵"基本延续先秦用法。

【纵使 AP，CP】

该句式在《朱子语类》中共见 7 例。"纵使"为转折复句 DM，所连接的分句表达的语气为 M1+M1（4）/M2（3），前标，AP 首标或中标，语义重心为 Fo2 型。例如：

(165) 纵使得之，于身心无分毫之益。（《卷第十三·学七》）

(166) 不过只在一段界限之内，纵使极差出第二三段，亦只在此四界之内，所以容易推测；便有差，容易见。（《卷第八十六·礼三》）

(167) 纵使你做得了将上去，知得人君是看不看？（《卷第九十五·程子之书一》）

"纵使"是由古汉语的连词"纵"和"使"同义复合而成，表达假定的转折，相当于"即使"。太田辰夫（1987）认为，"纵"和"使"的复合是在唐朝，并举例证明：

（168）纵使晴明无雨色，入云深处亦沾衣。（张旭《山中留客》）

【纵然 AP，CP】

该类句式在《朱子语类》中共出现2例。"纵然"为转折复句DM，所连接的分句表达的语气为M1+M1（2），前标，AP首标、中标，语义重心为Fo2型。例如：

（169）谓如我穷约，却欲作富底举止，纵然时暂做得，将来无时又做不要，如此便是无常。亡对有而言，是全无。虚是有，但少。约是就用度上说。（《卷第三十四·论语十六》）

（170）纵然说得，亦只是臆度。（《卷第四十九·论语三十一》）

"纵然"是由连词"纵"加后附词缀"然"而成的。太田辰夫（1987）指出，"纵"后加后缀"然"是在唐代，例如（后两例引自吴福祥1996：271）：

（171）纵然一夜风吹去，只在芦花浅水边。（《江村即事》）

（172）纵然更相逢，握手唯是悲。（《于鹄诗》）

（173）纵然弟子当辜，和尚岂安忍见？（《敦煌变文集》P380）

（174）松柏纵然经岁寒，一片贞心常不改。（《敦煌变文集》P860）

【纵饶 AP，CP】

该类句式在《朱子语类》中共出现5例。"纵饶"为转折复句DM，所连接的分句表达的语气为M1+M1（5），前标，AP首标、中标，语义重心为Fo2型。例如：

（175）纵饶说得好，池录云："只是无情理。"（《卷第六十六·易二》）

（176）纵饶有所发动，只是以主待客，以逸待劳，自家这里亦容他不得。（《卷第一百二十·朱子十七》）

"纵饶"与"纵使"相同，也为连词"纵"跟"饶"同义复合而成。

上述虚拟性让步转折标记词除单用外，个别的有时还可同后续分句中其他词语关联，构成匹配框架标记词，简单列举如下：

【纵 AP，然 CP】

该类句式在《朱子语类》中共出现4例，双标。"纵……然……"为转折复句DM，语义重心为Fo2型。例如：

（177）纵自家力量到那难处不得，然不可不勉慕而求之。（《卷第一百

二十·朱子十七》）

（178）纵有时名，然所为如此，终亦何补于天下国家邪？（《卷第一百二十九·本朝三》）

（179）人君资质，纵说卑近不足与有为，然不修身得否？（《卷第五十六·孟子六》）

【纵 AP，而 CP】

该类句式在《朱子语类》中共出现 2 例，双标。"纵……而……"为转折复句 DM，所连接的分句表达的语气为 M1+M1，语义重心为 Fo2 型。例如：

（180）纵失庆父之罪小，而季子自有大恶。今春秋不贬之，而反褒之，殆不可晓。盖如高子仲孙之徒，只是旧史书之，圣人因其文而不革。（《卷第八十三·春秋》）

（181）学时无所不学；理会时，却是逐件上理会去。凡事虽未理会得详密，亦有个大要处；纵详密处未晓得，而大要处已被自家见了。（《卷第一百一十七·朱子十四》）

另外，"纵使"也可与"而"搭配，仅见 1 例：

（182）若先其难者，则刃顿斧伤，而木终不可攻，纵使能攻，而费工竭力，无自然相说而解之功，终亦无益于事也。（《卷第八十七·礼四》）

【纵 AP，但 CP】

该类句式在《朱子语类》中共出现 1 例，双标。"纵……但……"为转折复句 DM，所连接的分句表达的语气为 M1+M1，语义重心为 Fo2 型。例如：

（183）问："它只缘以玄经帝魏，生此说。"曰："便是它大本领处不曾理会，纵有一二言语可取，但偶然耳。"（《卷第一百三十七·战国汉唐诸子》）

【纵使 AP，亦 CP】

该类句式在《朱子语类》中共出现 2 例，双标。"纵使……亦……"为转折复句 DM，所连接的分句表达的语气为 M1+M1，语义重心为 Fo2 型。例如：

（184）且如这许多阔，分作四段，被他界限阔，便有差。不过只在一段界限之内，纵使极差出第二三段，亦只在此四界之内，所以容易推测；便有差，容易见。（《卷第八十六·礼三》）

《朱子语类》转折复句数量分析情况如表 25 所示。

表24　《朱子语类》转折复句标记词使用情况表

转折标记词		出现次数	所占比例	《语类》中状态	标记显隐特征	结构类型	语气类型	语义重心
单音标记词	但₂	733	12.35%	成形、稳固	DM	CP 首标	M1+M1（725）/M2（5）/M4（3）	Fo2
	然	981	16.53%	成形、稳固	DM	CP 中标	M1+M1（927）/M2（36）/M4（18）	Fo2
	而₄	1556	26.22%	成形、稳固	RM	CP 首标	M1+M1（1483）/M4（40）/M2（33）	Fo2
	则₃	124	2.09%	成形、稳固	RM	CP 中标	M1+M1（104）/M2（7）/M4（13）	Fo2
	却	1108	18.67%	成形、稳固	DM	CP 中标	M1+M1（953）/M4（66）/M3（8）/M2（81）	Fo2
	反	28	0.47%	成形、稳固	DM	CP 首标	M1+M1（28）	Fo2
	倒	4	0.07%	成形、稳固	DM	CP 中标	M1+M1（4）	Fo2
	偏	4	0.07%	成形、稳固	RM	CP 中标	M1+M1（4）	Fo2
	纵	21	0.35%	成形、稳固	DM	AP 首标、中标	M1+M1（12）/M2（5）/M4（4）	Fo2
	虽	1163	17.54%	成形、稳固	DM	AP 首标、中标	M1+M1（992）/M2（85）/M4（86）	Fo2
复音标记词	然而	42	0.71%	成形、稳定	DM	CP 首标	M1+M1（42）	Fo2
	但是	40	0.67%	成形中	DM	AP 首标	M1+M1（40）	Fo2
	倒是	1	0.02%	成形中	DM	CP 中标	M1+M1（1）	Fo2
	然亦	121	2.04%	成形、稳定	DM	CP 中标	M1+M1（118）/M2（2）/M3（1）	Fo2
	然却	52	0.88%	成形、稳定	DM	CP 中标	M1+M1（52）	Fo2
	又却	82	1.38%	成形、稳定	DM	CP 中标	M1+M1（79）/M4（2）/M2（1）	Fo2
	却又	56	0.94%	成形、稳定	DM	CP 中标	M1+M1（53）/M4（1）/M2（2）	Fo2
	然却又	2	0.03%	成形中	DM	CP 中标	M1+M1（2）	Fo2
	然又却	4	0.07%	成形中	DM	CP 中标	M1+M1（4）	Fo2
	然乃	2	0.03%	成形中	DM	CP 中标	M1+M1（2）	Fo2
	然尚	4	0.07%	成形中	DM	CP 中标	M1+M1（4）	Fo2

续表

转折标记词		出现次数	所占比例	《语类》中状态	标记显隐特征	结构类型	语气类型	语义重心
复音标记词	然犹	20	0.34%	成形中	DM	CP 中标	M1+M1（20）	Fo2
	然且	2	0.03%	成形中	DM	CP 中标	M1+M1（2）	Fo2
	只是	298	5.02%	成形中	DM	CP 中标	M1+M1（290）/M2（3）/M4（5）	Fo2
	但只是	15	0.25%	成形中①	DM	CP 中标	M1+M1（15）	Fo2
	可是	1	0.02%	成形中	DM	CP 中标	M1+M1（1）	Fo2
	不过	33	0.56%	成形中	DM	CP 首标	M1+M1（33）	Fo2
	虽然	14	0.24%	成形中	DM	AP 首标或中标	M1+M1（14）	Fo2
	虽是	76	1.28%	成形中	DM	AP 首标或中标	M1+M1（53）/M2（13）/M4（10）	Fo2
	然虽	10	0.17%	成形中	DM	CP 首标	M1+M1（10）	Fo2
	虽则	5	0.08%	成形中	DM	AP 首标	M1+M1（5）	Fo2
	则虽	5	0.08%	成形中	DM	CP 首标	M1+M1（5）	Fo2
	虽便	2	0.03%	成形中	DM	AP 首标	M1+M1（2）	Fo2
	虽使	6	0.10%	成形中	DM	AP 首标、中标	M1+M1（6）	Fo2
	尚且	3	0.05%	成形中	DM	AP 中标	M1+M4（3）	Fo3
	纵使	7	0.12%	成形中	DM	AP 首标或中标	M1+M1（4）/M2（3）	Fo2
	纵然	2	0.03%	成形中	DM	AP 首标、中标	M1+M1（2）	Fo2
	纵饶	5	0.08%	成形中	DM	AP 首标、中标	M1+M1（5）	Fo2
总计		6632	100%					

---

① "只是、虽是"虽然用例数量可观，但是二词所有见次中尚未凝固成标记词的情况更为常见，相比之下，数量上也要庞大得多，所以将其状态定位"成形中"。

163

表25 转折复句数量分析表

复句结构类型 标记类型	转折复句					
	对比性转折		补充性转折		让步性转折	
	单音标记	复音标记	单音标记	复音标记	单音标记	复音标记
标志词	AP，然CP AP，但CP AP，则CP AP，却CP AP，反CP AP，倒CP AP，偏CP	AP，然而CP AP，然却CP AP，又却CP AP，却又CP AP，然却又CP AP，然又却CP AP，倒是CP	AP，而CP	AP，但是CP AP，然亦CP AP，然乃CP AP，然尚CP AP，然犹CP AP，然且CP AP，只是CP AP，但只是CP AP，可是CP AP，不过CP	虽AP，CP 纵AP，CP	虽然AP，CP 虽是AP，CP 然虽AP，CP 虽则AP，CP 则虽AP，CP 虽便AP，CP 虽使AP，CP 尚且AP，CP 纵使AP，CP 纵然AP，CP 纵饶AP，CP
句数	2982	239	1556	536	388	23
比例	44.96%	3.60%	23.46%	8.08%	5.85%	0.35%

第三节 《朱子语类》转折复句句法特征

一、单音标记

（一）数量特征

《朱子语类》中转折复句标记词共38个，其中对比转折标记14个，补充转折标记11个，让步转折标记为13个。从音节上来看，单音节标记共9个，仅占总标记数量的23.68%，但它们出现的用例数却占到转折复句总数的74.28%。我们由此可见，《朱子语类》转折复句是以单音节标记为主。

（二）词性特征

《朱子语类》转折复句单音标记的词性可分为两类：一类为连词，如"但""然""而""则""虽"等，共出现4578例。另一类为副词，如"却""反""倒"等，共出现1144例，只占总数量的17.25%。可见，连词性标记在《朱子语类》转折复句单音节标记中要比副词性标记优势明显得多。

（三）来源发展

除"但₂"在南北朝时期产生外，其他单音标记"然、而、则、反、倒、偏、纵、虽"等都在先秦时代已经出现。在《朱子语类》中，它们在基本延续先秦用法的基础上也有所发展。"但"虽然出现稍晚，但其来源于范围限定词的发展过程，使其在宋以前多用于轻度转折。可是到《朱子语类》中却涌现了大量的"但"用于重转的情况，其一来源于标记词语义程度发生变化；其二则是由于它常跟其他副词（如"本""固"等）相搭配关联，在某种意义上使转折程度加深。现代汉语中这种重转或者说对比性转折用法的优势地位奠基就来源于《朱子语类》时期。

（四）位置特征

除"纵""虽"因其让转的特殊性为 AP 首标外，其他单音标记均为 CP 首标，这符合转折复句语义重心一般位于后一分句上的特点。

二、复音标记

（一）数量特征

《朱子语类》转折复句复音标记词共 26 个，约占标记词总量的 76.31%。但其出现的用例相对单音标记要少得多，仅 798 例，仅占总用例的 12.03%。我们由此可见，《朱子语类》时期转折复句的复音标记尚处于发展阶段，随着词汇双音化的发展，元明以后转折复句复音标记发展迅速。

（二）形成方式

《朱子语类》转折复句复音标记的形成方式主要有以下三类：第一类是同义复合型，如"虽则、则虽、纵使、纵饶、虽使、虽便"等；第二类为词缀附加型，如"纵然"；第三类为词组凝定型，如"不过、虽然、虽是"等。

（三）稳定性特征

转折复句复音标记中，有不少是在唐代产生并开始运用的，因而它们多是新旧用法并存。比如"虽则""只是"，在《朱子语类》中很多是以短语结构或黏合不甚紧密的形式出现。

（四）位置特征

总体来说，复音标记多置于句首主语之前为首标，一般不能更换位置。但在让步性转折复句中，一些用例比较突出，其标记词不管是单音还是复音，位置均不固定，即首标和中标均可。

三、匹配框架

《朱子语类》转折复句框架匹配标记形式多样，它们所出现的用例约占总用例的 18.69%，具体格式如表 26：

表 26　转折复句匹配框架标记词

句型	见次	频率	句型	见次	频率
虽 AP，只 CP	22	0.33%	虽则 AP，然 CP	3	0.05%
虽 AP，但 CP	32	0.48%	虽则 AP，然而 CP	1	0.02%
虽 AP，然 CP	261	3.94%	虽是 AP，然 CP	73	1.10%
虽 AP，然亦 CP	35	0.53%	虽是 AP，但 CP	5	0.08%
虽 AP，而 CP	124	1.87%	虽是 AP，然亦 CP	4	0.06%
虽 AP，然而 CP	5	0.08%	虽说是 AP，然 CP	1	0.02%
虽 AP，只是 CP	28	0.42%	然虽 AP，而 CP	2	0.03%
虽 AP，不过 CP	2	0.03%	然虽 AP，却 CP	3	0.05%
虽 AP，却 CP	125	1.88%	虽然 AP，亦 CP	1	0.02%
虽 AP，亦 CP	46	0.69%	虽是 AP，亦 CP	8	0.12%
虽 AP，也 CP	58	0.87%	虽则 AP，亦 CP	1	0.02%
虽 AP，犹 CP	17	0.26%	虽然 AP，只是 CP	1	0.02%
虽 AP，则 CP	13	0.20%	虽然 AP，也 CP	1	0.02%
虽 AP，却亦 CP	1	0.02%	虽然 AP，却 CP	3	0.05%
虽 AP，还 CP	2	0.03%	虽然 AP，其实 CP	1	0.02%
虽 AP，终亦 CP	1	0.02%	纵 AP，然 CP	4	0.06%
虽 AP，倒犹 CP	1	0.02%	纵 AP，而 CP	2	0.03%
虽 AP，其实 CP	16	0.24%	纵 AP，但 CP	1	0.02%
虽则 AP，而 CP	1	0.02%	纵使 AP，亦 CP	2	0.03%
合计			907		

四、标记显隐特征

《朱子语类》转折复句的显性标记词共 34 个，占转折复句总数量的 89.47%，可见，显性标记还是占主导地位。这些显性标记词会提前给予心理预期，在形式上使得转折复句前后分句之间的关系更为明确。

第四节 《朱子语类》转折复句语义类型特征

转折复句三种类型分布并不均衡，其中对比性转折为 3221 句、补充性转折 2092 句、让步性转折为 411 句。对比性复句数量最为庞大，占到转折复句总数的 48.57%，接近半数比例；补充性转折复句数量居第二，占到 31.54% 的比例；让步性转折最少，只有 6.20%，可见《朱子语类》中的转折复句重转含义的居多。

我们从行、知、言类型角度看，《朱子语类》行域转折复句共 2406 例，占 36.27%；知域转折复句共 3969 例，占 59.84%；言域转折复句见 257 例，仅占 3.88%。我们由此可见，《朱子语类》转折复句的语义类型是以知域类为主。用例中 CP 部分的结论多是针对 AP 部分的事情状态、动作行为进行的推理。虽然 AP 部分行域和知域有所交叉，但是知域类复句重视的是阐述者的推断，而不同于行域主句更注重阐述者和接受者共同预设的行为内容。《朱子语类》记载的多为朱熹讲课内容的实录，言域中对行为的推理，要超过单纯行域的复句用量。比如，"虽"类让转复句中，后一分句多含"是""为""欲""以"等词，表明后面的内容多为推理叙述性的。言域数量依然非常少。

第五节 《朱子语类》转折复句语用特征

一、语气类型特征

《朱子语类》转折复句语气类型按出现频率高低降次排列如下：M1+M1 型 (6081)→M1+M2 型 (276)→M1+M4 型 (251)→M1+M3 型 (24)。转折复句中占优势的同样为 M1+M1 型，即陈述+陈述型。因为语义类型上以知域类为主的转折复句，在语气类型上也多采取"AP 陈述+CP 陈述"型。陈述+疑问型与陈述+感叹型在转折复句中数量基本持平，并不算多。由于让转复句及一些词义上明显为对立或重转标记的复句多含有较为强烈的主观色彩，如"偏、倒"等，所以语气上多有 M1+M2、M1+M4 两型。

二、语义重心类型特征

《朱子语类》转折复句的语义重心类型按出现频率降次排列如下：Fo2（6632）→Fo3（0）→Fo1（0）。转折复句语义重心最大的特点是"归一性"。在语用、交际中，转折之后的内容才是阐述者和接受者最为关心的部分，也是整个句子的焦点所在。无论 AP 部分做了什么样的设定，决定事实性结果的永远是 CP 部分，即使是使用了"纵然""虽则"等标记的让步性转折复句，力图强调前一分句所述的让步情况和后续分句在让步条件下不变的结论或结果，但是仍然难以改变语用中关注 CP 部分这一点。所以转折复句唯有 Fo2 型一种语义重心类型。

第九章

《朱子语类》假设复句

第一节 假设复句界定

假设复句首先是人们看到实际发生的行为和事态后在脑中产生一定的概念，通过类比和想象，变成脑海中的假想性行为和条件。然后再将其用语言表述出来，是一种将假设性的认知及其发生的后果凝聚在语义中的一种表现，如图4所示。

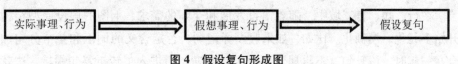

实际事理、行为 ⟹ 假想事理、行为 ⟹ 假设复句

图4 假设复句形成图

假设复句表示在某种假设的条件或事实下将会产生的结果，一般前一分句先提出一个假设的条件或事实，后一分句则推导出在这个假设的事实或条件成立的情况下出现的结果。前一分句（AP）为偏句，后一分句（CP）为正句。假设复句的本质特点是假设性。假设句式是一种程式化的结构模式，只要表述的文字一旦进入这种具有逻辑关系、套路固定的语境构式中，就必然被赋予了假设性。正如邢福义所说："复句构式被复句语义关系所制约，但复句构式一旦形成，就会对复句语义关系进行反制约。"①

通常假设复句和条件复句的范畴界限并不十分清晰，这表现在具体分类时会存在分歧。目前学界对假设复句与条件复句的处理方案主要有以下三种：第一种是只列出假设复句一类，将条件复句归为其一个次类，李佐丰、杨伯峻、何乐士等学者持此观点；第二种是将两种复句作为两个独立分开的一个次类，黎锦熙、廖序东、张志公等前辈学者持此看法；第三种是将假设复句归为条件

---

① 邢福义. 汉语复句研究 [M]. 北京：商务印书馆，2001：449.

复句的一个次类，王力、高名凯、胡裕树等持此类观点。

我们从假设复句的原型建构及其延展来分析它与其他类相关复句的关系，如图5所示：

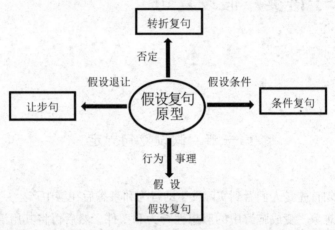

图5 假设复句延展关系图

在行、知、言三域中，随着语言发展和交际的需求，上图的假设原型结构开始多元化、模糊化。比如，如果假设标记词、否定含义的词汇和整个分句加合在一起时，该复句就不再属于假设复句范畴，而进入了转折复句领域。这就意味着假设复句的原型核心在"否定"维度上的扩展和建构。假设复句原型相对简单，但在语言的具体运用中，它在多种意义上朝不同方向生发和扩建，比如可以添加否定性转折、加设条件、表示让步等。

为了避免语法描述时出现的层级不清和界定混乱的情况，本章讨论的《朱子语类》假设复句为上图中最下方的一种，不涉及与假设复句有关联的其他类型复句。

第二节 《朱子语类》假设复句标记分类

根据语形层面的家族相似性，我们将《朱子语类》中置于假设复句前一分句（AP）的假设标记词分为以下八组，见表27：

表 27 假设复句前分句标记词分组表

字组	具体标记词				
"若"字组	若	如若	设若	倘若	若是	假若
"如"字组	如	如若	倘如	如其	如果	假如
"要"字组	要	要是	要不是			
"倘"字组	倘	倘或	倘不然	倘如	倘若	倘使
"假"字组	假定	假如	假使	假设	假令	假若
"果"字组	果然	如果	果真			
"设"字组	设若	设使				
"使"字组	假使	倘使				

　　如果假设复句的前后分句采用标记词关联形式，则在上述假设标记后搭配其他类标记词形成假设复句标记匹配框架结构，每一个假设标记词在进行组合搭配后，均能构成一个以某词为核心的假设标记匹配结构。以"假使"为例，可以得到"假使 AP，便 CP""假使 AP，那 CP""假使 AP，也 CP""假使 AP，则 CP""假使 AP，总 CP"等。本章的假设复句框架搭配标记我们也不再详列，只在后面用数据统计，进行归纳总结。

　　语用上，假设复句标记词具有情感等级。不同家族的假设连词，因其来源不同，语法化程度有异，具有一定层级梯度。

　　一、若仅用假设关系陈述现实情境或者表达有把握的预测，"如""若"等假设标记词较少出现。含有"果""万一"等强调所述事情真实度的标记，假设程度较低。例如：

　　（1）果是不晓致疑，方问人。（《卷第十·学四》）

　　该例即表述在不知道导致疑问的情况下，才要去询问别人，并未有太强的虚拟之感。

　　二、假设句中含有明显的表示虚拟标记的"如""苟""若"等，其表达的感情强烈，语气肯定。如：

　　（2）佚之狐言于郑伯曰："国危矣，若使烛之武见秦君，师必退。"（《左传·僖公三十年》）

　　三、有的假设复句从设定情境的反面立一假设，通过论证来说明此观点的不可行性。在这里，假设标记一般处于 AP 句首，起到强烈的语气提示作用，使假设程度更强以引人注意。这时多用含"假"字的标记词，其假设程度更高，

并且有极强的动作性,如"设使""假使"等标记词。例如:

(3) 假令晏子而在,余虽为之执鞭,所忻慕焉。(《史记·管晏列传》)

当然,假设关系所表达的情感远不止上述这些,但不妨碍我们依据标记词的假设度对假设复句进行归类划分。这样的划分,在语用上起到还原语境,从而较全面地分析《朱子语类》假设复句的作用,通过这些表情感的假设句,我们可明显体会到说话人的主观情感和语气。

(4) 果然下工夫,句句字字,涵泳切己,看得透彻,一生受用不尽。(《卷第十四·大学一》)

下面将不同字组的假设复句标记按其情感等级排列,如图6所示:

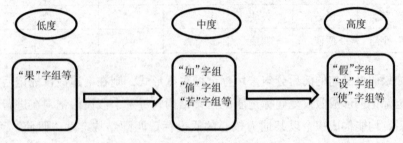

图6 假设标记语用情感等级图

因此,我们可将上述表格与图综合起来,见表28:

表28 假设标记语用程度表

假设标记词		AP 兼 DM,CP 兼 RM			AP 兼 DM,CP 兼 DM			AP 兼 RM,CP 兼 DM			AP 兼 RM,CP 兼 RM		
		低	中	高	低	中	高	低	中	高	低	中	高
若	若是/不是		√										
	若有/若无		√										
	若要		√										
如	如果		√										
	如或		√										
	如其		√										
倘	倘若		√										
	倘如		√										
	倘或		√										
	倘然/不然		√										
	倘使		√										

续表

假设标记词		AP 兼 DM,CP 兼 RM			AP 兼 DM,CP 兼 DM			AP 兼 RM,CP 兼 DM			AP 兼 RM,CP 兼 RM		
		低	中	高	低	中	高	低	中	高	低	中	高
假	假若			√									
	假如			√									
	假定			√									
	假令			√									
	假设			√									
	假使			√									
	假说			√									
果	果然	√											
	果真	√											
设	设令			√									
	设若			√									
	设使			√									
向使				√									
苟			√										
要是		√											
要不是		√											
万一		√											
就							√						
则							√						
便						√							
那末					√								
也					√								

下面我们将按此表来考查《朱子语类》有标记的假设复句。

第三节　《朱子语类》假设复句分析

一、前分句标记独用式

经统计我们发现，假设复句后一分句 CP 带显性标记的用例在《朱子语类》中基本未见，所以这里 CP 标记统一视为隐性标记。

（一）低度假设

【果 AP，CP】

该句式在《朱子语类》中共见 18 例，虽然语料见次为 347，但其中多是实词含义，比如果实、果断、结果等，故而其作为假设标记的用例比重不大。"果"为假设复句 DM，所连接的分句表达的语气为 M1+M1（11）/M4（2）/M2（5），前标，AP 首标或中标，语义重心为 Fo2 型。例如：

（5）先生尝言："数家有大小阳九。"道夫问："果尔，则有国有家者何贵乎修治？"（《卷第二·理气下》）

（6）果如此说，则是君子为人所不知，退而安之于命，付之无可奈何，却如何见得真不愠处出来。（《卷第二十·论语二》）

（7）明德之功果能若是，不亦善乎？（《卷第十七·大学四或问上》）

（8）果近于义而后言，则其言可践。（《卷第二十二·论语四》）

此外，"果真"一词在《朱子语类》中未见用例，其用于疑问句的功能，也由"果"字承担。例如：

（9）若以为作诗者"思无邪"，则桑中溱洧之诗，果无邪耶？（《卷第二十三·论语五》）

（10）不知人当战惧之时，果有武毅之意否？（《卷第十六·大学三》）

【果然 AP，CP】

该句式在《朱子语类》中共见 2 例。"果然"为假设复句 DM，所连接的分句表达的语气为 M1+M1（1）/M2（1），前标，AP 中标，语义重心为 Fo2 型。例如：

（11）果然下工夫，句句字字，涵泳切己，看得透彻，一生受用不尽。（《卷第十四·大学一》）

（12）果然如此，何不鸣鼓集众，白昼发去？（《卷第四十七·论语二

十九》）

另外，"果然"作为两个独立的词，在《朱子语类》中更为常见，相当于"如果这样……""果真如此"。例如：

（13）似乎编入国史实录，果然是贻笑千古者也！（《卷第八十七·礼四》）

（14）若以今世论之，则人才之可数者，亦可见矣，果然足以致大治乎？（《卷第一百八·朱子五》）

（15）"既云非常有，则有时而有，岂可不书以为戒？"及后思之，果然。（《卷第一百二十三·陈君举》）

【万一 AP，CP】

该句式在《朱子语类》中共见32例。"万一"为假设复句DM，所连接的分句表达的语气为M1+M1（32），前标，AP首标或中标，语义重心为Fo2型。例如：

（16）且如苏公刺暴公，固是姓暴者多；万一不见得是暴公则"惟暴之云"者，只作一个狂暴底人说，亦可。（《卷第八十·诗一》）

（17）万一有个不好底人，自家周旋他去，这人会去作无穷之害。（《卷第二十四·论语六》）

（18）圣人万一有故而不得与祭，虽使人代，若其人自能极其恭敬，固无不可；然我这里自欠少了，故如不祭。（《卷第二十五·论语七》）

（19）万一即死，则亦不至昏昧过了一生，如禽兽然，是以为人必以闻道为贵也。（《卷第二十六·论语八》）

（20）万一虏人来到面前，无以应之，不若退避耳。（《卷第一百三十一·本朝五》）

"万一"源自先秦时期，表分数的概念"万分之一"。柳士镇（1992）指出："'万一'来源于'万分之一'，是简缩后的词组形式，其构词形式同于先秦时期的'十一'，但'万一'是东汉时期开始萌芽的。"① 例如（引自柳士镇1992：260）：

（21）万一为变，事不可悔。（《三国志·魏书一·武帝纪》）

（22）后嗣万一有由诸侯入奉大统，则当明为人后之义。（《三国志·魏书三·明帝纪》）

---

① 柳士镇 . 魏晋南北朝历史语法［M］. 南京：南京大学出版社，1992：260，452.

至唐宋时期，"万一"已较常见，例如①（引自蒋冀骋、吴福祥 1997：519）：

（23）闻钟身须侧，卧转莫前眠，万一无常去，免至狱门边。（《王梵志诗·闻钟身须侧》）

（24）虏人好贿，万一来馆中，须薄贿之。（《三朝北盟会编·绍兴甲寅通和录》）

"万一"在《朱子语类》中用假设复句标记的用法已较成熟。

【一旦 AP，CP】

该句式在《朱子语类》中共见 21 例。"一旦"为假设复句 DM，所连接的分句表达的语气为 M1+M1（21），前标，AP 首标或中标，语义重心为 Fo2 型。例如：

（25）退一步底卑逊笃实，不求人知，一旦工夫至到，却自然会达。（《卷第四十二·论语二十四》）

（26）一旦圣人勃兴，转动一世，天地为之豁开！（《卷第七十二·易八》）

（27）且厉王无道，一旦被人"言提其耳"，以"小子"呼之，必不索休。（《卷第八十一·诗二》）

（28）积而至于靖康，一旦所为如此，安得天下不乱！（《卷第一百二十七·本朝一》）

"一旦"开始为表示"一天或一个早晨"的时间名词，因其表示时间短暂，后发展出强调时间短暂之意的副词用法，其后又引申出"突然"之义，使其向标记词又迈进了一步。词义上的变化对"一旦"的句法位置产生了影响，使其多置于句首，句首位置又是极易虚化的部位。当它所叙述的内容为未然的情况时，经过长期的使用，"一旦"逐渐吸收了未然的语境义，从而演变为假设复句标记词，在先秦时期，已见用例，如：

（29）一旦山陵崩，长安君何以自托于赵？（《战国策·赵四》）

（二）中度假设

【若 AP，CP】

该句式在《朱子语类》中共见 2658 例，用例非常广泛。"若"为假设复句 DM，所连接的分句表达的语气为 M1+M1（1460）/M2（609）/M4（589），前标，AP 首标或中标，语义重心为 Fo2 型。例如：

---

① 蒋冀骋，吴福祥. 近代汉语纲要［M］. 长沙：湖南教育出版社，1997：519.

（30）若无此理，便亦无天地，无人无物，都无该载了！（《卷第一·理气上》）

（31）若统论，春夏为感，秋冬为应；明岁春夏又为感。（《卷第一·理气上》）

（32）若至弦时，所谓"近一远三"，只合有许多光。（《卷第二·理气下》）

（33）若值得晦暗昏浊底气，这便禀受得不好了。（《卷第十七·大学四或问上》）

（34）若更不能存得，则与禽兽无以异矣！（《卷第四·性理一》）

"若"的此种用法已见于先秦时期。例如①：

（35）有御楚之术而有守国之备乎，则可也；若未有，不如往也。（《国语·鲁语下》）

（36）君若以德绥诸侯，谁敢不服？君若以力，楚国方城以为城，汉水以为池，虽众，无所用之。（《左传·僖公四年》）

"若"作为假设复句标记在《朱子语类》中出现频率很高，基本沿用先秦用法。"若"除单用外，还常跟"即、方、则、亦、便"等词连用，见例（30）、例（33）、例（34）。

此外，在《朱子语类》中"若"还常和"有""无"搭配使用，但是此二者比较特殊。"若有"在《朱子语类》中出现191次。但"有"作为实义动词的功能较明显，可见在南宋时期"若有"尚未凝固成词。"有"作为实义动词，其后常跟宾语。例如：

（37）学者若有本领，相次千枝万叶，都来凑著这里，看也须易晓，读也须易记。（《卷第八·学二》）

（38）若有事时，则此心便即专在这一事上；无事，则此心湛然。（《卷第九十六·程子之书二》）

例（37）为动宾结构"有本领"，例（38）"有事情"为动宾结构。因此，虽"若有"在《朱子语类》中见次较多，但其凝结度低，尚不能视为标记词。

与"若有"同结构的"若无"在《朱子语类》中出现161次，但作为凝固的标记词，未见用例。"无"译为"没有"，其后也跟宾语。例如：

（39）有此理，便有此天地；若无此理，便亦无天地，无人无物，都无

---

① 中国社会科学院语言研究所. 古代汉语虚词词典［M］. 北京：商务印书馆，1999：473.

该载了！（《卷第一·理气上》）

　　（40）若无整齐严肃，却要惺惺，恐无捉摸，不能常惺惺矣。（《卷第十七·大学四或问上》）

　　（41）若无生气，则火金水皆无自而能生矣，故木能包此三者。（《卷第六·性理三》）

　　（42）若无道以照之，则以直为枉，以枉为直，此君子大居敬而贵穷理'，此又极本原而言。（《卷第二十四·论语六》）

虽说在中古时期，"若有、若无"都开始有了双音化的趋势，那是因为：其一，"有和无"的实在动词意义开始弱化，使得它们的谓语核心句法地位发生动摇。其二，在双音化的强大浪潮冲击下，"若"必须和一个单音节词连起来，才能保证其地位的稳固。所以经常性离它最近的词就成为组合的最好对象。其三，从语义认知的角度考虑，假设最多的时候就有两种情况，要么假设有，要么假设没有。所以在这三股合力的作用下"若有"和"若无"开始有虚化的动因，它们在《朱子语类》中的使用情况表明，量的积累已经非常大，但是还未形成实质的标记。

《朱子语类》中，还见二者并列使用的例子：

　　（43）若无规模次第，只管去细碎处走，便入世之计功谋利处去；若有规模而又无细密工夫，又只是一个空规模。（《卷第十七·大学四或问上》）

"若"在《朱子语类》当中还可以和一些能愿动词进行搭配，而且见次频度颇高。最有代表性的为"若能"，共见 101 次，"若能"中的"能"比起"是""有""无"等实义动词，动词性要差，所以它们在结合的时候就比前述词形成标记词要快得多。例如：

　　（44）然奉祭祀者既是他子孙，必竟只是这一气相传下来，若能极其诚敬，则亦有感通之理。（《卷第三·鬼神》）

　　（45）若能于一处大处攻得破，见那许多零碎，只是这一个道理，方是快活。（《卷第八·学二》）

　　（46）若能一日十二辰点检自己，念虑动作都是合宜，仰不愧，俯不怍，如此而不幸填沟壑，丧躯殒命，有不暇恤，只得成就一个是处。（《卷第十三·学七》）

　　（47）若能学，则能知觉此明德，常自存得，便去刮剔，不为物欲所蔽。（《卷第十四·大学一》）

【若是 AP，CP】

该句式在《朱子语类》中共出现 349 例。"若是"为假设复句 DM，所连接的分句表达的语气为 M1+M1（261）/M2（51）M4（37），前标，AP 首标或中标，语义重心为 Fo2 型。例如：

（48）若是有底物事，则既有善，亦必有恶。（《卷第五·性理二》）

（49）若是寻究得这个道理，自然头头有个着落，贯通浃洽，各有条理。（《卷第八·学二》）

（50）若是都不去用力者，日间只恁悠悠，都不曾有涵养工夫。（《卷第九·学三》）

（51）若是读此书未晓道理，虽不可急迫，亦不放下，犹可也。（《卷第十·学四》）

（52）若是格物、致知有所未尽，便是知得这明德未分明；意未尽诚，便是这德有所未明。（《卷第十四·大学一》）

董秀芳（2004）指出，"若是"是由假设连词"若"和判断动词"是"组合而成，句子的逻辑顺序应该是"若+［是+后续成分］"，在句子的线性序列里，"若"和"是"经常性地处在相邻位置，它们经常出现在句子的开头位置，句子的主语经常零形式，再加上汉语的标准音步是双音节，于是两字之间的关系就进一步模糊化，"是"的意义逐渐变得不透明，依附性进一步增强，在语义上与前词根融为一体，"若是"有变为单纯词的倾向。① 太田辰夫（1987）认为，"'若是'是'若'加上后缀'是'，从隋唐时开始使用"。例如（前三例引自太田辰夫 1987：307；后两例引自吴福祥 1996：268）：

（53）若是诸部所说，乖大小乘经，自立义者，则破而不取。（《三论玄义》）

（54）若是无指的，万均必是有辞。（《魏郑公谏录卷二》）

（55）若是五陵公子见，买时应不啻千金。（《全唐诗》）

（56）有人使唤，由可辛勤；若是无人，皆须自去。（《敦煌变文》）

（57）若是为人智惠微，从初至大异常痴。（《敦煌变文》）

宋代以后已较常见《朱子语类》之外的例子，如（引自刁晏斌 2003：108-109）：

（58）此探报传言之误，若是实曾领兵上边，便只恁休得？（《续资治

---

① 董秀芳．"是"的进一步语法化：由虚词到词内成分［J］．当代语言学，2004（1）：35-44.

通鉴长编拾补》)

（59）若是急着手脚，好商量时，也须较得些。（《续资治通鉴长编拾补》）

《朱子语类》中，也存在"若"跟"是"为两个独立的词的用例，此时"是"的系词功能明显，例如：

（60）若是不诚之人，亦不肯尽去，亦要留些子在。（《卷第十五·大学二》）

（61）若是絜矩底人，必思许多财物，必是侵过着民底，满着我好，民必恶。（《卷第十六·大学三》）

此外，《朱子语类》中还有一个与其结构很相似的词"若不是"。例如：

（62）看来六国若不是秦始皇出来从头打叠一番，做甚合杀！（《卷第四十七·论语二十九》）

（63）然若不是真个能让之人，则于小处不觉发见矣。（《卷第六十一·孟子十一》）

（64）书中多说"聪明"，盖一个说白，一个说黑，若不是聪明底，如何遏伏得他众人？（《卷第五十五·孟子五》）

（65）又曰："若不是大圣贤用权，少间出入，便易得走作。"（《卷第三十七·论语十九》）

（66）世衰道微，人欲横流，若不是刚介有脚跟底人，定立不住。（《卷第四十三·论语二十五》）

到中古时期"是"越来越多地作系动词使用，系动词的显著特征之一是可以被否定副词"不"修饰。但也正因为可以插入否定副词"不"，其语法化程度很低。

【若果 AP，CP】

该句式在《朱子语类》中共见 29 例。"若果"为假设复句 DM，所连接的分句表达的语气为 M1+M1（18）/M2（5）/M4（6），前标，AP 首标或中标，语义重心为 Fo2 型。例如：

（67）若果曾着心，而看他道理不出，则圣贤为欺我矣！（《卷第十九·论语一》）

（68）若果能悦，则乐与不愠，自可以次而进矣。（《卷第二十·论语二》）

（69）若果是正，自无虚伪，自无邪。（《卷第二十三·论语五》）

（70）若果无所得，虽温故亦不足以为人师，所以温故又要知新。

（《卷第二十四·论语六》）

"若果"是由连词"若"和副词"果"组成。连词"若"可表示假设；副词"果"在一定的语境中也可表示假设，二者连用为词，与单用义同。"若果"用于复句的前一分句，表示假设的条件或情况，相当于"如果""假如"，在先秦时期已见用例，如①：

（71）若果行此，其郑国实赖之，岂唯二三臣？（《左传·襄公三十一年》）

（72）若果用之，害可待也。（《国语·楚语下》）

有时，后一分句常有连词"则"等与之相呼应。如例（67）～（68）。

【若或 AP，CP】

该句式在《朱子语类》中共见 5 例。"若或"为假设复句 DM，所连接的分句表达的语气为 M1+M1（5），出现位置为 AP 中标，语义重心为 Fo2 型。例如：

（73）若或父母坚不从所谏，甚至怒而挞之流血，可谓劳苦，亦不敢疾怨，愈当起敬起孝。（《卷第二十七·论语九》）

（74）若或有这心要求，便即在这里。（《卷第十八·大学五或问下》）

"若或"中"或"亦为连词，何乐士等《古代汉语虚词通释》释"或"为"连词，用来连接前后分句，表示假设，可译为'如果'等。"② 可见，"若或"是由假设连词"若"跟"或"同义复合而成的，相当于"如果""假如"等，其早期用例已见于先秦时期，例如：

（75）有司见有罪而不诛，同罚；若或逃之，亦杀。（《墨子·号令》）

《朱子语类》中，"若或"是沿用先秦汉语用法。

【若非 AP，CP】

该句式在《朱子语类》中共见 37 例。"若非"为假设复句 DM，所连接的分句表达的语气为 M1+M1（27）/M2（5）/M4（5），前标，AP 首标，语义重心为 Fo2 型。例如：

（76）若非圣人说下许多道理，则此身四支耳目更无安顿处。（《卷第一百一十六·朱子十三》）

（77）若非锜顺昌一胜，兀术亦未必便致狼狈如此之甚。（《卷第一百三十一·本朝五》）

① 中国社会科学院语言研究所. 古代汉语虚词词典［M］. 北京：商务印书馆，1999：476.

② 何乐士. 古代汉语虚词通释［M］. 北京：北京出版社，1985：247.

"若非"用于假设复句的前一分句，表示对某种条件的否定或对某种情况的排除，后一分句则表示在此条件下的结论或结果，相当于"如果不是""如果没有"等。后一分句常有"则""亦"等词与"若非"呼应，如上述两例。

【如 AP，CP】

该句式在《朱子语类》中共见 528 例。"如"为假设复句 DM，所连接的分句表达的语气为 M1+M1（392）/M2（63）/M4（73），前标，AP 首标或中标，语义重心为 Fo2 型。例如：

（78）如人要治此，必须连此都记得。（《卷第九十·礼七》）

（79）如那时措置得好，官街边都无闲杂卖买，汙秽杂揉。（《卷第九十·礼七》）

（80）如欲行之，可自仔细考过。（《卷第九十·礼七》）

"如"用于假设复句前一分句，提出假设的条件或事实，后一分句则推出在此条件或事实成立的情况下产生的结果，常跟"便、也、则"等词呼应。

【如果 AP，CP】

该句式在《朱子语类》中仅见 6 例。"如果"为假设复句 DM，所连接的分句表达的语气为 M1+M1（4）/M2（1）/M4（1），前标，AP 首标或中标，语义重心为 Fo2 型。例如：

（81）不知其书如何说，想亦是担当不得。如果能晓得此理，如何不与大家知！（《卷第四·性理一》）

（82）如果能"志于学"，则自住不得。"学而时习之"，到得说后，自然一步趱一步去。（《卷第二十三·论语五》）

（83）帝星等如果不动，则天必擘破。不知何故读书如此不子细。（《卷第一百一·程子门人》）

（84）如果子皮里便有核，核里便有仁，那仁又会发出来。人物莫不如此。（《卷第一百一十六·朱子十三》）

上述例中，"如果"出现的位置灵活，可置于主语前（多为零形式主语），如例（81）、例（82），也可置于主语之后，如例（83）。后一分句中，有时有"则"等连词与"如果"呼应，如例（82）、例（83）。

太田辰夫（1987）指出，"'果'"在古汉语中也有用作连词。'如果'是'如'和'果'复合而成的。"且举上述例（81）为例。周刚（2002）认为，"如果"成为一个连词标记，不晚于宋代。① 结合吴福祥（1996）、王淑华

---

① 周刚. 连词与相关问题 [M]. 合肥：安徽教育出版社，2002：187.

（2009）的研究及本文对《朱子语类》"如果"用例的调查，基本可以说"如果"用作假设复句标记词（即假设连词）始于宋代。

【如其 AP，CP】

该句式在《朱子语类》中共见5例。"如其"为假设复句DM，所连接的分句表达的语气为M1+M1（4）/M2（1），前标，CP中标，语义重心为Fo2型。例如：

（85）与陈莹中论"天在山中，大畜"，是"芥子纳须弥"，所引释氏语不一而足。如其辟异端之严，而记者多录此，何耶？（《卷第九十七·程子之书三》）

（86）邑人闻之，如其宿戒以出，师徒见其戈矛森列，不虞其有备若此也，相顾失色，遂整师以过，秋毫无犯，邑人德之。（《卷第一百三十二·本朝六》）

（87）如其窄狭，则当涵泳广大气象；颓惰，则当涵泳振作气象。（《卷第八·学二》）

"如其"是由假设连词"如"跟"其"同义复合而成的。"其"也有"如""若"之义。王引之《经传释词》卷五云："其，犹若也。……"《助字辨略》："《广韵》云：'如，若也'。'如'和'若'本一声之转。"除"如其"外，在文献中还可见"若其"，例如（引自吴福祥1996：268）：

（88）若其不如此，誓愿不还乡。（《敦煌变文》）

"如其"用于假设复句的前一分句，表示假设的条件或事实，相当于"如果""假设"，先秦时已见用例，如①：

（89）附之以韩、魏之家，如其自视欿然，则过人远矣。（《孟子·尽心上》）

《朱子语类》中"如其"是沿用上古汉语的用法。

【如或 AP，CP】

该句式在《朱子语类》中共见12例。"如或"为假设复句DM，所连接的分句表达的语气为M1+M1（11）/M2（1），前标，AP首标或中标，语义重心为Fo2型。例如：

（90）若是寻究得这个道理，自然头头有个着落，贯通浃洽，各有条理。如或不然，则处处窒碍。（《卷八·学二》）

---

① 中国社会科学院语言研究所．古代汉语虚词词典［M］．北京：商务印书馆，1999：465．

（91）所以不远游。如或有事势须当游，亦必有定所。（《卷二十七·论语九》）

（92）然此只是一个信而已。如或违限遭点，定断不恕，所以人怕。（《卷一百六·朱子三》）

"如或"同"若或"，也为假设连词，是"如"跟"或"同义复合而成。

【苟 AP，CP】

该句式在《朱子语类》中共见 243 例。"苟"为假设复句 DM，所连接的分句表达的语气为 M1+M1（231）/M2（6）/M4（6），前标，AP 首标，语义重心为 Fo2 型。例如：

（93）苟急迫求之，则此心已自躁迫纷乱，只是私己而已，终不能优游涵泳以达于道。（《卷第十二·学六》）

（94）天下苟有一夫不被其泽，则于吾心为有慊；而吾身于是八者有一毫不尽，则亦何以明明德于天下耶！（《卷第十五·大学二》）

（95）苟有一毫之私，则无以窥此境之妙，故曰："知我者其天乎！"（《卷第三十四·论语十六》）

（96）苟父一虐其子，则子必狠然以悖其父，此人心之所以危也。（《卷第六十二·中庸一》）

上述例中，"苟"的位置不固定，可位于假设复句前一小句的句首［如例（93）、例（95）］，也可置于主语之后［如例（94）］，后一分句中常有"则"与之呼应。

"苟"表示假设关系，在先秦时期即见用例。例如：

（97）苟无岁，何以有民？苟无民，何以有君？（《战国策·齐四》）

（98）苟无恒心，放辟邪侈，无不为已。（《孟子·梁惠王上》）

（99）主苟终，所不嗣事于齐者，有如河！（《春秋左传》）

《朱子语类》中"苟"的假设连词用法是对先秦用法的延续。

【傥（倘）AP，CP】

该句式在《朱子语类》中共见 8 例。"倘（傥）"为假设复句 DM，所连接的分句表达的语气为 M1+M1（4）/M4（2），前标，AP 首标或中标，语义重心为 Fo2 型。例如：

（100）且如有人对自家说那人，那人复自来问自家，傥其人凶恶，若尽己告之，必至杀人，夫岂可哉！（《卷第二十一·论语三》）

（101）古礼固难行，然近世一二公所定之礼，及朝廷五礼新书之类，人家傥能相与讲习，时举而行之，不为无补。（《卷第二十三·论语五》）

（102）傥"上无道揆"，则下虽有奉法守一官者，亦将不能用而去之矣。（《卷第五十六·孟子六》）

（103）倘临事不醒，只争一晌时，便为他引去。（《卷第十五·大学二》）

（104）倘自为窒塞，则触处有碍矣。（《卷第九十七·程子之书三》）

"倘（傥）"可在假设复句前一分句中单用，也可与后续分句中对应的词连用。楚永安（1986）指出，"攩"和"倘"是古今字，"党"是"倘"的通假字，"当"和"倘"也是古今字。① 韩陈其（1986）认为，从上古音上看，"倘，透母、阳部；攩，透母、阳部"，二字声韵全同，故自可通用。"党，端母、阳部"同"攩、倘"互为叠韵，旁纽双声，故"攩、倘、党"三字可通用。"当，端母、阳部'，与"党"是同音字，所以四个字可以通用。因此，在描写"倘"类词时，我们视"倘、党、当、攩"可以互相通用。② "倘"字的其他组合，"倘令、倘若、倘使、倘然"等都没有在《朱子语类》中出现。

（三）高度假设

【假 AP，CP】

该句式在《朱子语类》中仅见3例。"假"为假设复句DM，所连接的分句表达的语气为M1+M1（3），前标，AP首标，语义重心为Fo2型。例如：

（105）假无朋友，久之自能自见得。（《卷第十一·学五》）

（106）因论漳泉行经界事："假未得人，势亦着做。"（《卷第一百六·朱子三》）

（107）盖志在于利欲，假有善事，亦偶然耳，盖其心志念念只在利欲上。（《卷第一百二十·朱子十七》）

【假如 AP，CP】

该句式在《朱子语类》中共见7例。"假如"为假设复句DM，所连接的分句表达的语气为M1+M1（7），前标，AP首标或中标，语义重心为Fo2型。例如：

（108）假如有人已做侍御史，宰相骤擢作侍从，虽官品高，然侍御史却紧要。（《卷第一百二十九·本朝三》）

（109）假如有五项议论，开策时须逐一为别白，求一定说。（《卷第一百一十八·朱子十五》）

（110）曰："假如耳便是体，听便是用；目是体，见是用。"（《卷第

---

① 楚永安. 文言复式虚词［M］. 北京：中国人民大学出版社，1986：229.

② 韩陈其. 古汉语单音假设连词之间的音韵关系［J］. 中国语文，1986（5）：69-79.

一·理气上》）

（111）假如大炉镕铁，其好者在一处，其渣滓又在一处。（《卷第十七·大学四或问上》）

"假如"是由假设连词"假"和"如"同义复合而成的。太田辰夫（1987：306）认为，"假如"从唐代开始使用，举例如下：

（112）假如贤者至，阁下乃一见之；愚者至，不得见焉。则贤者莫不至，而愚者日远矣。（韩愈《韩愈集》）

【假饶 AP，CP】

该句式在《朱子语类》中共见5例。"假饶"为假设复句DM，所连接的分句表达的语气为 M1+M1（4）/M2（1），前标，AP首标或中标，语义重心为Fo2型。例如：

（113）且今纵其营营思虑，假饶求有所得，譬如无家之商，四方营求，得钱虽多，若无处安顿，亦是徒费心力耳。（《卷第五十九·孟子九》）

（114）假饶读得十遍，是读得十遍不曾理会得底书耳。（《卷第十·学四》）

（115）若不理会本领了，假饶你百灵百会，若有些子私意，便粉碎了。（《卷第八十四·礼一》）

《助字辨略》云："假饶，犹云纵令，设辞也。"

【假设 AP，CP】

该句式在《朱子语类》中仅见2例。"假设"为假设复句DM，所连接的分句表达的语气为 M1+M1（2），前标，AP首标或中标，语义重心为Fo2型。例如：

（116）假设如此，则如此；假设如彼，则如彼。（《卷第六十七·易三》）

（117）能使无欲，则民自不为盗。假设以子不欲之物，赏子使窃，子必不窃。故为政在乎足民，使无所欲而已。（《卷第四十二·论语二十四》）

上述例中，"假设"可单用于假设复句前一分句的句首，在后一分句中还可出现"则"与之连用［如例（116）］。"假设"是由假设连词"假"和"设"同义复合而成的，据《汉语大词典》"假设"的最早用例见于东汉，如：

（118）"假设陛下居齐桓之处，将不合诸侯而匡天下乎?"（《汉书·贾谊传》）

《朱子语类》中虽见例不多，但"假设"与后代用法已无差别。

【假说 AP，CP】

该句式在《朱子语类》中仅见1例。"假说"为假设复句DM，所连接的分句表达的语气为 M1+M1（1），前标，AP 中标，语义重心为 Fo2 型。例如：

（119）假说有这般事来，人处这般地位，便当恁地应。（《卷第六十七·易三》）

【假使 AP，CP】

该句式在《朱子语类》中共见 9 例。"假使"为假设复句 DM，所连接的分句表达的语气为 M1+M1（7）/M2（1）/M4（1），前标，AP 首标或中标，语义重心为 Fo2 型。例如：

（120）假使汉高祖能行夏时，乘商辂，亦只是汉高祖，终不可谓之禹汤。（《卷第一百二十二·吕伯恭》）

（121）假使自家欲如此做，也自鼓气不振。（《卷第一百三十三·本朝七》）

（122）假使不能尽去，则老氏之学但当自祀其老子关尹列庄子徒，以及安期生魏伯阳辈。（《卷第一百二十五·老氏》）

（123）假使其所任之人或有作乱者，亦将不恤之乎？（《卷第七十二·易八》）

（124）假使悬空白撰得一人如此，则能撰之人亦自大有见识，非凡人矣。"（《卷第一百三十七·战国汉唐诸子》）

以上例中，"假使"用于假设复句的前一分句，多位于句首，可单用，也可与后续分句的连词连用［如"则"，见例（122）、例（124）］。太田辰夫（1987）认为，"'使'原来是表示使役的，它转为表假定，在古代汉语中也有。'假'和'使'复合的现象很早就有。"① 以下为他列举的例子：

（125）假使臣得同行于箕子，可以有补于所贤之主，是臣之大荣也，臣有何耻？（《史记》）

【若使 AP，CP】

该句式在《朱子语类》中共见 63 例。"若使"为假设复句 DM，所连接的分句表达的语气为 M1+M1（47）/M2（7）/M4（9），前标，AP 首标，语义重心为 Fo2 型。例如：

（126）若使别人处之，纵免祸患，不失于此，则失于彼，此武子之愚所以不可及。（《卷第二十九·论语十一》）

（127）若使其心地不平，有矜伐之心，则虽十分知是职分之所当为，少间自是走从那一边去，遏捺不下。（《卷第三十二·论语十四》）

---

① 太田辰夫.中国语历史文法［M］.北京：北京大学出版社，1987：306.

（128）若使每事只管计较其能与不能，则岂不惑于常情利害之私乎？（《卷第四十三·论语二十五》）

（129）若使东坡为相，则此等人定皆布满要路，国家如何得安静！（《卷第一百三十九·论文上》）

（130）若使天假之年，庶几将许多书逐件看得恁地，煞有工夫。（《卷第十四·大学一》）

"若使"是由假设连词"若"和"使"同义复合而成。在以上例中，"若使"位置固定，均用于假设复句前一分句的句首位置，主语一般置于其后，这同"使"表示假设用法的来源有关。正如太田氏所说，"使"是由使役转变为表示假定的，使役动词的特点是后边一般要跟上名词性的宾语。当"使"由使役动词虚化为假设连词时，这一特点却得以保留，即假设连词"使"一般要置于句首，主语（名词性成分）位于其后。当"若"和"使"复合成"若使"时，假设连词"使"的这一特点也被带到了"若使"中。"若使"在先秦时已见用例，如①：

（131）若使天下兼相爱，国与国不相攻，家与家不相乱，盗贼无有，君臣父子皆能孝慈，若此则天下治。（《墨子·兼爱》）

（132）若使桓公之任管仲，必知不欺己也，是知不欺主之臣也。（《韩非子·难二》）

《朱子语类》中的"若使"的用法为先秦用法的延续。例（126）—例（129）的"若使"还与后一分句的连词"则"连用。

【向使AP，CP】

该句式在《朱子语类》中共见2例。"向使"为假设复句DM，所连接的分句表达的语气为M1+M1（1）/M2（1），前标，AP首标，语义重心为Fo2型。例如：

（133）造语未尽，不能无差。向使不义之富可以分人，廉者所必辞也。（《卷第三十一·论语十三》）

（134）"若经世一事，向使先生见用，其将何先？"曰："亦只是随时。如寿皇之初是一样，中间又是一样，只合随时理会。"（《卷第一百八·朱子五》）

"向使"是由"向"和"使"同义复合而成。

【但使AP，CP】

该句式在《朱子语类》中共见3例。"但使"为假设复句DM，所连接的分

---

① 王淑华. 晚唐五代连词研究［D］. 济南：山东大学，2009：125.

句表达的语气为 M1+M1（1）/M4（1）/M2（1），前标，AP 首标，语义重心为 Fo2 型。例如：

（135）但使某答那人，则但云：公且去"出门如见大宾，使民如承大祭"。（《卷第四十二·论语二十四》）

（136）但使功罪各当，是非显白，于吾何慊！（《卷第七十二·易八》）

（137）但使伯恭为相，果能尽用三代法度否？（《卷第一百三十四·历代一》）

【借使 AP，CP】

该句式在《朱子语类》中见 1 例。"借使"为假设复句 DM，所连接的分句表达的语气为 M1+M1（1），前标，AP 首标，语义重心为 Fo2 型。例如：

（138）借使有余，犹可以及邻里乡党。（《卷第三十一·论语十三》）

"借使"也是由假设连词"借"和"使"同义复合而成的，用作假设连词，汉代已见用例，如（引自《汉语大词典》）：

（139）借使秦王计上世之事，并殷周之迹，以制御其政，后虽有淫骄之主而未有倾危之患也。（司马迁《史记·秦始皇本纪》）

【设 AP，CP】

该句式在《朱子语类》中共见 4 例。"设"为假设复句 DM，所连接的分句表达的语气为 M1+M1（2）/M2（2），前标，AP 首标，语义重心为 Fo2 型。例如：

（140）不知温公为将，设遇此人，奈得它何否？（《卷第八十三·春秋》）

（141）但设有它变，渠亦不能死节。（《卷第一百二十七·本朝一》）

（142）设有变故之来，定无可以应之。（《卷第一百三十·本朝四》）

（143）设有奸将一萌非意，则军中之人，岂容不知有君？（《卷第一百三十五·历代二》）

【设若 AP，CP】

该句式在《朱子语类》中共见 9 例。"设"假设复句 DM，所连接的分句表达的语气为 M1+M1（6）/M2（3），前标，AP 首标或中标，语义重心为 Fo2 型。例如：

（144）"设若此事未穷，遂为此事所拘，不若程子'若穷此事未得且别穷'之言为大否？"（《卷第十八·大学五或问下》）

（145）"设若卫君用孔子，孔子既为之臣而为政，则此说亦可通否？"（《卷第四十三·论语二十五》）

（146）设若不肖者后能改而贤，则吾又引荐之矣。（《卷第四十四·论语二十六》）

（147）设若自天而降，具言其为美为恶，则诚可信矣。（《卷第八十三·春秋》）

后三例"设若"与后续分句的连词"则"连用。

【设使 AP，CP】

该句式在《朱子语类》中共见 17 例。"设使"为假设复句 DM，所连接的分句表达的语气为 M1+M1（10）/M2（6）/M4（1），前标，AP 首标，语义重心为 Fo2 型。例如：

（148）设使此心如太虚然，则应接万务，各止其所，而我无所与，则便视而见，听而闻，食而真知其味矣。（《卷第十六·大学三》）

（149）设使不曾经历，而自言我之所怀者如此，则亦是赋体也。（《卷第八十一·诗二》）

（150）设使不即位，只以大元帅讨贼，徽庙升遐，率六军缟素，是甚么模样气势！（《卷第一百一·程子门人》）

（151）设使制礼作乐，当此之职，只得除之。（《卷第七十九·尚书二》）

【设如 AP，CP】

该句式在《朱子语类》中共见 3 例。"设如"为假设复句 DM，所连接的分句表达的语气为 M1+M1（1）/M2（2），前标，AP 首标，语义重心为 Fo2 型。例如：

（152）设如把"至"作精妙说，则下文"语大语小"，便如何分？（《卷第六十三·中庸二》）

（153）设如人自犯罪，至于死。（《卷第四十二·论语二十四》）

（154）或问："设如母卒，父在，父要循俗制丧服，用僧道火化，则如何？"（《卷第八十九·礼六》）

上述"设若""设使""设如"都为假设连词，"设"分别和"若""使""如"同义复合而成。

【向若 AP，CP】

该句式在《朱子语类》中仅见 1 例。"向若"为假设复句 DM，所连接的分句表达的语气为 M1+M4（1），前标，AP 首标或中标，语义重心为 Fo2 型。例如：

（155）向若能以仲舒为相，汲黯为御史大夫，岂不善！（《卷第一百三十五·历代二》）

二、后分句标记独用式

这一部分将分析只有后一分句 CP 带标记的假设复句。CP 中的标记词，如"就、则、便、那么、还"等标记性较弱，需要结合具体的上下文语境才能判断它们标示何种复句关系类型，因为这些词所能标示的复句关系类型不止一种。

【AP，则$_4$CP】

该句式在《朱子语类》中共见 1183 例。"则$_4$"为假设复句 RM，所连接的分句表达的语气为 M1+M1（918）/M2（141）/M4（124），后标，CP 首标或中标，语义重心为 Fo2 型。例如：

（156）学道做工夫，须是奋厉警发，怅然如有所失，不寻得则不休。（《卷第一百二十一·朱子十八》）

（157）学问是自家合做底。不知学问，则是欠阙了自家底；知学问，则方无所欠阙。（《卷第八·学二》）

（158）学者不立，则一齐放倒了！（《卷第八·学二》）

（159）意诚，则道理合做底事自然行将去，自无下面许多病痛也。（《卷第八·学二》）

（160）致知、力行，用功不可偏。偏过一边，则一边受病。（《卷第九·学三》）

"则"是古汉语中出现频率很高的假设连词之一，相当于"就"。上述五例，均可在假设复句的前一分句补上显性假设关系标记词，如"假设""假使""如果"等。比如，例（160）可理解为"如果偏过一边，则一边受病"。

【AP，便$_2$CP】

该句式在《朱子语类》中共见 681 例。"便$_2$"为假设复句 RM，所连接的分句表达的语气为 M1+M1（612）/M2（23）/M4（46），后标，CP 首标，语义重心为 Fo2 型。例如：

（161）今人知不得，便推说我行未到，行得不是，便说我知未至，只管相推，没长进。（《卷第九·学三》）

（162）如人行路，不见，便如何行。今人多教人践履，皆是自立标致去教人。自有一般资质好底人，便不须穷理、格物、致知。（《卷第九·学三》）

（163）若颜子说话，便可下手做；孟子底，更须解说方得。（《卷第九十五·程子之书一》）

（164）本分当为者，一事有阙，便废天职。（《卷第十三·学七》）

三、前后标记合用式

《朱子语类》假设复句中前后分句都有标记的情况，我们在前面的分析中已涉及一部分，现再按类列举一些。

（一）低度假设

【万一 AP，也 CP】

该句式在《朱子语类》中共见6例。"万一……也……"所连接的分句表达的语气为 M1+M1（5）／M4（1），双标，AP 首标或中标+CP 首标，语义重心为 Fo2 型。例如：

（165）万一有插生一件差异底事来，也都识得他破。（《卷第十八·大学五或问下》）

（166）平日已是闻道，那时万一有照管不到，也无奈何。（《卷第二十六·论语八》）

（167）万一有君父之急，也只得渡。（《卷第七十六·易十二》）

（168）如途中万一遇大盗贼，也须走避，那时如何要不由小径去得！（《卷第三十九·论语二十一》）

（169）万一有此时，也十分使那宛转不得。（《卷第一百三十五·历代二》）

（170）万一被他更咆勃时，也恶模样。（《卷第一百三十五·历代二》）

上述例中，例（168）前一分句除了有假设连词"万一"外，句首还有连词"如"。例（169）、例（170）前一分句除了"万一"外，在句尾还有假设助词"时"。

【万一 AP，则 CP】

该句式在《朱子语类》中共见4例。"万一……则……"所连接的分句表达的语气为 M1+M1（1）／M2（3），双标，AP 首标+CP 首标，语义重心为 Fo2 型。例如：

（171）万一即死，则亦不至昏昧过了一生，如禽兽然，是以为人必以闻道为贵也。（《卷第二十六·论语八》）

（172）曰："万一料事不过，则如之何？"（《卷第二十二·论语四》）

（173）万一无天祺，则又当如何？（《卷第六十三·中庸二》）

（174）文蔚问："万一不容辞免，则当如何？"（《卷第一百六·朱子三》）

【万一 AP，便 CP】

该句式在《朱子语类》中仅见 1 例。"万一……便……"所连接的分句表达的语气为 M1+M1（1），双标，AP 首标+CP 首标，语义重心为 Fo2 型。例如：

（175）万一略有警，便难承当。（《卷第一百七·朱子四》）

【万一 AP，又 CP】

该句式在《朱子语类》中仅见 1 例。"万一……又……"所连接的分句表达的语气为 M1+M2（1），双标，AP 首标+CP 首标，语义重心为 Fo2 型。例如：

（176）今且如此说，万一无媵可脱时，又如何？（《卷第八十七·礼四》）

【万一 AP，必 CP】

该句式在《朱子语类》中仅见 1 例。"万一……必……"所连接的分句表达的语气为 M1+M1（1），双标，AP 首标+CP 首标，语义重心为 Fo2 型。例如：

（177）当时事未定，江上汹汹，万一兵溃，必趋长沙。（《卷第一百六·朱子三》）

【要是 AP，故 CP】

该句式在《朱子语类》中仅见 1 例。"要是……故……"所连接的分句表达的语气为 M1+M1（1），双标，AP 首标+CP 首标，语义重心为 Fo2 型。例如：

（178）要是它们科举之习未除，故说得如此。（《卷第二十·论语二》）

（二）中度假设

【若 AP，则 CP】

该句式在《朱子语类》中共见 874 例。"若……则……"为假设复句框架匹配标记中使用频率最高的格式，双标，AP 首标+CP 首标，语义重心为 Fo2 型。例如：

（179）若以理推之，则无有盈阙也。（《卷第二·理气下》）

（180）若更去外面生出许多议论，则正意反不明矣。（《卷第一百二十一·朱子十八》）

（181）若如公说一句，更用数十字去包他，则圣贤何不逐句上更添几字，教他分晓？（《卷第一百二十一·朱子十八》）

（182）若上古圣贤，则只是专以理言之否？（《卷第三·鬼神》）

"若"字下"若+能愿动词"的用例很多，也可组成一些匹配框架。例如"若能 AP，便 CP"：

（183）今人若能专一此心，便收敛紧密，都无些子空罅。（《卷第十七·大学四或问上》）

（184）人若能如此作文，便是第一等文章！（《卷第十九·论语一》）

（185）若能收这心常在这里，便与一世都背驰了。（《卷第三十一·论语十三》）

"若能 AP，则 CP"：

（186）若能学，则能知觉此明德，常自存得，便去刮剔，不为物欲所蔽。（《卷第十四·大学一》）

（187）若能知止，则自能如此。（《卷第十四·大学一》）

（188）若能常自省察警觉，则高明广大者常自若，非有所增损之也。（《卷第十二·学六》）

（189）浩熟思之：若能每事加敬，则起居语默在规矩之内，久久精熟，有"从心所欲，不逾矩"之理。（《卷第十二·学六》）

【若 AP，就 CP】

该句式在《朱子语类》中仅见 2 例。"若……就……"所连接的语气为 M1+M1，双标，AP 中标、CP 首标，语义重心为 Fo2 型。例如：

（190）然若有人会答时，就这里推原，却然有好说话。（《卷第一百二十七·本朝一》）

（191）理会上面底，却弃置事物为陈迹，便只说个无形影底道理；然若还被他放下来，更就事上理会，又却易。（《卷第一百二十一·朱子十八》）

例（190）的前一分句中，"若"与助词"时"连用。

【若是 AP，则 CP】

该句式在《朱子语类》中共见 82 例。"若是……则……"双标，AP 首标+CP 首标，语义重心为 Fo2 型。例如：

（192）若是诗人所作讥刺淫奔，则婺州人如有淫奔，东莱何不作一诗刺之？（《卷第八十·诗一》）

（193）若是为伯者作，则此书岂足为义理之书？（《卷第八十三·春秋》）

（194）若是未有形质，则此性是天地之理，如何把做人物之性得！（《卷第七十四·易十》）

（195）若是于那渺茫幽深之间知得这道理，则天下之理皆可推而明之矣。（《卷第二十五·论语七》）

【若是 AP，也 CP】

该句式在《朱子语类》中共见 11 例，占"若是"类假设复句的 3.17%，比"若是 AP，则 CP"用例要少。"若是……也……"双标，AP 首标或中标+CP 首标，语义重心为 Fo2 型。例如：

（196）今若是不博文时便要去约，也如何约得住！（《卷第三十一·论语十三》）

（197）资质好底固是合下便恁地，若是资质不好，后做得到时，也只一般。（《卷第三十二·论语十四》）

（198）若是仁之体段意思，也各各自理会得了。（《卷第六·性理三》）

（199）若是凭地，则也奈他不何。（《卷第二十四·论语六》）

（200）若是大段负固，不得已，也须征伐，如伐苗是也。（《卷第二十五·论语七》）

例（196）前一分句中，假设连词"若是"与助词"时"连用；例（199）后一分句中，"则"和"也"连用。

【若是 AP，便 CP】

该句式在《朱子语类》中共见 62 例，占"若是"类假设复句的 17.86%。"若是……便……"双标，AP 首标或中标+CP 首标，语义重心为 Fo2 型。例如：

（201）若是意思高广底，将来遍不下，便都颠了。（《卷第九·学三》）

（202）若是不致知、格物，便要诚意、正心、修身；气质意未尽诚，便是这德有所未明；心有不正，则德有所。（《卷第九·学三》）

（203）若是格物、致知有所未尽，便是知得这明德未分明；意未尽诚，便是这德有所未明；心有不正，则德有所未明身有不修，则德有所未明。（《卷第十四·大学一》）

（204）颜子若是延得几年，便是圣人。（《卷第三十四·论语十六》）

【倘 AP，便 CP】

该句式在《朱子语类》中仅见 1 例。"倘……便……"所连接的分句表达的语气为 M1+M1，双标，AP 首标+CP 首标，语义重心为 Fo2 型。例如：

（205）倘临事不醒，只争一晌时，便为他引去。（《卷第十五·大学二》）

【倘 AP，则 CP】

该句式在《朱子语类》中仅见 1 例。"倘……则……"所连接的分句表达的语气为 M1+M1，双标，AP 首标+CP 首标，语义重心为 Fo2 型。例如：

（206）倘自为窒塞，则触处有碍矣。（《卷第九十七·程子之书三》）

（三）高度假设

【假使 AP，则 CP】

该句式在《朱子语类》中共有 2 例。"假使……则……"所连接的分句表达的语气为 M1+M1，双标，AP 首标+CP 首标，语义重心为 Fo2 型。例如：

（207）假使不能尽去，则老氏之学但当自祀其老子关尹列、庄子徒，以及安期生魏伯阳辈。（《卷第一百二十五·老氏》）

（208）假使悬空白撰得一人如此，则能撰之人亦自大有见识，非凡人矣。（《卷第一百三十七·战国汉唐诸子》）

【假设 AP，则 CP】

该句式在《朱子语类》中仅见 1 例。"假设……则……"所连接的分句表达的语气为 M1+M1，双标，AP 首标+CP 首标，语义重心为 Fo2 型。例如：

（209）假设如此，则如此；假设如彼，则如彼。（《卷第六十七·易三》）

【假使 AP，亦 CP】

该句式在《朱子语类》中共见 3 例。"假使……亦……"所连接的分句表达的语气为 M1+M1，双标，AP 首标+CP 首标，语义重心为 Fo2 型。例如：

（210）假使其所任之人或有作乱者，亦将不恤之乎？（《卷第七十二·易八》）

（211）假使汉高祖能行夏时，乘商辂，亦只是汉高祖。（《卷第一百二十二·吕伯恭》）

（212）又好谈鬼神者，假使实有闻见，亦未足信。（《卷第九十七·程子之书三》）

【假 AP，亦 CP】

该句式在《朱子语类》中共见 2 例。"假……亦……"所连接的分句表达的语气为 M1+M1，双标，AP 首标+CP 首标或中标，语义重心为 Fo2 型。例如：

（213）盖志在于利欲，假有善事，亦偶然耳，盖其心志念，念只在利欲上。（《卷第一百二十·朱子十七》）

（214）因论漳泉行经界事："假未得人，势亦着做。"（《卷第一百六·朱子三》）

【设如 AP，则 CP】

该句式在《朱子语类》中共见 2 例。"设如……则……"所连接的分句表达的语气为 M1+M2，双标，AP 首标+CP 首标，语义重心为 Fo2 型。例如：

（215）设如把"至"作精妙说，则下文"语大语小"，便如何分？（《卷第六十三·中庸二》）

（216）或问："设如母卒，父在，父要循俗制丧服，用僧道火化，则如何？"（《卷第八十九·礼六》）

【设使 AP，则 CP】

该句式在《朱子语类》中共见 5 例。"设使……则……"双标，AP 首标+CP 首标，语义重心为 Fo2 型。例如：

（217）设使此心如太虚然，则应接万务，各止其所，而我无所与，则便视而见，听而闻，食而真知其味矣。（《卷第十六·大学三》）

（218）"屈伸相感，而利生焉"者，有昼必有夜，设使长长为昼而不夜，则何以息？（《卷第七十二·易八》）

例（217）前一分句中，"设使"还跟"如"连用。

【设若 AP，则 CP】

该句式在《朱子语类》中共见 5 例。"设若"也跟"便""遂""也"等词连用，但均仅见 1 例。"设若……则……"双标，AP 首标+CP 首标，语义重心为 Fo2 型。例如：

（219）设若卫君用孔子，孔子既为之臣而为政，则此说亦可通否？（《卷第四十三·论语二十五》）

（220）设若不肖者后能改而贤，则吾又引荐之矣。（《卷第四十四·论语二十六》）

（221）设若致膰，则夫子果止否？（《卷第四十八·论语三十》）

《朱子语类》假设复句上述情况如表 29 所示，其概括情况如表 30 所示。

表29　《朱子语类》假设复句系统综合表

假设标记词		出现次数	所占比例	《语类》中状态	显、隐特征	结构类型	语气类型	语义重心
单音标记词	果	18	0.29%	成形、稳固	DM	AP 首标或中标	M1+M1（11）/M4（2）/M2（5）	Fo2
	若	2658	43.54%	成形、稳固	DM	AP 首标或中标	M1 + M1（1460）/M2（609）/M4（589）	Fo2
	如	528	8.65%	成形、稳固	DM	AP 首标或中标	M1+M1（392）/M2（63）/M4（73）	Fo2
	苟	243	3.98%	成形、稳固	DM	AP 首标	M1+M1（231）/M2（6）/M4（6）	Fo2
	傥（倘）	8	0.13%	成形、稳固	DM	AP 首标	M1+M1（4）/M4（2）	Fo2

假设标记词		出现次数	所占比例	《语类》中状态	显、隐特征	结构类型	语气类型	语义重心
单音标记词	假	3	0.05%	成形、稳固	DM	CP 首标	M1+M1（3）	Fo2
	设	4	0.07%	成形、稳固	DM	AP 首标	M1+M1（2）/M2（2）	Fo2
	则	1183	19.38%	成形、稳固	RM	CP 首标、中标	M1 + M1（918）/M2（141）/M4（124）	Fo2
	便	681	11.15%	成形、稳固	RM	CP 首标	M1+M1（612）/M2（23）/M4（46）	Fo2
复音标记连词	果然	2	0.03%	成形、不稳定	DM	AP 中标	M1+M1（1）/M2（1）	Fo2
	万一	32	0.52%	成形、稳定	DM	AP 首标、中标	M1+M1（32）	Fo2
	一旦	21	0.34%	成形、稳定	DM	AP 首标、中标	M1+M1（21）	Fo2
	若有	8	0.13%	成形中	DM	AP 首标、中标	M1+M1（6）/M2（1）/M4（1）	Fo2
	若是	349	5.72%	成形中	DM	AP 首标、中标	M1 + M1（261）/M2（51）M4（37）	Fo2
	若不是	47	0.77%	成形中	DM	AP 首标、中标	M1 + M1（22）/M2（13）/M4（12）	Fo2
	若能	101	1.65%	成形中	DM	AP 中标	M1+M1（85）/M2（5）/M4（11）	Fo2
	若果	29	0.48%	成形	DM	AP 首标、中标	M1+M1（18）/M2（5）/M4（6）	Fo2
	若或	5	0.08%	成形	DM	AP 中标	M1+M1（5）	Fo2
	若非	37	0.61%	成形、稳定	DM	AP 首标	M1+M1（27）/M2（5）/M4（5）	Fo2
	如果	6	0.10%	成形	DM	AP 首标、中标	M1+M1（4）/M2（1）/M4（1）	Fo2
	如其	5	0.08%	成形	DM	CP 中标	M1+M1（4）/M2（1）	Fo2
	如或	12	0.20%	成形	DM	AP 首标或中标	M1+M1（11）/M2（1）	Fo2
	假如	7	0.11%	成形	DM	AP 首标	M1+M1（7）	Fo2

续表

假设标记词		出现次数	所占比例	《语类》中状态	显、隐特征	结构类型	语气类型	语义重心
复音标记连词	假饶	5	0.11%	成形	DM	AP 首标	M1+M1（4）/M2（1）	Fo2
	假设	2	0.03%	成形	DM	AP 首标或中标	M1+M1（2）	Fo2
	假说	1	0.02%	成形	DM	AP 中标	M1+M1（1）	Fo2
	假使	9	0.15%	成形	DM	AP 首标	M1+M1（7）/M2（1）/M4（1）	Fo2
	若使	63	1.03%	成形、稳定	DM	AP 首标	M1+M1（47）/M2（7）/M4（9）	Fo2
	向使	2	0.03%	成形	DM	AP 首标	M1+M1（1）/M2（1）	Fo2
	但使	3	0.05%	成形	DM	AP 首标	M1+M1（1）/M4（1）/M2（1）	Fo2
	借使	1	0.02%	成形	DM	AP 首标	M1+M1（1）	Fo2
	设若	9	0.15%	成形	DM	AP 首标或中标	M1+M1（6）/M2（3）	Fo2
	设使	17	0.28%	成形、稳定	DM	AP 首标	M1+M1（10）/M2（6）/M4（1）	Fo2
	设如	3	0.05%	成形	DM	AP 首标	M1+M1（1）/M2（2）	Fo2
	向若	1	0.02%	成形	DM	AP 首标	M1+M4（1）	Fo2
总计		6103	100.00%					

表 30　假设复句标志词一览表

结构类型	假设复句		
标记类型	单音标记	复音标记	匹配标记
标志词	果	果然	万一 AP 也 CP
	若	万一	万一 AP 则 CP
	如	一旦	万一 AP 便 CP
	苟	若是	万一 AP 又 CP
	傥（倘）	若果	万一 AP 必 CP
	假	若或	要是 AP 故 CP
	设	若非	若 AP 则 CP
	则	如果	若是 AP 则 CP
	便	如其	若是 AP 也 CP
		如或	若是 AP 就 CP
		假如	若是 AP 还 CP
		假饶	若是 AP 便 CP
		假设	若 AP 就 CP
		假说	倘 AP 便 CP
		假使	倘 AP 则 CP
		若使	假使 AP 则 CP
		向使	假设 AP 则 CP
		但使	假使 AP 亦 CP
		借使	假 AP 亦 CP
		设若	设如 AP 便 CP
		设使	设使 AP 则 CP
		设如	设若 AP 则 CP
		向若	
句数	5326	777	1069
比例	87.27%	12.73%	17.25%

第四节 《朱子语类》假设复句句法特征

一、单音标记

（一）数量特征

《朱子语类》假设复句单音标记共有 10 个，占总标记数量的 27.78%，但它们出现的用例却占假设复句总数的 75.92%，由此可见，单音标记仍占主导地位。《朱子语类》中该部分词的结构位置、逻辑语义基本上承袭上古，有的只是连接功能更强大，所加成分可以更复杂而已，例如"苟""若"等。

（二）来源及发展

"果、若、倘、设、苟"等用作假设复句标记词的用法，基本上在先秦时期就已出现。到编著《朱子语类》时期，这些词基本上是延续先秦用法。

（三）词性特征

假设复句单音标记的词性也主要是以副词和连词为主。连词一类的如"倘""苟""若""便""则""假"等；副词一类的如"还""也""便""亦""就""必"等。

（四）位置特征

单音标记中，7 个显性标记均为 AP 首标，另外 3 个隐性标记为 CP 首标。有时主语通常承前省略，为零主语形式。我们可以看出，单音标记在假设复句中一般须放在主语之前，因为其虚化程度高，对整个句子统辖的能力较强，主语也须受其制约。

二、复音标记

（一）数量特征

《朱子语类》假设复句复音标记词共 25 个，占标记词总数的 74.28%，可见，复音标记数量众多。但是，其出现的用例却只有 341 例，这表明《朱子语类》假设复句复音标记具有明显的数量多而用例少的特点。

（二）来源及构成方式

假设复句复音标记主要来源于同义复合、词缀附加和虚化三种方式。属于同义复合的有"设若、设使、设如、假设、假使、假如、向若、借使、但使、向使、若使、如或、如其、如果、若果"等；属于词缀附加的有"若是、要是、果然"等；属于虚化的有"万一、一旦"等。假设复句复音标记的一个显著特点就是由同义复合而形成的标记词特别丰富。但《朱子语类》时代一些常用的复音标记词，如"若使，若果、设使、如或"等到后代也逐渐走向衰亡，从而最终形成现代汉语的格局。

（三）位置特征

《朱子语类》假设复句复音标记出现位置的总体特征一般为 AP 首标，置于主语之前。

三、匹配框架

《朱子语类》假设复句标记单用的用例要远远多于标记匹配形式的用例。因为多数情况下单用的标记词已足以标示所在复句分句间的假设关系。假设复句主要的匹配框架标记使用情况见表 31：

表 31　假设复句匹配框架标记词一览表

假设类匹配框架标记词					
字组	具体标记词				
句型	见次	频率	句型	见次	频率
万一 AP 也 CP	6	0.10%	若 AP 就 CP	2	0.03%
万一 AP 则 CP	4	0.07%	倘 AP 便 CP	1	0.02%
万一 AP 便 CP	1	0.02%	倘 AP 则 CP	1	0.02%
万一 AP 又 CP	1	0.02%	假使 AP 则 CP	2	0.03%
万一 AP 必 CP	1	0.02%	假设 AP 则 CP	1	0.02%
要是 AP 故 CP	1	0.02%	假使 AP 亦 CP	3	0.05%
若 AP 则 CP	874	14.92%	假 AP 亦 CP	2	0.03%
若是 AP 则 CP	82	1.40%	设如 AP 则 CP	2	0.03%
若是 AP 也 CP	11	0.19%	设使 AP 则 CP	5	0.09%
若是 AP 就 CP	1	0.02%	设若 AP 则 CP	5	0.09%
若是 AP 还 CP	1	0.02%			
若是 AP 便 CP	62	1.06%			
合计	1069				

四、显隐特征

《朱子语类》假设复句标记词主要以显性标记为主，基本不需要完全依赖语境判别前后分句间假设与结果的逻辑关系。隐性标记多置于 CP 句首，此时，如果前一分句未出现显性标记，凭借隐性标记结合语境也可判别出前后分句间的逻辑关系。

第五节 《朱子语类》假设复句语义特征

《朱子语类》中，知域型假设复句共 2844 例，占 49.78%；行域型假设复句共 1974 例，占 34.55%；而对前涉假设内容进行评述的言域型假设复句共 894 例，占 15.65%。因为《朱子语类》是朱熹及其门人教学内容的实录，当中自然是以预设疑问及获得结论的假设复句为主，故知域型假设复句在《朱子语类》假设复句中占较大比重。

第六节 《朱子语类》假设复句语用特征

一、语气类型特征

《朱子语类》假设复句的语气类型按出现频率降次排列如下：M1+M1 型（4999）→M1+M2 型（421）→M1+M4 型（396）→M1+M3 型（40）。可见，假设复句中"AP+CP"的语气是以"陈述+陈述"（M1+M1 型）为主。假设复句中，AP 表述的是假设的事实或条件，CP 则在该条件或事实下出现的结果或结论。这样的表述在《朱子语类》中通常以平铺直叙的方式呈现出来，这也是知域型假设复句占优势地位带来的必然结果。陈述+疑问型和陈述+感叹型语气基本相当，用例较多，陈述+祈使型标记依然很少见。

二、语义重心类型特征

《朱子语类》假设复句的语义重心类型按出现频率降次排列如下：Fo1（4673）→Fo2（1183）→Fo3（0）。《朱子语类》中假设复句语用种类众多，但因为有标复句中显性标记的明示、强调作用非常突出，所以一旦有显性标记标示，交际双方就会知道 AP 这个虚拟的预设前提是达成该复句 CP 结果必须要实现的内容。如果没有 AP 部分的成真，CP 的结果就是虚假，故而 Fo1 型数量居多，只有隐性标记类词有部分复句语义重心类型为 Fo2。

第十章

《朱子语类》因果复句

第一节　因果复句界定

"因果复句"是偏正复句的一种，是前后分句之间具有原因和结果关系的复句，其中表原因的分句为偏句，表结果的为正句。语表结构一般分为表因分句、表因标记、结果分句、结果标记四个部分，但是它们不必同时共现。因果复句的逻辑语义关系是偏句提出原因，正句说出因此而产生的结果。因果复句语用上多用以解释、说明，属于传信范畴。

自《马氏文通》以来，学界对因果复句进行了深入的研究与探讨，且取得了较丰富的成果。《马氏文通》对一些因果复句标记，如"以、为、故"等做了详尽的探讨。后来，吕叔湘和周法高将因果复句标记分为因标记和果标记两类，并对此做了比较充分的研究和比较。杨伯峻、何乐士将因果标记用法和组句模式结合起来进行了较深入的探讨。下面我们将上述观点和其他学者看法大致列表 32：

表 32　各家观点对照表

作者	代表作	主要观点
吕叔湘	《中国文法要略》	把原因分为事实的原因、行事的原因和推论，结合关系词分别论述
王力	《中国现代语法》	分为理由式、原因式、目的式和结果式
杨伯峻、何乐士	《古汉语语法及其发展》	分为先因后果、先果后因两类
房玉清	《实用汉语语法》	重语义关系，将因果关系的研究从狭义向广义推进了一步
王维贤	《现代汉语语法理论研究》	从因果副词和典型因果句角度研究汉语因果关系

作者	代表作	主要观点
申小龙	《汉语句型研究》	重逻辑，并分为先因后果句、先果后因句和结果句
邢福义	《汉语复句研究》	多种广义因果与有牵连的句式

第二节　因果复句的结构形式分类

如前所述，因果复句的四个组成部分为原因分句、原因标记、结果分句和结果标记。其中，原因标记简称"因标"（表示为 cm，cause-mark），结果标记简称"果标"（表示为 em，effect-mark），因果复句表示为 YGCS。因此，以上四个组成部分可以表示为：YGCS（yinguo compound sentences）【AP，cm，CP，em】

我们根据因果复句中原因分句和结果分句的先后位置及标记情况，将该类复句分为两大类六个次类，如图 7 所示：

$$因果复句\begin{cases}由因推果\begin{cases}因标记\\果标记\\双标记\end{cases}\\由果溯因\begin{cases}因标记\\果标记\\双标记\end{cases}\end{cases}$$

图 7　因果复句标记分类图

具体阐述如下：

一、由因推果型

1. 单因标记，记作 YGCS1：【AP→CP；cm≥1，em＝0】先因后果，只有因标。例如：

（1）因说及陈后之陈安卿二人，为学颇得蹊径次第。（《卷第一百一十五·朱子十二》）

2. 单果标记，记作 YGCS2：【AP→CP；cm＝0，em≥1】先因后果，只有果标。例如：

（2）日去表有远近，故景之长短为可验也。（《卷第二·理气下》）

3. 双标记，记作 YGCS3：【AP→CP；cm≥1，em≥1】先因后果，因标、果标俱全。例如：

（3）以其有气，故以类求之尔。（《卷第八十七·礼四》）

二、由果溯因型

4. 单因标记，记作 YGCS4：【CP→AP；cm≥1，em＝0】先果后因，有因标。例如：

（4）凡陆梁跋扈之事，因兹而有。（《卷第一百一十·朱子七》）

5. 单果标记，记作 YGCS5：【CP→AP；cm＝0，em≥1】先果后因，有果标。例如：

（5）故以人为说者，是就人性上说。（《卷第六十一·孟子十一》）

6. 双标记，记作 YGCS6：【CP→AP；cm≥1，em≥1】先果后因，因果标俱全。例如：

（6）故横渠言"原"，则若善定于一耳，盖善因一而后定也。（《卷第七十九·尚书二》）

第三节 《朱子语类》因果复句分析

一、由因推果型因果复句

由因及果式因果复句是指表示原因的分句为 AP，表达由此原因推出的结果为 CP，吕叔湘把它称之为"纪效句"，杨伯峻将其命名为"结果句"。由于这类复句的连接标记词语，即因标和果标各有不同的使用差异，单用"因标"，强调原因，单用"果标"强调结果。因此我们又据此将其分为三小类，具体情况如下：

（一）因标记型

YGCS1：【AP→CP；cm≥1，em＝0】先因后果，只有因标

【惟/维 AP，CP】

该句式在《朱子语类》中共见 47 例。"惟/维"为因果复句 RM，所连接的

分句表达的语气为 M1+M1（43）/M2（4），前标，AP 首标，语义重心为 Fo1 型①。例如：

（7）气升降，无时止息。理只附气。惟气有昏浊，理亦随而间隔。（《卷第四·性理一》）

（8）四者于五行各有配，惟信配土，以见仁义礼智实有此理，不是虚说。（《卷第六·性理三》）

（9）惟人才动便有差，故圣人主静以立人极欤？（《卷第九十四·周子之书》）

【以 AP，CP】

该句式在《朱子语类》中共见 161 例。"以"为因果复句 RM，所连接的分句表达的语气为 M1+M1（157）/M2（2）/M4（2），前标，AP 首标或中标，CP 首标，语义重心为 Fo1 型。例如：

（10）以其地极高，与天为党，故曰上党。（《卷第二·理气下》）

（11）以其先发，故是行仁之本。（《卷第二十·论语二》）

（12）以其周建于十二辰之舍，故谓之"北辰"。（《卷第二十三·论语五》）

（13）奈何以弟故废先帝法，吾何面目入高庙乎！（《卷第一百一十二·朱子九》）

（14）以女而俟人于城隅，安得谓之闲雅？（《卷第八十一·诗二》）

"以"在先秦时代多用作动词，意为"当作，认为"。例如：

（15）我以日始出时去人近，而日中时远也。（《列子·汤问》）

"以"或为"使用"之意。例如：

（16）如或知尔，则何以哉？（《论语》）

作为动词"以"，其用法常常是要加宾语的，随着句子长度加长更为复杂后，出现【"以"】+【宾语】+【谓词性结构】的模式。当谓词性结构占据句子的核心地位时，【"以"+宾】就变成介宾短语起修饰作用了。此时动词"以"变成了介词，出现了"凭借"之意，凭借的东西越来越多样化，开始还是简单的名词，如身份、权位、工具等，后来逐渐就不限于名词，开始出现短语、分句。"以"字的"凭借"义开始虚化，仅用来表示连接的作用，成了真

---

① 此处"RM"意为隐性标记词；"M1+M1/M2"意为陈述+陈述/疑问语气，括号内数字为语料见次；"AP 首标"意为该标记位于前分句主语之前，居于句首；"Fo1"意为语义重心在前分句。详细分类标准请参见第二章。

正的连接标记词，这种用例出现的时间较早。例如：

(17) 郑以救公误之，遂失秦伯 。(《左传·僖公十五年》)

《朱子语类》基本沿用了"以"的上古汉语用法。例 (10) ~ (12) 均为"以 AP，故 CP"的结构形式。

【因 AP，CP】

该句式在《朱子语类》中共见 156 例。"因"为因果复句 DM，所连接的分句表达的语气为 M1+M1 (147) /M4 (9)，前标，AP 首标、中标，语义重心为 Fo1 型。例如：

(18) 因其恻隐，知其有仁；因其羞恶，知其有义。(《卷第六·性理三》)

(19) 因今日有这情，便见得本来有这性。(《卷第五·性理二》)

(20) 因其生而第之以其所当处者，谓之叙；因其叙而与之以其所当得者，谓之秩。(《卷第七十八·尚书一》)

(21) 因见时文义，甚是使人伤心！(《卷第一百九·朱子六》)

"因"演化为连接词的步骤与"以"相同。当原因介词"因"引介的成分由体词性成分扩展为谓词性成分甚至小句时，它同后面成分的结构关系便变得松散，其作为介词的介引功能逐渐弱化，又因常居句首位置，便有了重新分析为因果复句标记的可能。"因"充当因果连词的功能在先秦时已见用例，《朱子语类》基本保存了这种用法。例如：

(22) 季子起而治之，则不得与于国政，坐而视之则亲亲。因不忍见也，故于是复请至于陈而葬原仲也。(《春秋公羊传·庄公二十七年》)

【缘 AP，CP】

该句式在《朱子语类》中共见 158 例。"缘"为因果复句 DM，所连接的分句表达的语气为 M1+M1 (151) /M2 (6) /M4 (1)，前标，AP 首标、CP 首标，语义重心为 Fo1 型。例如：

(23) 后世有个新生底神道，缘众人心都向它，它便盛。(《卷第三·鬼神》)

(24) 缘这道理，不是外来物事，只是自家本来合有底，只是常常要点检。(《卷第九·学三》)

(25) 缘此书却不多，而规模周备。(《卷第十四·大学一》)

(26) 缘中间情有牵制，被他挠数日。(《卷第十六·大学三》)

(27) 卿缘路来，见他曾与甚么人交？(《卷第一百二十七·本朝一》)

（28）缘只见得这道理，都不见那刀锯鼎镬！（《卷第一百七·朱子四》）

"缘"本义为"用绳线捆绑动物"，例如：

（29）限之以邓林，缘之以方城。（《荀子·议兵》）

"缘"经词性引申变为名词，意：为衣物缝锁的布边。

（30）常衣大练，裙不加缘。（《后汉书》）

"缘"此后又经过比喻引申，出现了"深刻的联系、关系、机会"的含义，此时词义收缩，变为名词"原因"，由此发展出了原因复句标记词的功用。"缘"作为标记词用例也出现于先秦时期，《朱子语类》中延续了此用法，用例广泛，没有太大变化。

（31）则缘耳而知声可也，缘目而知形可也。（《荀子·正名》）

此外，"缘"前常有"正""直"等副词修饰，其中，"正缘"见 10 例、"只缘"见 85 例。"缘"有时也和同是因果复句标记词的"盖"一起使用。例如：

（32）然当时事势，中宗却未有过，正缘无罪被废，又是太宗孙，高宗子，天下之心思之，为它不愤，五王亦因此易于成功耳。（《卷第一百三十五·历代二》）

（33）只缘不曾求圣人之意，才拈得些小，便把自意硬入放里面，胡说乱说。（《卷第十九·论语一》）

（34）盖缘是正颜色亦有假做恁地，内实不然者。（《卷第三十五·论语十七》）

【由 AP，CP】

该句式在《朱子语类》中共见 4 例。"由"为因果复句 RM，所连接的分句表达的语气为 M1+M1（4），前标，AP 首标，语义重心为 Fo1 型。例如：

（35）由道心，则形气善；不由道心，一付于形气，则为恶。（《卷第六十二·中庸一》）

（36）横渠言，凡物莫不有是性，由通蔽开塞，所以有人物之别。（《卷第四·性理一》）

"由"的连词用法是从其介词用法转变而来的。《韵会》云："由，因也。""由"用为连词表原因，在先秦也已见用例。例如：

（37）由是则生而有不用也。（《孟子·告子上》）

【为 AP，CP】

该句式在《朱子语类》中共见 85 例。"为"是因果复句 RM，所连接的分句表达的语气为 M1+M1（83）/M2（2），前标，AP 首标、CP 首标，语义重心为 Fo1 型。例如：

(38) 为其气极紧，故能扛得地住；不然，则坠矣。（《卷第一百·邵子之书》）

(39) 为他是个柔顺底物，东北阳方，非他所安之地。（《卷第六十九·易五》）

(40) 为他心中打不过，又立恭帝，假援回护委曲如此，亦何必尔？（《卷一百三十六·历代三》）

罗振玉《增订殷虚书契考释》："卜辞作手牵象形。""意古者役象以助劳。"① 所以我们可知"为"本义是"做"，动词。例如：

(41) 为善者，非善也，故善无以为也。（《管子·枢言》）

"为"同样也是因为后接成分的多样化，慢慢变成了介词。由其动词性中心谓语变成了介宾结构去修饰新的谓语核心。"为"作为介词，突出的功能就是接引出对象来，这个对象在语言使用过程中越来越复杂，变成了句子。相应的"为"也就成了 AP、CP 之间的连接，标记连词的功能就出现了。"为"的因果连词用法先秦时即见用例，如：

(42) 子曰："射不主皮，为力不同科，古之道也。"（《论语·八佾》）

(43) 为不顺于父母，如穷人无所归。（《孟子·万章上》）②

《朱子语类》中"为"的用例是延续上古文言用法。另外，后世还出现了一种标示因果关系的框架匹配标记"为 AP，是以 CP"，用以突出前因后果，但在《朱子语类》中未见用例。

【盖 AP，CP】

该句式在《朱子语类》中共见 986 例。"盖"后所述的多为推测的原因，相当于"大概是因为……"。"盖"为因果复句 DM，所连接的分句表达的语气为M1+M1（924）/M2（21）/M4（35）/M3（6），前标，AP 首标、CP 首标，语义重心为 Fo1 型。例如：

(44) 盖用权是圣人不得已处，那里是圣人要如此！（《卷第五十八·孟子八》）

(45) 盖非不晓，但是说滑了口后，信口说，习而不察，更不去子细检点。（《卷第二·理气下》）

(46) 盖晦日则月与日相叠了，至初三方渐渐离开去，人在下面侧看

---

① 孟蓬生."为"义申许 [J].古汉语研究，1995（3）：43-44.
② 王淑华.晚唐五代连词研究 [D].济南：山东大学，2009：176.

见，则其光阙。(《卷第二·理气下》)

(47) 盖彼之是非，干我何事？(《卷第一百二十一·朱子十八》)

(48) 盖人主不比学者，可以令他去思量。(《卷第一百一·程子门人》)

【既 AP，CP】

该句式在《朱子语类》中共见 86 例。"既"为因果复句 DM，所连接的分句表达的语气为 M1+M1（79）/M2（4）/M4（3），前标，AP 首标，语义重心为 Fo2 型。例如：

(49) 曰："既能啜水，亦必有肠肚。"(《卷第三·鬼神》)

(50) 用之云："既屈之中，恐又自有屈伸。"(《卷第三·鬼神》)

(51) 既成形，是魄在先。(《卷第三·鬼神》)

(52) 然既周流充满于一身之中，则鼻之知臭，口之知味，非魄乎？(《卷第三·鬼神》)

(53) 既与常人一同，又安得不以圣贤为己任？(《卷第八·学二》)

(54) 柄录云："问：'天地之性既善，则气禀之性如何不善？'"(《卷第四·性理一》)

上述例（49）~例（51）的"既"用于前一分句，在 AP 部分先提出一种已经成为现实的情况作为前提，CP 部分表示因出现 AP 这个前提而产生出的论断或结果。例（52）~例（54）的"既"位置在 AP 部分，其作用与上述三例一致，但是 CP 部分多采用语气比较强烈的反问形式对 AP 提出质疑，希望以此驳倒 AP 部分的观点。

【既是 AP，CP】

该句式在《朱子语类》中共见 9 例。"既是"为因果复句 RM，所连接的分句表达的语气为 M1+M1（4）/M2（3）/M4（2），前标，AP 首标，语义重心为 Fo2 型。例如：

(55) 先生曰："既是父要公习举业，何不入郡学。"(《卷第十三·学七》)

(56) 曰："既是家贫亲老，未免应举，亦当好与他做举业。"(《卷第十三·学七》)

(57) 既是诚了，如何又说诚意？(《卷第十五·大学二》)

"既是"作连词，是由"既"加上后缀"是"而成的。蒋冀骋、吴福祥（1997）指出，"既"在古汉语中已用作因果连词，晚唐前后，它开始带上后缀

"是"变成双音形式的"既是",例如①:

(58) 既是巡营,有号也无?(《敦煌变文》)

(59) 既是骑马,为什摩不踏镫?(《祖堂集》卷八)

【因为 AP,CP】

该句式在《朱子语类》中仅见 1 例。"因为"为因果复句 DM,所连接的分句表达的语气为 M1+M1 (1),前标,AP 首标,语义重心为 Fo1 型。例如:

(60) 后因为人放爆仗,焚其所依之树,自是遂绝。(《卷第三·鬼神》)

"因为"是由"因"和"为"同义复合而成的,"因为"的较早用例见于唐代变文。例如:

(61) 皇宫不绍金轮位,居山定正佛菩提,果然今日抛吾去,因为西门见死尸。(《敦煌变文·卷八》)

此外,由于"因"和"为"复合后,二者的顺序在较长期间内未固定下来,吴福祥(1996:278)指出,"直到明代,'为因'仍跟'因为'一样常见"。下面为他举的例子:

(62) 为因打死了人,落发为僧。(《水浒传》第六回)

(63) 因为打死了人,逃走出来。(《水浒传》第三十八回)

《朱子语类》中"为因"仅见 1 例。例如:

(64) 若配之人事,则为小人畜君子也得,为臣畜君也得,为因小小事畜止也得,不可泥定一事说。(《卷第七十·易六》)

【缘为 AP,CP】

该句式在《朱子语类》中共见 3 例。"缘为"为因果复句 DM,所连接的分句表达的语气为 M1+M1 (3),前标,AP 首标,语义重心为 Fo1 型。例如:

(65) 又曰:"此个道理,缘为家家分得一分,不是一人所独得而专者。(《卷第九十四·周子之书》)

(66) 譬如镜焉:本是个明底物,缘为尘昏,故不能照;须是磨去尘垢,然后镜复明也。(《卷第十四·大学一》)

(67) 缘为上行下效,捷于影响,可以见人心之所同者如此。(《卷第十六·大学三》)

例(66)中,"缘为"还跟后一分句的连词"故"连用。"缘为"是由

---

① 蒋冀骋,吴福祥.近代汉语纲要 [M].长沙:湖南教育出版社,1997:516.

"缘"和"为"同义复合而成，较早的用例见于唐五代，例如①：

(68) 为缘远公是菩萨相，身有白银相光，身长七尺，发如涂漆，唇若点朱。(《敦煌变文·卷五》)

(69) 缘为善庆初伏事相公，不得入寺听经，只在寺门外边与他看马。(《敦煌变文·卷五》)

【为是 AP，CP】

该句式在《朱子语类》中共见 2 例。"为是"为因果复句 RM，所连接的分句表达的语气为 M1+M1 (2)，前标，AP 首标，语义重心为 Fo1 型。例如：

(70) 为是气禀之偏，又为物欲所乱。(《卷第十四·大学一》)

(71) 为是"包荒得尚于中行"，所以光大邪？(《卷第七十·易六》)

(二) 果标记型

YGCS2：【AP→CP；cm=0，em≥1】先因后果，有果标

本类因果复句的标记特点是在 CP 出现，表示强调结果的标记，使语义重心向 CP 转移。但同样是由 AP 的原因推导出 CP 的结果，常见的标记词有："至""故""所以"等。有时还会出现表示提顿作用的"者""也""耳"等语气助词，来提示对于原因的判断。

【AP，故 CP】

该句式在《朱子语类》中共见 1787 例。"故"是因果复句中使用频率最高的标记词，它为因果复句 DM，所连接的分句表达的语气为 M1+M1 (1727) / M2 (40) /M4 (16) /M3 (4)，后标，AP 首标、CP 首标，语义重心为 Fo2 型。例如：

(72) 问："谢氏既以分言，又以操术言，岂非谓贵贱异等，执业不同，故居下者不可语之以向上者之事否？"(《卷第三十二·论语十四》)

(73) 吴伯英问："泰伯知太王欲传位季历，故断发文身，逃之荆蛮，示不复用，固足以遂其所志，其如父子之情何？"(《卷第三十五·论语十七》)

(74) 或云："恐是子贡见孔子说仁多端，又不曾许一个人是仁，故拣个大底来说否？"(《卷第三十三·论语十五》)

(75) 圣人当时举他许多功，故云谁如得他底仁！(《卷第四十四·论语二十六》)

(76) 因温故而有以自得之，其应无穷，故可以为师乎？(《卷第二十

---

① 王淑华. 晚唐五代连词研究 [D]. 济南：山东大学，2009：178.

四·论语六》)

(77) 但伊川当时解不曾分明道与人，故令人做一件大事看。(《卷第七十一·易七》)

《说文解字》云："故，使为之也。"段玉裁《注》曰："今俗云原故是也。凡为之必有使之者，使之而为之则成故事矣。"因此，"故"本义为"原因、缘故"。"故"的因果连词用法当是由其名词用法引申而来的，用来总结上文原因所产生的结果。"故"的连词用法已见于先秦，例如：

(78) 君必施于今之穷士不必且为大人者，故能得欲矣。(《战国策·东周策》)

(79) 吾少也贱，故多能鄙事。(《论语·子罕》)①

《朱子语类》中"故"的用法成熟稳定，用例较为广泛，基本延续先秦汉语用法。

此外，"故"还可以处于全句最后部分，即为 CP 尾标，此时常和"也"连用，加强因果判断的语气。例如：

(80) 其事孔惺，盖其心不以出公为非故也。(《卷第三十九·论语二十一》)

(81) 道心即恻隐、羞恶之心，其端甚微故也。(《卷第一百一十八·朱子十五》)

(82) 想得高山更上去，立人不住了，那里气又紧故也。(《卷第二·理气下》)

【AP，遂₂CP】

该句式在《朱子语类》中共见 82 例，表示由于何种原因，而后出现何种结果。"遂"为因果复句 RM，所连接的分句表达的语气为 M1+M1 (82)，后标，CP 首标、中标，语义重心为 Fo2 型。例如：

(83) 孟子恐人谓性元来不相似，遂于气质内挑出天之所命者说与人，道性无有不善，即子思所谓"天命之谓性"也。(《卷第四·性理一》)

(84) 初间封为王，后来徽宗好道，谓他是甚么真君，遂改封为真君。(《卷第三·鬼神》)

(85) 又如如今立朝，明知这个是好人，当荐举之，却缘平日与自家有

---

① 中国社会科学院语言研究所. 古代汉语虚词词典 [M]. 北京：商务印书馆，1999：182.

恩意往来，不是说亲戚，亲戚自是碍法，但以相熟，遂避嫌不举他。（《卷第十三·学七》）

（86）"漆"字草书颇似"柒"，遂误以为真。此事恐奏裁免死，遂于申诸司状上特批了。（《卷第一百四十·论文下》）

【AP，自是CP】

该句式在《朱子语类》中共见28例。"自是"为因果复句RM，所连接的分句表达的语气为M1+M1（28），后标，CP首标、中标，语义重心为Fo2型。例如：

（87）纯者常少，不纯者常多，自是他那气驳杂，或前或后，所以不能得他恰好，如何得均平！（《卷第四·性理一》）

（88）所以当弟者是如何，自是无缘得如此。（《卷第三十五·论语十七》）

【AP，是以CP】

该句式在《朱子语类》共见66例。"是以"为因果复句RM，所连接的分句表达的语气为M1+M1（61）/M4（1）/M2（4），后标，CP首标，语义重心为Fo2型。例如：

（89）或问："太史公书项籍垓下之败，实被韩信布得阵好，是以一败而竟毙。"（《卷第一百三十五·历代二》）

（90）问："鬼神恐有两样：天地之间，二气氤氲，无非鬼神，祭祀交感，是以有感有；人死为鬼，祭祀交感，是以有感无。"（《卷第三·鬼神》）

（91）命者万物之所同受，而阴阳交运，参差不齐，是以五福、六极，值遇不一。（《卷第四·性理一》）

（92）集传作赋体，是以上两句与下两句耶？（《卷第八十一·诗二》）

（93）性者万物之原，而气禀则有清浊，是以有圣愚之异。（《卷第四·性理一》）

（94）胡氏不取其说，是以人欲为性矣！（《卷第一百一·程子门人》）

"是以"本是由代词"是"和介词"以"构成的介宾短语。"以"用来介引原因，"是"回指前文已述的情况，因强调而被置前。后来在使用中，随着"是"的回指功能弱化，"是以"逐渐由介宾词组凝固为一个因果连词。它一般置于后一分句句首，强调由于某种原因而产生的结果，这种用法先秦时期已见用例，例如：

（95）仲尼之徒，无道桓文之事者，是以后世无传焉。（《孟子·梁惠王上》）

（96）功成而弗居。夫唯弗居，是以不去。（《老子》）

【AP，所以$_1$CP】

该句式在《朱子语类》共见 1463 例。"所以"是最常见的因果复句果标记。它为因果复句 DM，所连接的分句表达的语气为 M1+M1（1369）/M2（90）/M4（4），后标，CP 首标、中标，语义重心为 Fo2 型。例如：

（97）至晋文公做了千般跷蹊，所以夫子有"正、谲"之论。（《卷第六十·孟子十》）

（98）只是佛氏磨擦得这心极精细，如一块物事，剥了一重皮，又剥一重皮，至剥到极尽无可剥处，所以磨弄得这心精光，它便认做性，殊不知此正圣人之所谓心。（《卷第一百二十六·释氏》）

（99）古者有相礼者，所以导孝子为之。（《卷第八十九·礼六》）

（100）便思自家是长民之官，所以致此是何由？（《卷第一百六·朱子三》）

（101）下此一等，百姓日用之间"习矣而不察"，所以"君子之道鲜矣"！（《卷第七十四·易十》）

（102）此古礼所无，创自伊川，所以使人尽孝敬追远之义。（《卷第九十·礼七》）

"所以"同"是以"一样，也是由介词"以"和代词"所"组成的介宾短语。但是关于因果连词"所以"产生的年代，学界意见不一。王力（1980：335）在《汉语史稿》中认为，"真正连词'所以'的产生，最可靠的证据是'所以'后面有主语"，并举杜甫诗（"坐看清流沙，所以子奉使"）为例，认为此时"所以"才真正变为连词，此后（1989：160）又将时间提前到魏晋南北朝。刘冠群（1980）认为，"连词'所以'上古时期就已经产生了"。[①] 张万起（1984）认为"所以"在魏晋南北朝时期产生。[②] 吴福祥（1996：279）认为，"上古汉语里，'所以'是个词组性质的凝固结构，用来表示动作行为的方式或原因。魏晋六朝时，'所以'逐渐虚化为连词"，并举例：

（103）一日虽有数千人归股，其逃散而去，亦复如此，所以卒无所建。（《世说新语·尤悔》）

---

① 刘冠群. 说"所以"[J]. 中国语文，1957（1）：9-10.
② 张万起. 连词"所以"产生的时代 [J]. 语文研究，1984（4）：23-25.

陈秀兰（1998）认为，"所以"作为标记词的年代最早是在东汉，并举例①：

（104）于后一时，有一土蚤来至虱边，问言："汝云何身体肌肉肥盛？"虱言："我所依主人常修禅定，教我饮食时节，我如法饮食故，所以身体鲜肥。"（东汉《大方便佛报恩经》）

蒋绍愚等（2005）指出，"如果标准从严，只有出现在主语之前且句尾没有语气词时，'所以'才能看作连词的话，连词当是六朝时产生的"②。据上述观点，我们认为，将"所以"用为因果连词的时代定为六朝时期应是没有问题的。从这一时期到《朱子语类》时代近一千年的时间，"所以"有足够的时间凝固成形。《朱子语类》中，"所以"作为因果复句连词的用法已成熟，且用例较普遍，这一特征也符合语言发展演变的事实。

【AP，缘是CP】

该句式在《朱子语类》中共见6例。"缘是"为因果复句DM，所连接的分句表达的语气为M1+M1（6），后标，CP首标，语义重心为Fo2型。例如：

（105）如狄仁杰只留吴太伯伍子胥庙，坏了许多庙，其鬼亦不能为害，缘是它见得无这物事了。（《卷第三·鬼神》）

（106）敬，莫把做一件事看，只是收拾自家精神，专一在此。今看来诸公所以不进，缘是但知说道格物，却于自家根骨上煞欠阙，精神意思都恁地不专一，所以工夫都恁地不精锐。（《卷第十二·学六》）

【AP，因此CP】

该句式在《朱子语类》中共见5例。"因此"为因果复句DM，所连接的分句表达的语气为M1+M1（5），后标，CP首标，语义重心为Fo2型。例如：

（107）刘曰："正未有以处，因此方诏集议。"（《卷第九十·礼七》）

（108）尝记少年时在同安，夜闻钟鼓声，听其一声未绝，而此心已自走作，因此警惧，乃知为学须是专心致志。（《卷第一百四·朱子一》）

"因"与"此"是由介词"因"和代词"此"结合而成的介词短语。"因"表示凭借义介词，"此"指代前面提到的情况。从语义演变角度看，"工具、凭借"义介词极易发展出表原因的用法，如汉语史上"用""以"皆由工具介词演变为原因介词，"因"也不例外。"因此"的演化路径与"是以""以是"相同，此不赘述。它用为因果复句标记词在南北朝时已见用例，但一直没有发展

---

① 陈秀兰. 也谈连词"所以"产生的时代 [J]. 古汉语研究，1998（3）：96-96.

② 蒋绍愚. 近代汉语研究概要 [M]. 北京：北京大学出版社，2005：22-23.

成熟，这种演化的过程在《朱子语类》中仍能看到。例如：

（109）为复是下卦是坎，有幽隐之义，因此象而设立庙之义邪？（《卷第七十三·易九》）

（110）子善遂言："天下治乱，皆生于人心。治久则人心放肆，故乱因此生；乱极则人心恐惧，故治由此起。"（《卷第七十·易六》）

（111）这道理脉络方始一一流通，无那个滞碍。因此又却养得这个道理。（《卷第三十四·论语十六》）

例句（109）应理解为"因为这个卦象而设立庙之义"，"因此"完全处于短语的层面上，还未凝固为标记词。例（110）仍可理解成"所以乱是因为这个而产生的"。但同时因其前有"故"与之呼应，也可将"因此"视为一个词。例（111）"因此"基本可以看作假设标记词。正如蓝鹰（1993）所认为的：句子的语义关系和句法结构对标记的形成有着双重的作用，"因此"正是受此影响逐渐转变成了因果标记。

【AP，因是CP】

该句式在《朱子语类》中仅见1例。"因是"为因果复句DM，所连接的分句表达的语气为M1+M1（1），后标，AP首标，语义重心为Fo2型。例如：

（112）因是看行苇宾之初筵抑数篇，序与诗全不相似。（《卷第八十·诗一》）

"因是"形成轨迹类同于"因此""是以"，都是介词和代词的组合结构。它在《朱子语类》中凝结程度还很低，大多还不能算作标记词。例如：

（113）顷在朝，因僖祖之祧，与诸公争辨，几至喧忿。后来因是去国，不然，亦必为人论逐。（《卷第九十·礼七》）

因为"是"作为系词的独立性远超过代词"此"，不只是《朱子语类》之中，即使到后世，"因是"作为词的用例也不多，远未形成"因此"在现代汉语中的规模。

【AP，以此CP】

该句式在《朱子语类》中仅见1例。"以此"为因果复句RM，所连接的分句表达的语气为M1+M1（1），后标，CP中标，语义重心为Fo2型。例如：

（114）设醮请天地山川神祇，却被小鬼污却，以此见设醮无此理也。（《卷第三·鬼神》）

【AP，由是CP】

该句式在《朱子语类》中共见6例。"由是"为因果复句DM，所连接的分句表达的语气为 M1+M1（6），后标，CP 首标，语义重心为 Fo2 型。例如：

（115）且如"伊尹耕于有莘之野，由是以乐尧舜之道"，未尝以乐道为浅也。（《卷第三十一·论语十三》）

（116）及言魏公所以短赵公者，由是二公为深仇。（《卷第一百三十一·本朝五》）

"由是"也是由介词"由"和代词"是"组成的介宾结构转变而来。"由"因与"因"同义，在使用中功能发生了类化，也带上了连词义，表示原因。"是"由于和"此"用法相同，都具有回指功能，也发生了类化，因此二者凝固成词。

"由是"作为标记词，成形时间至晚不超过汉代，它作为标记词也是比较早的，例如：

（117）三顾臣于草庐之中，谘臣以当世之事，由是感激，遂许先帝以驱驰。（《三国志·蜀书》）

但是直到宋代，其用例也不多。

【AP，是故 CP】

该句式在《朱子语类》中共见 9 例。"是故"为因果复句 DM，所连接的分句表达的语气为 M1+M1（9），后标，CP 首标，语义重心为 Fo2 型。例如：

（118）道不可须臾离，可离非道。是故君子戒慎乎其所不睹，恐惧乎其所不闻。（《卷第四十五·论语二十七》）

（119）仰以观天文，俯以察地理，是故知幽明之故。（《卷第七十四·易十》）

（120）圣人有以见天下之赜，而拟诸其形容，象其物宜，是故谓之"象"。（《卷第七十五·易十一》）

（121）显道，神德行，是故可与酬酢，可与佑神矣。（《卷第七十五·易十一》）

段德森（1986）认为，"'是故'是由词组结构凝定形成，由'这个缘故'的意思凝固虚化而来，常用来表示结果，作用相当于连词'故'"。①

【AP，以故 CP】

该句式在《朱子语类》中共见 2 例，"以故"为因果复句 DM，所连接的分句表达的语气为 M1+M1（2），后标，CP 首标，语义重心为 Fo2 型。例如：

（122）其用字皆根据古书，非今人所能解，以故皆为人枉解。（《卷第

---

① 段德森．实用古汉语虚词详释［M］．太原：山西人民出版社，1986：708．

一百二十五·老氏》）

（123）虏马饥，闻豆香，低头食之，又多为竹筒所滚，脚下不得地，以故士马俱毙。（《卷第一百三十六·历代三》）

【AP，故以CP】

该句式在《朱子语类》中共见2例。"故以"为"以故"的同素异序词，表因果关系，说明结果。"故以"为因果复句DM，所连接的分句表达的语气为M1+M1（2），后标，CP中标，语义重心为Fo2型。例如：

（124）范氏曰："齐一变可使如鲁之治时。"其意谓齐鲁相若，故以谓治时。（《卷第三十三·论语十五》）

（125）田猎者自门驱而入，禽兽向我出者皆免，惟被驱而入者皆获。故以前禽比去者不追，获者譬来则取之，大意如此，无缘得一一相似。（《卷第七十·易六》）

【AP，故此CP】

该句式在《朱子语类》中共见6例。"故此"为因果复句DM，所连接的分句表达的语气为M1+M1（6），后标，CP首标或中标，语义重心为Fo2型。"此"的代词意义比较明显，故而在《朱子语类》中用例不多，该标记尚在成形中。例如：

（126）后来变元祐之政，故此亦遂废。（《卷第九十·礼七》）

（127）向未经凿治时，龙门正道不甚泄，故一派西兖入关陕，一派东兖往河东，故此为患最甚。（《卷第七十九·尚书二》）

【AP，因而CP】

该句式在《朱子语类》中共见12例。"因而"为因果复句DM，所连接的分句表达的语气为M1+M1（12），后标，CP首标，语义重心为Fo2型。例如：

（128）自家这里也须察言观色，因而尽诱掖之不可泛然言之。（《卷第四十六·论语二十八》）

（129）与人说话，或偶然与这人话未终，因而不暇及其他，如何逐人面分问劳他得！（《卷第七十二·易八》）

（130）方议未定，忽报灵州已为夏人所破矣，因而为彼所有。（《卷第一百三十三·本朝七》）

（131）有所不解，因而记录，它日却有反复。（《卷第一百一十三·朱子十》）

（三）双标记型

原因和结果双标记的运用，使因果复句前后分句之间的因果关系更为明显。YGCS3：【AP→CP；cm≥1，em≥1】先因后果，因果标俱全。

前标和后标都用的是框架匹配结构，形成标记+AP，标记+CP 的句式，更加明显地突出了原因和结果二者之间的逻辑语义关系，形成前后呼应对照的对称结构。Fo3 双向语义重心为多。

【缘 AP，所以 CP】

该句式在《朱子语类》中共见 84 例，双标，语义重心为 Fo3 型。例如：

（132）缘曾点见得道理大，所以"尧舜事业优为之"，"视三子规规于事为之末"，固有间矣。（《卷第四十·论语二十二》）

（133）缘后来人说得崎岖，所以圣贤意思难见。（《卷第十四·大学一》）

（134）缘他本原处有个仁爱温和之理如此，所以发之于用，自然慈祥恻隐。（《卷第十七·大学四》）

（135）缘心念不整肃，所以意思宽缓，都凑泊他那意思不着，说从别处去。《卷第一百二十一·朱子十八》）

【缘 AP，故 CP】

该句式在《朱子语类》中共见 87 例，双标，语义重心为 Fo3 型。例如：

（136）正缘气质不同，便有不相似处，故孔子谓之"相近"。（《卷第四·性理一》）

（137）前日亢旱时，只缘久无雨下，四面干枯；纵有些少，都滋润不得，故更不能蒸郁得成。（《卷第九·学三》）

（138）学者读书，多缘心不在，故不见道理。（《卷第十一·学五》）

（139）只缘子路问不置，故圣人复以此答之。（《卷第十二·学六》）

上述后三例中，"缘"前还有副词"只""多"修饰。"只缘"表示仅有的原因；"多缘"常引出推测的原因。

【缘 AP，是以 CP】

该句式在《朱子语类》中仅见 1 例，双标，语义重心为 Fo3 型。例如：

（140）缘它只见这一边，都不见那一边，是以蔽。（《卷第五十二·孟子二》）

【缘 AP，遂 CP】

该句式在《朱子语类》中共见 15 例，双标，语义重心为 Fo3 型。例如：

（141）但缘其中有错说"周公初基"处，遂使序者以为成王时事，此岂可信？（《卷第七十八·尚书一》）

（142）缘气质不同，遂有差殊。（《卷第四·性理一》）

"缘"与"故""便""遂""所以"等组成的匹配框架标记中，以"缘……

故……"和"缘……所以……"的用例为多。

【惟 AP，故 CP】

该句式在《朱子语类》中共见 47 例，双标，语义重心为 Fo3 型。例如：

（146）惟其可以感格得来，故只说得散。（《卷第三·鬼神》）

（147）曰："惟其所受之气只有许多，故其理亦只有许多。"（《卷第四·性理一》）

（148）惟人得其正，故是理通而无所塞；物得其偏，故是理塞而无所知。（《卷第四·性理一》）

（149）后世不复知絜矩之义，惟务竭民财以自丰利，自一孔以上，官皆取之，故上愈富而下愈贫。（《卷第十六·大学三》）

【惟 AP，是以 CP】

该句式在《朱子语类》中共见 3 例，双标，语义重心为 Fo3 型。例如：

（150）惟圣人做得甚分晓，故门人见之熟，是以纪之详也。（《卷第三十八·论语二十》）

（151）惟其不志于仁，是以至于有恶。（《卷第二十六·论语八》）

（152）或曰："伊川云：'惟其深喻，是以笃好。'"（《卷第二十七·论语九》）

【因 AP，是以 CP】

该句式在《朱子语类》中共见 2 例，双标，语义重心为 Fo3 型。例如：

（153）盖因其发处之善，是以知其本无不善，犹循流而知其源也。（《卷第九十五·程子之书一》）

（154）问今日事，因及石子重，是以其官召者，时为福州抚干。（《卷第一百三十·本朝四》）

【因 AP，乃 CP】

该句式在《朱子语类》中共出现 36 例，双标，语义重心为 Fo3 型。例如：

（155）后因一日出神，乃祝其人云："七日不返时，可烧我。"（《卷第三·鬼神》）

（156）后因看家语，乃知是本来只一段也。（《卷第六十四·中庸三》）

（157）后因在身中偶思量此，将孟子上下文看，乃始通串，方始说得是如此，亦温故知新之意。（《卷第一百五·朱子二》）

（158）且封建自古便有，圣人但因自然之理势而封之，乃见圣人之公心。（《卷第一百三十九·论文上》）

（159）因看风飘木叶，乃云："木末风随叶下"，虽对不过，亦且如

此。"（《卷第一百四十·论文下诗》）

【因 AP，故 CP】

该句式在《朱子语类》中共见 20 例，双标，语义重心为 Fo3 型。例如：

（160）理无不善者，因堕在形气中，故有不同。（《卷第四·性理一》）

（161）因君来，故迁之南牖下，使以南面视己耳。（《卷第三十八·论语二十》）

（162）"圣人因见其有此二事，故从而称之。"（《卷第三十·论语十二》）

【因 AP，所以 CP】

该句式在《朱子语类》中共见 8 例，双标，语义重心为 Fo3 型。例如：

（163）天地以生物为心，而所生之物，因各得夫天地之心以为心，所以"人皆有不忍人之心"。（《卷第五十三·孟子三》）

（164）因说虏人初起时，其酋长与部落都无分别，同坐同饮，相为戏舞，所以做得事。（《卷第八十九·礼六》）

"因"与"故""便""遂""所以"等组成的匹配框架标记中，以"因 AP，故 CP"的用例最多。

【以 AP，故 CP】

该句式在《朱子语类》中共见 16 例，双标，语义重心为 Fo3 型。例如：

（165）以其簸扬而鼓风，故月宿之则风。（《卷第七十九·尚书二》）

（166）以其素承宠任，故荀勖自中书迁尚书监，人贺之，勖曰："夺我凤凰池，诸君何贺耶！"（《卷第一百一十二·朱子九》）

（167）以其有气，故以类求之尔。（《卷第八十七·礼四》）

（168）以气之虚明寓于中，故"合虚与气有性之名"。（《卷第六十·孟子十》）

【盖 AP，所以 CP】

该句式在《朱子语类》中共见 49 例，双标，语义重心为 Fo3 型。例如：

（169）盖皆其气类之相感，所以神附着之也。（《卷第九十·礼七》）

（170）"密云不雨，尚往也"，盖止是下气上升，所以未能雨。（《卷第二·理气下》）

（171）盖人生道理合下完具，所以要读书者，盖是未曾经历见许多，圣人是经历见得许多，所以写在册上与人看。（《卷第十·学四》）

（172）盖其人忠寔，又专一无他事，所以记得。（《卷第十一·学五》）

【盖 AP，是以 CP】

该句式在《朱子语类》中仅见 1 例，双标，语义重心为 Fo3 型。例如：

（173）盖本谓缘公暂至于此，是以此间有被羁衣之人。（《卷第八十一·诗二》）

【盖 AP，故 CP】

该句式在《朱子语类》中共见 112 例，双标，语义重心为 Fo3 型，使用较广泛，是最常见的搭配之一。例如：

（174）盖其知之不切，故为善不是他心肯意肯，去恶亦不是他心肯意肯。（《卷第十六·大学三》）

（175）盖其土地极小，财赋不多，故宁甘心自降为子、男之国，而其朝觐贡赋，率以子、男之礼从事。（《卷第二十五·论语七》）

（176）盖能孝弟了，便须从此推去，故能爱人利物也。（《卷第二十·论语二》）

（177）盖其所存者广大，故人有小小触犯处，自不觉得，何暇与之校耶！（《卷第三十五·论语十七》）

【既 AP，则 CP】

该句式在《朱子语类》中共见 28 例，双标，语义重心为 Fo3 型。例如：

（178）既曰日月，则自是各有一物，方始各有一名。（《卷第二·理气下》）

（179）不知所取之木既别，则火亦异否？（《卷第一·理气上》）

（180）然既周流充满于一身之中，则鼻之知臭，口之知味，非魄乎？（《卷第三·鬼神》）

【惟 AP，所以 CP】

该句式在《朱子语类》中共见 2 例，双标，语义重心为 Fo3 型。例如：

（181）人惟有私意，圣贤所以留千言万语，以扫涤人私意，使人人全得恻隐、羞恶之心。（《卷第十一·学五》）

（182）然惟先有以服其心志，所以能使之不得尽其虚诞之辞。（《卷第十六·大学三》）

【既 AP，所以 CP】

该句式子在《朱子语类》中共见 5 例，双标，语义重心为 Fo3 型。例如：

（183）君子既知人都有此心，所以有絜矩之道，要人人都得尽其心。（《卷第十八·大学五或问下》）

（184）今人既无这资质，又无这工夫，所以日趋于下流。（《卷第三十

225

二·论语十四》）

(185) 然奉祭祀者既是他子孙，必竟只是一气，所以有感通之理。（《卷第三·鬼神》）

【既是 AP，则 CP】

该句式在《朱子语类》中共见 2 例，双标，语义重心为 Fo3 型。例如：

(186) 既是以让为合理，则始知夫子之不为辄。（《卷第三十四·论语十六》）

(187) 干曰："既是'思绎浃洽于中'，则说必是在内。"（《卷第二十·论语二》）

【既是 AP，便 CP】

该句式在《朱子语类》中共见 7 例，双标，语义重心为 Fo3 型。例如：

(188) 既是好仁，便知得其他无以加此。（《卷第二十六·论语八》）

(189) 既是气禀不好，便和那性坏了。（《卷第九十五·程子之书一》）

(190) 既是不正，无缘立得住，便至于遁。（《卷第五十二·孟子二》）

二、由果溯因型因果复句

由果溯因型因果复句，是前一分句先将结果说出来，后一分句再来解释造成这种结果的原因。

（一）因标记型

这一类型的前一分句（AP）不出现标记，表示某种结果；后一分句（CP）出现标记，表示产生该结果的原因。该类型的模式为：AP，因标+CP。

【AP，CP 之故】

该句式在《朱子语类》中共见 34 例。"之故"为因果复句 DM，所连接的分句表达的语气为 M1+M1（34），后标，CP 尾标，语义重心为 Fo2 型。其后常有语气词"也"等出现，加强因果判断。例如：

(191) 今人读书，仁义礼智总识，而却无落泊处，此不熟之故也。（《卷第一百一十八·朱子十五》）

(192) 徽庙朝曾下诏书，言此定数，不足为灾异，古人皆不晓历之故。（《卷第二·理气下》）

(193) "如'一朝之忿，忘其身，及其亲'，此不思难之故也。"（《卷第四十六·论语二十八》）

【AP，缘后CP】

该句式在《朱子语类》共见 44 例。"缘后"为因果复句 DM，所连接的分句表达的语气为 M1+M1（44），后标，CP 首标，语义重心为 Fo2 型。例如：

（194）曾点只是见得许多都是道理发见，触处是道理，只缘这道理本来到处都是。（《卷第四十·论语二十二》）

（195）便教季氏用四佾以祭，也无如礼乐何，缘是它不仁了。（《卷第二十五·论语七》）

（196）然毕竟好仁者终是较得便宜，缘他只低着头自去做了。（《卷第二十六·论语八》）

（197）当时封许多功臣之国，缘当初"灭国者五十"，得许多空地可封。（《卷第五十九·孟子九》）

（198）三子所以各极于一偏，缘他合下少却致知工夫，看得道理有偏，故其终之成也亦各至于一偏之极。（《卷五十八·孟子八》）

【AP，盖后CP】

该句式在《朱子语类》中共见 106 例，"盖后"为因果复句 DM，所连接的分句表达的语气为 M1+M1（104）/M2（1）/M4（1），后标，CP 首标，语义重心为 Fo2 型。例如：

（199）到结末处却只如此，盖不止龙头蛇尾矣！（《卷第一百三十·本朝四》）

（200）曰仁是义理之言，盖以仁是自家元本有底否？（《卷第二十·论语二》）

（201）龟山读之甚喜，盖龟山平日喜说此两句也。（《卷第五十七·孟子七》）

（202）上蔡所谓"察见天理，不用私意"，盖小失程子之本意。（《卷第六十三·中庸二》）

（203）十月谓之"阳月"，盖嫌于无阳也。（《卷第六十二·中庸一》）

【AP，以后CP】

该句式在《朱子语类》中共见 41 例。"以后"为因果复句 RM，所连接的分句表达的语气为 M1+M1（41），后标，CP 首标，语义重心为 Fo2 型。例如：

（204）故迟之者，以孝子之心不忍也。（《卷二十二·论语四》）

（205）信非义，近於义者，以其言可复也。恭非礼，近於礼者，以其远耻辱也。（《卷二十二·论语四》）

（206）人所以异者，以其有仁义礼智，若为子而孝，为弟而悌，禽兽

岂能之哉！（《卷五十七·孟子七》）

【AP，为_后CP】

该句式在《朱子语类》中共见 37 例。"为_后"为因果复句 RM，所连接的分句表达的语气为 M1+M1（37），后标，CP 首标，语义重心为 Fo2 型。例如：

（207）旧看史传，见盗贼之为君长者，欲其速死，只是不死，为其全得寿考之气也。（《卷四·性理一》）

（208）如病风人一肢不仁，两肢不仁，为其不省悟也。（《卷二十·论语二》）

（209）大抵理只是此理，不在外求。若于外复有一理时，却难，为只有此理故。（《卷九十五·程子之书一》）

（二）果标记型

CCS5：【CP→AP；cm＝0，em≥1】先果后因，有果标。

由果溯因式因果复句与由因及果式因果复句是刚好相反的。AP 为表示结果的分句，先指出事件的结果，然后解释该结果产生的原因。本类型里只出现果标，即果标+AP，CP 的模式，该类型强调结果分句。

【故_前AP，CP】

该句式在《朱子语类》中共见 41 例。"故"为因果复句 DM，所连接的分句的语气为 M1+M1（41），出现位置为 AP 首标，因强调实为的原因，故而语义重心为 Fo2 型。例如：

（210）故程子此处说得节目最多，皆是因人之资质耳。（《卷第十八·大学五或问下》）

（211）故知理只是一理，圣人特于盛处发明之尔。（《卷第六·性理三》）

"故"置于句首标示结果，CP 说明产生这一结果的原因。

【所以_前AP，CP】

该句式在《朱子语类》中共见 168 例。"所以"为因果复句 DM，所连接的分句的语气为 M1+M1（168），前标，AP 首标，语义重心为 Fo2 型。例如：

（212）所以降非常之祸于世，定是生出非常之人。（《卷第一·理气上》）

（213）所以大雪为丰年之兆者，雪非丰年，盖为凝结得阳气在地，来年发达生长万物。（《卷第二·理气下》）

【之所以 AP，CP】

该句式在《朱子语类》中共见 126 例。"之所以"为因果复句 DM，所连接的分句表达的语气为 M1+M1（123）/M4（3），前标，AP 首标、中标，语义重心为 Fo2 型。例如：

(214) 今人之所以能运动，都是魂使之尔。（《卷第三·鬼神》）

(215) 今魄之所以能运，体便死矣。（《卷第三·鬼神》）

(216) 君子之所以动天地也，可不谨乎！（《卷第九·学三》）

(217) 礼之所以亡，正以其太繁而难行耳。（《卷第八十四·礼一》）

【因此_前AP，CP】

该句式在《朱子语类》中仅见 1 例。"因此"为因果复句 DM，所连接的分句的语气为 M1+M1（1），前标，AP 首标，语义重心为 Fo1 型。例如：

(218) 因此有警，以言语太粗急也。（《卷第一百一十九·朱子十六》）

（三）双标型

【之所以 AP，以 CP】

该句式在《朱子语类》中共见 12 例。"之所以……以"，双标，语义重心为 Fo3 型。例如：

(219) 人之所以为人者，以其有此而已。（《卷第六十一·孟子十一》）

(220) 人之所以得名，以其仁也。（《卷第六十一·孟子十一》）

(221) 后世之所以不如古人者，以道义功利关不透耳。（《卷第一百三十七·战国汉唐诸子》）

该匹配框架句尾还经常和语气词"也"搭配使用，形成"之所以 AP，以 CP 也"的结构。例如：

(222) 盖心之所以具是理者，以有性故也。（《卷第五·性理二》）

(223) 问："性之所以无不善，以其出于天也；才之所以有善不善，以其出于气也。"（《卷第五·性理二》）

(224) "智之所以为大者，以其有知也。"（《卷第六十·孟子十》）

【之所以 AP，盖 CP】

该句式在《朱子语类》中共见 5 例，双标，语义重心为 Fo3 型。例如：

(225) 心之所以会做许多，盖具得许多道理。（《卷第六·性理三》）

(226) 如君之所以仁，盖君是个主脑，人民土地皆属它管，它自是用仁爱。（《卷第十七·大学四或问上》）

(227) 原"极"之所以得名，盖取枢极之义。（《卷第九十四·周子之书》）

《朱子语类》因果复句上述情况如表 33 所示，其标记词的概括情况如表 34 所示。

表33　《朱子语类》因果复句系统综合表

因果标记词		出现次数	所占比例	《语类》中状态	标记显、隐特征	结构类型	语气类型	语义重心
单音标记词	遂₂	82	1.46%	成形、稳固	RM	CP首标、中标	M1+M1（82）	Fo2
	惟/维	47	0.84%	成形、稳固	RM	AP首标	M1+M1（43）/M2（4）	Fo1
	以	202	3.60%	成形、稳固	RM	AP首标、中标、CP首标	M1+M1（198）/M2（2）/M4（2）	Fo1
	因	156	2.78%	成形、稳固	DM	AP首标、中标	M1+M1（147）/M4（9）	Fo1
	缘	202	3.60%	成形、稳固	DM	AP首标、CP首标	M1+M1（151）/M2（6）/M4（1）	Fo1
	故	1828	32.63%	成形、稳固	DM	AP首标、CP首标	M1＋M1（1768）/M2（40）/M3（4）/M4（16）	Fo2
	由	4	0.07%	成形、稳固	RM	AP首标	M1+M1（4）	Fo1
	为	122	2.18%	成形、稳固	RM	AP首标、CP首标	M1+M1（120）/M2（2）	Fo1
	盖	1092	19.49%	成形、稳固	DM	AP首标、CP首标	M1＋M1（1028）/M2（22）/M3（6）/M4（36）	Fo1
	既	86	1.53%	成形、稳固	RM	AP首标	M1+M1（79）/M2（4）/M4（3）	Fo2
复音标记连词	缘为	3	0.05%	成形中	DM	AP首标	M1+M1（3）	Fo1
	因为	1	0.02%	成形中	DM	AP首标	M1+M1（1）	Fo1
	为是	2	0.04%	成形中	RM	AP首标	M1+M1（2）	Fo1
	是故	9	0.16%	成形	DM	CP首标	M1+M1（9）	Fo2
	自是	28	0.51%	成形	RM	CP首标、中标	M1+M1（28）	Fo2
	缘是	6	0.11%	成形中	DM	CP首标	M1+M1（6）	Fo2
	是以	66	1.18%	成形、稳定	RM	CP首标	M1+M1（77）/M2（4）/M4（1）	Fo2
	因此	6	0.11%	成形中	DM	CP首标	M1+M1（6）	Fo2
	因是	1	0.02%	成形中	DM	AP首标	M1+M1（1）	Fo2
	以此	1	0.02%	成形中	RM	CP中标	M1+M1（1）	Fo2

因果标记词		出现次数	所占比例	《语类》中状态	标记显隐特征	结构类型	语气类型	语义重心
复音标记连词	由是	6	0.10%	成形中	DM	CP 首标	M1+M1 (6)	Fo2
	以故	2	0.04%	成形中	DM	CP 首标	M1+M1 (2)	Fo2
	故以	2	0.04%	成形中	DM	CP 中标	M1+M1 (2)	Fo2
	故此	6	0.11%	成形中	DM	CP 首标、中标	M1+M1 (6)	Fo2
	因而	12	0.21%	成形	DM	CP 首标	M1+M1 (12)	Fo2
	之故	34	0.61%	成形	DM	CP 尾标	M1+M1 (34)	Fo2
	所以	1463	26.11%	成形、稳固	DM	AP 首标、CP 首标、中标	M1+M1 (1528) /M2 (90) /M4 (4)	Fo2
	之所以	126	2.25%	成形、稳定	DM	AP 首标、中标	M1+M1 (123) /M4 (3)	Fo2
	既是	9	0.16%	成形	RM	AP 首标	M1+M1 (4) /M2 (3) /M4 (2)	Fo2
总计		5604	100.00%					

表34 《朱子语类》因果复句标记词一览表

复句	因果复句					
语义侧重	由因推果			由果溯因		
标记类型	因标	果标	双标	因标	果标	双标
标志词	惟/维 以 因 缘 由 为 盖 因为 缘为 为是	故 遂 自是 是以 所以 缘是 因此 因是 以此 由是 是故 以故 故以 故此 因而	缘 AP，所以 CP 缘 AP，故 CP 缘 AP，是以 CP 缘 AP，遂 CP 缘 AP，所以 CP 惟 AP，故 CP 惟 AP，是以 CP 因 AP，是以 CP 因 AP，乃 CP 因 AP，故 CP 因 AP，所以 CP 盖 AP，所以 CP 盖 AP，是以 CP 盖 AP，故 CP 以 AP，故 CP	之故 缘 盖 以 为	故 所以 之所以 因此 既 既是	既 AP，则 CP 维 AP，所以 CP 既 AP，所以 CP 既是 AP，则 CP 既是 AP，便 CP 之所以 AP，CP 也 之所以 AP，以 CP 之所以 AP，盖 CP 所以 AP，盖 CP

标记类型	因标	果标	双标	因标	果标	双标
句数	1040	3274	561	262	368	62
比例	18.56%	58.42%	10.01%	4.68%	6.57%	1.10%

第四节　《朱子语类》因果复句句法特征

一、单音标记

（一）数量特征

《朱子语类》因果复句单音标记共 10 个，仅占标记词总数的 34.48%，但出现的用例数为 3821 例，占《朱子语类》因果复句总用例的 66.12%。可见，单音标记是《朱子语类》因果复句标记词的主体。

（二）词性特征

因果复句单音标记的词性主要有两类：一类为连词，如"惟""盖""缘""既""以""为""由"和"故"，共有 3583 例；另一类为副词，如"遂""则"等。《朱子语类》因果复句的单音标记是以连词为主。

（三）来源特征

"惟""缘""既""以""为""由""故"等用为因果复句标记词，均在上古汉语时期已见用例。它们来源多样，如因果连词"故"是由其名词用法的进一步引申而来，"以、为、由"是由介词进一步虚化而来，"缘"是由动词虚化而来。《朱子语类》中，这些词用为因果复句标记仅是对上古汉语用法的延续。

（四）位置特征

副词性单音标记多为 CP 中标，主语常承前省略，这是由副词的语法功能决定的。副词多修饰谓词性结构，其位置靠近谓语，所以未出现首标的情况。连词性单音标记出现位置主要为 AP 首标（包括因标型和果标型），未出现 AP 中标的情形。

二、复音标记

（一）数量特征

《朱子语类》因果复句复音标记共 19 个，占标记词总数的 65.52%。这在总体上反映了这一时期因果复句标记词双音化的趋势。但它们出现的用例较单音标记要少将近一半，共 1958 例，占因果复句总数的 33.88%。

（二）来源及构成方式

因果复句复音标记主要是通过同义复合、词组凝定、词缀附加及跨层结构固化等方式形成的。其中，经过同义复合而成的，如"因为、为因、缘为"等；通过词组凝定的，如"为是、是以、所以、因此、因是、以此、由是、以是、以故、故以、是故"等；通过词缀附加的，如"既是"；通过跨层结构固化的，如"因而"。

（三）位置特征

AP 首标的个数共有 7 个、中标 1 个，CP 首标的有 8 个、中标 2 个、尾标 1 个。可见 CP 标记是因果复句的主流，从而也彰显了因果复句语义重心的位置，即结果分句部分更为重要。因果复句 AP、CP 的主语可以相同，也可以不同。但《朱子语类》因果复句用例中，AP、CP 多针对同一话题的前因后果进行言说。

三、匹配框架

《朱子语类》因果复句匹配框架标记也较为多样，共 24 组，共计 623 例，虽然总数不多，但显示了《朱子语类》时期因果复句前后分句之间因果关系在形式上"双标化"的趋势。因果复句匹配框架标记与仅只单标提示的因果复句相比，逻辑更加严密。见表 35：

表 35　因果类匹配框架标记词

句型	见次	频率	句型	见次	频率
缘 AP，所以 CP	84	1.45%	盖 AP，所以 CP	49	0.85%
缘 AP，故 CP	87	1.51%	盖 AP，是以 CP	1	0.02%
缘 AP，是以 CP	1	0.02%	盖 AP，故 CP	112	1.94%
缘 AP，遂 CP	15	0.26%	之所以 AP，盖 CP	5	0.09%
缘 AP，所以 CP	80	1.38%	之所以 AP，以 CP	12	0.21%
惟 AP，故 CP	47	0.81%	既 AP，则 CP	28	0.48%
惟 AP，是以 CP	3	0.05%	惟 AP，所以 CP	2	0.03%
因 AP，是以 CP	2	0.03%	既 AP，所以 CP	5	0.09%
因 AP，乃 CP	36	0.62%	既是 AP，则 CP	2	0.03%

句型	见次	频率	句型	见次	频率
因 AP，故 CP	20	0.35%	既是 AP，便 CP	7	0.12%
因 AP，所以 CP	8	0.14%	所以 AP，盖 CP	1	0.02%
以 AP，故 CP	16	0.28%			
合计			623		

四、标记显隐特征

因果复句标记词以显性标记为主，隐性标记共 10 个，在个数上占总标记数的 1/3，数量上也仅有 433 句，占因果复句总数的 8.53%。这表明，到《朱子语类》时期，明确标示因果关系的标记词（如因果连词）的用法已较为成熟，且使用较广泛。显性标记的普遍使用，使因果复句内部逻辑关系更为明朗化。

第五节　《朱子语类》因果复句语义特征

《朱子语类》由因推果型复句共有 5084 句，由果溯因型只有 695 句，两者相差悬殊。有因标的复句为 1302 句，有果标的复句为 3851 例。上述两组数据充分反映了《朱子语类》中因果复句优先顺序为先因后果，原因和结果之间更重结果的逻辑语义特点。

从三域类型来看，《朱子语类》中行域因果复句 1023 例，占 17.70%；知域因果复句 3993 例，占 69.10%；言域因果复句 763 例，占 13.20%。因果复句是所有复句中逻辑关系最为严密的一种，强调的是某种原因作用下出现的特定结果，重视有因才有果、有果必有因的逻辑关系，对于产生某个结果的原因或某个已定事实可能产生的结果，说话人势必要加以评述、解释和推测，主观性较强。故而知域型复句所占比例极高，优势比较明显。行域类和言域类复句的比例相差不大，这是其他复句所没有的，这应该归因于《朱子语类》属于语录体讲学笔记的记录。大量的复句在 CP 部分以言语行为为单位对 AP 部分出现的原因进行建议、归纳，甚至是断言，这些都符合言域型复句的特征。行域复句在因果复句中相比其他复句类型而言数量较少。

第六节 《朱子语类》因果复句语用特征

一、语气类型特征

《朱子语类》因果复句的语气类型按出现频率降次排列如下：M1+M1 型（5515）→M1+M2 型（177）→M1+M4 型（77）→M1+M3 型（10）。由此可见，该类复句语气类型是以 M1+M1 型即陈述+陈述型语气为主。虽然有 M1+M4、M1+M2 的复句语气形式，但数量不多，只有在"盖""缘"等标记中 AP 陈述原因，CP 以强烈的问句形式来反应结果，表现阐述者一种态度的时候才见用例。所以，在以说明推理型占据主要地位的《朱子语类》因果复句中，M1+M1 型相应地也占据绝对优势地位，这也是语义对语气重要影响的表现。

二、语义重心类型特征

《朱子语类》因果复句的语义重心类型按出现频率降次排列如下：Fo2（3422）→Fo1（1731）→Fo3（626）。我们可以看到，Fo2 型在因果复句语义重心类型中占优势地位，因为多数情况下，人们更关心的是某一原因产生的结果。前文曾提及，因果复句中表示结果的标记占优，这种形式上的特征在某种程度上也反映了这一点。但是，在因果复句中，也存在不少强调原因的标记，所以 Fo1 型也占较高的比例。另外，当"原因"跟"结果"同等重要时，就会呈现双向语义重心，因此 Fo3 型也占一定的比例。

第十一章

《朱子语类》复句特征总论

第一节 《朱子语类》复句特点

《朱子语类》中复句使用量极大,据不完全统计,《朱子语类》复句近7万句。《朱子语类》中复句的大量使用使得语句形式多样繁复,逻辑结构缜密严谨。比起前代如《论语》《颜氏家训》不重语境,多为零散的、只言片语记录,也不多涉及篇章结构的"语录体"文献,《朱子语类》有了很大的进步。《朱子语类》卷帙浩繁的部分原因,正如何乐士所言:"复句的大量出现,反映出人类思维的进一步复杂化和严密化。"①

一、关系齐全

"周秦时代,各种类型的复句大致上都已具备。"② 虽然由于文言和白话天然的差异使得古汉语词语标记、表现形式不及现代汉语丰富,但发展到宋代,所有的复句种类以及各种语义逻辑关系都已经和现代汉语相差无几,标记词方面都有了全面、综合地运用。

二、内容复杂且分布广泛

复句之所以被称之为"复句",最显著的特点就是句子的长度有优势,甚至因长度过长,很多学者用组块的理论对复句的结构体系进行分析和研究。但也因此,句中所涵盖的信息量就不是单句所能比拟的了。《朱子语类》中的内容涉及政治、哲学、思想、教育多个学科领域。朱熹在讲学时为了清晰地表达自己

---

① 何乐士.《左传》的单句和复句初探 [A]. 程湘清.《先秦汉语研究》[C]. 济南:山东教育出版社,1982:271.

② 史存直. 汉语语法史纲要 [M]. 北京:中华书局,2008:243.

的观点，充分宣扬其理学思想，大量使用内容丰富且长度有优势的复句不失为一种有效的手段。事实证明，《朱子语类》中的复句确实发挥出了优势。

在《朱子语类》的140卷中，每一卷虽然讨论的问题有所不同，但都存在各种类型的复句。虽然复句分布的数量会有变化，却不能动摇复句在文中的重要地位。正因为有了这些复杂的句子，文章才能够说理透辟，形成完整、深邃的理学思想体系。

三、层级多重

汉语句法结构发展的总方向是趋于复杂化，在《朱子语类》中也有大量多重复句，虽然未在本文讨论范围内，但确实也是一个突出的现象，这是语言繁复化、精密化的必然要求。可见，当时人们语言表达的繁复程度已与现今差别不大。但是复句层级之间有时是不完全对等的，正如邢福义（2001）提到过的"多重现象"：多重复句除了首层是等立和对比关系以外，其他的并不都以首层为轴，前后分句组（构成的复句）关系对等，这应该与首层的形式有关系，而且这种多重现象，不一定在每个组成分里都出现。①

第二节 《朱子语类》句法总特征

一、《朱子语类》标记词特点

研究《朱子语类》复句时，我们总结了全部复句类型的标记词系统，见表36：

---

① 邢福义. 汉语复句研究［M］. 北京：商务印书馆，2001：15.

表 36 《朱子语类》复句标志词一览表

《朱子语类》	并列复句	选择复句	承接复句	递进复句	条件复句	转折复句	假设复句	因果复句
单音复句标记词	也、并、兼、而	抑、还、宁、或	$而_2$、遂、则、乃、便	$而_3$、且、更、并$_2$、还、又、况、尚	便$_2$、但、惟、方、须、任、越、则$_3$、愈	但$_2$、然、$而_4$、却、倒、反、偏、纵、虽	果、若、苟、傥（倘）、假、设、则$_4$、便$_3$	遂$_2$、惟/维、以、因、由、为、故、盖、既
复音复句标记词	无	或是、宁可、宁肯、不若、莫若、何如、与其	于是、至于、若夫、若如、然后、而后、然则、便是、从此、便遂、遂乃、即便	不但、不惟、不独、非特、非但、何况、莫说、未论、未说、以至、以至于、甚至、至、岂止	但即、但有、但要、除非、只有、不论、不拘、不管、只凡、惟有、只要、除是、不管	然而、但是、倒是、又却、亦、然却、然又、然尚、然却又、然且、然虽、只、然只是、但只是、可是、不、过、虽是、虽然、虽则、则虽、虽便、虽、纵使、纵然、尚、纵饶、向	果然、万一、一、旦、若是、若非、如其、如或、假饶、假说、假如、假使、但、若使、向使、借使、设若、设如、向、若、总计	缘为、为是、自是、是以、因是、由是、故以、故此、之故、因而、所以、之所以、既是

续表

《朱子语类》 匹配复句标记词	并列复句	选择复句	承接复句	递进复句	条件复句	转折复句	假设复句	因果复句
	一 AP，二 CP；一则 AP，一则 CP；一则 AP，二者 CP；一者 AP，一面 AP，一面 CP；一边 AP，一边 CP；也 CP；又 AP，又 CP；也好，既 AP，又 CP	（或者）AP，或者 CP；（为复）AP，为复 AP，是 CP；（还）是 AP，则是 AP，便是 AP，即 AP，不是 AP，即 AP，不是 AP，与其 CP；宁 CP，与其 AP，孰若 CP；与其 AP，曷若 AP，非 CP，则 CP	先 AP，后 CP；先 AP，然后 CP；先 AP，次 CP；次 AP，先是 AP，先后 CP；一 AP，便 CP	不但 AP，亦 CP；不但 AP，又 CP；不惟 AP，亦 CP；不惟 AP，而 CP；不独 AP，亦 CP；不独 AP，只 CP；不特 AP，乃 CP；不特 AP，亦 CP；不特 AP，而 CP；不特 AP，也 CP；非但 AP，便 CP；非独 AP，亦 CP；非独 AP，而 CP；非独 AP，且 CP；也 CP，非特 AP，便 CP；非特 AP，便 CP；非特 AP，而 CP；非惟 AP，而 CP；非惟 AP，也 CP；莫说 AP，只 CP；未论 AP，且 CP；未说 AP，只 CP；乃 AP，况 CP；而 AP，况 CP；而 AP，况 CP；则 AP，况 CP；又 CP，况 AP；犹 AP，况 CP	但即 AP，则 CP；但有 AP，则 CP；只 AP，便 CP；但使 CP；惟 AP，果 CP；只要 AP，方 CP；只要 CP，则 CP；便 CP，则 CP；惟有 AP，乃 CP；惟有 AP，除 CP；方 CP，除非 AP，方 CP；除非是 CP，方 AP，则 CP；只 AP，方 CP；除是 AP，方 CP；便 CP；只有 AP，才 CP；不拘 AP，都 CP；不同 AP，皆 CP；唯 AP，则 CP；越 CP，越 AP；弥 CP，愈 AP；愈 CP，须 AP；益 CP，方 CP	虽 AP，只 CP；虽 AP，但 CP；虽 AP，然 CP；虽是 AP，然 CP；虽是 AP，然而 CP；虽是 CP；虽 AP，然 CP；虽则 AP，然 CP；只是 CP，亦 CP；虽然 AP，而 CP；虽然 AP，只是 CP；亦 AP，然 CP；不过 CP，虽 AP，却 CP；虽 AP，亦 CP；虽 AP，抑 CP；虽 AP，则 CP；虽 AP，却 CP；还 CP，虽 AP，倒 CP；还 CP，然虽 AP，却 CP；虽然 AP，亦 CP；亦 CP，虽则 AP，其实 CP；AP，亦 AP，却 CP；其实 CP，虽然 AP，然 CP；纵 AP，而 CP；纵使 AP，但 CP，亦 CP	万一 AP，也 CP；万一 AP，则 CP；万一 AP，便 CP；万一 AP，又 CP；万一 AP，故 CP；要是 AP，则 CP；若是 AP，则 CP；若是 AP，也 CP；若是 AP，就 CP；若是 AP，还 CP；若是 AP，便 CP	缘 AP，所以 CP；缘 AP，故 CP；缘 AP，是以 CP；缘 AP，遂 CP；缘 AP，所以 CP；惟 AP，是以 CP；因 AP，是以 CP；因 AP，乃 CP；因 AP，故 CP；因 AP，所以 CP；以 AP，故 CP；盖 AP，所以 CP；盖 AP，是以 CP；盖 AP，故 CP；之所以 AP，盖 CP；之所以 AP，则 CP；以 AP，则 CP；所以 CP，则 CP；既 AP，维 CP；既 AP，既 CP；既 AP，便 CP；是 AP，所以 CP；所以 AP，盖 CP

二、单音标记

（一）数量特征

表 37　《朱子语类》复句单音标记数量特征表

复句类型	单音标记个数与比例		单音标记复句数量与比例	
	个数	比例	见次	比例
并列复句	4	28.57%	567	61.76%
选择复句	4	33.34%	440	61.79%
承接复句	5	27.78%	3314	68.18%
递进复句	10	35.71%	2488	88.89%
条件复句	9	40.91%	3138	86.66%
转折复句	10	26.32%	4926	74.28%
假设复句	9	28.12%	4446	72.83%
因果复句	10	34.38%	3821	66.11%

由表 37 我们可以看出，一方面，在每一种复句中单音标记的个数在《朱子语类》里已经不占优势了，一般只是该类复句所有标记数量的30%左右，最多的为条件复句单音标记，也不过刚达到40%而已；另一方面，单音标记所拥有的复句用例却是极为庞大的，所有类型的复句都有60%以上为单音标记用例。递进、条件、转折、假设四种类型的复句甚至达到了70%以上。可见单音标记在近古早期日益受到复音标记的冲击，个数上的地位受到挑战。南宋时期，复句单音标记个数稳定，没有出现膨胀的现象，比之上古、中古复句单音标记还有衰减的趋势，但是总体使用量上优势地位还没有被撼动。此外偏正复句的单音标记个数比联合复句的数量要明显多一些。

（二）词性特征

并列复句标记词只有两种性质，即连词"并"和"而"，副词标记"也""兼"，两者的用例数量相差不大。选择单音标记也只有连词"抑""或"和副词"还""宁"两类。连词性单音标记的复句数量占据绝对优势，是副词性标记的4倍。承接连词性标记"而""则"与副词性标记"便""遂""乃"构成了承接单音标记的主体，这两类标记的用量基本持平。递进复句虽然连词与副词性标记个数相当，但是复句数量极不均衡，后者是前者的 4 倍有余。条件复句单音标记中无论个数还是复句数量，连词标记都难以和副词标记相抗衡。转折单音标记同样是以连词、副词为主，但是前者比后者用例多出将近 5 倍。假设单音标记连词类占据绝对优势地位，其复句数用例超过假设复句总数的一半。但是在假设复句中有一些其他词性借用而来词，例如，借用"果""设"等。因果单音标记词性共有 3 种，以连词性标记为主，副词性标记较少，介词性标记多为借用而来，用例也不多。

由上可见，《朱子语类》的单音标记多集中在连词和副词两种词性上。但是不同种类的复句，在数量分布上并不均衡，除了并列复句相差无几之外，承接、递进、条件三种复句中副词性标记优势明显，剩余几种复句中都是连词性标记占优，而其中的假设和因果复句中尚有一些从其他词性中借用而来的或者介词性的标记。

（三）来源统一

并列复句单音标记均为先秦时代词性引申虚化而来。选择复句单音标记均可上溯至先秦，由词性引申虚化而来，它们形成的时间较早，后代也一直沿用。承接复句单音标记都出现得非常早，而且后续衍生变化不大。递进复句单音标记由词性引申虚化而来，除了"兼$_2$"在汉魏时代出现，其他单音标记均可追溯到先秦时代。条件复句除了"但"出现于南北朝时期，其他标记都是先秦延续下来，经过词性的引申，慢慢虚化而来，历时弥久，用法稳固，适用范围广阔。转折、假设复句单音标记都出现于先秦时代，以虚化方式形成。因果复句单音标记中除了"由"出现在西汉外，其余 10 个单音标记，也都是上古时期可见，经词性引申虚化而来的，由于成形时间久远，用法稳定，故而在《朱子语类》中用例广泛，可以连接体词性、谓词性结构和分句等内容，功能强大。

以上内容足见出现在《朱子语类》中的单音标记，除了个别情况，都起源很早，先秦皆有用例。上古时期以单音标记为主，这中间不断有词衰亡、新生，它们是经过语言使用和时间筛选而保存到近古汉语中的。它们原始的词义性质都比较实，但作为标记词，其自身的含义基本消失，凸显的是它的连接功能。正如沈家煊（1998）提出的降类原则，即主要词类变为次要词类，或由开放的词类变为封闭的词类。① 从连词的来源来看，主要是由动词、名词、介词、副词经语法化形成的。连词本是虚词，当然在层级上无法和前面几个相比。所以从

---

① 沈家煊 . 实词虚化的机制——《演化而来的语法》评价［J］. 当代语言学，1998（3）：41-46.

实词而来的标记经历了一个降类的过程，从而产生了《朱子语类》中的大量的单音标记。例如来源于名词的"缘、果、故"等，来源于代词的"然、是、其"等。经过漫长时间的发展，到宋代仍然在使用的标记，自然功能都强大，可连接词语、体词性成分、谓词性成分乃至各种分句。也正因如此，单音标记群体形成的复句才能在《朱子语类》中拥有7成以上的比例。

（四）再生功能强大

承接复句中的复音标记词有1/4来自单音标记的附加形成方式，例如"便遂、遂乃"。递进复句中单音标记的强盛不仅体现在用量上，而且其生成新的复音标记的能力也很强，例如"而况""更兼"等。偏正复句更为明显，其中每种复句都有代表性显性标记，由它们通过不断附加、跨层结合等方式生成了大批复音标记词。例如，条件复句标记"但凡""但有"，转折复句标记"虽便""纵使"，假设复句标记"假设""若如"，因果复句标记"因此""故以"等。

（五）位置特点

并列复句单音标记"并""而""兼"均为CP首标，"也"为CP中标。没有出现在AP部分的，只有后标没有前标，主语常承前省略。可见并列复句AP并不需要太多明确提示，后标予以接续即可。这和其平行对等的结构有很大关系。

选择复句单音标记2个为CP首标，2个为AP首标。可见在《朱子语类》中单音标记位置均在整个复句或分句的句首，管控的是整个分句，因为选择复句的两个分句通常为两个独立的选择组块。

承接复句5个单音标记中"而""则"为连词，均是CP首标，这就意味着它们都位于句子的主语前面。但是"乃、便、遂"都是CP中标，这三个词都是副词，它们必须放置于CP的主语之后。由此可见，词性和主语的一致与否，会对标记词的位置产生影响。

递进复句除了"尚、连"为CP中标，主语常承前省略外，其余7个单音标记均为CP首标，即位于后分句的最前方，主语之前，顺序是不可颠倒的。没有出现在AP部分的，即无前标，只有后标。

条件除了"但""惟"是AP首标以外，其余均为CP中标类型。这也意味着限制条件分句且不受主语管控的标记词还是比较少的。

转折复句除了"纵""虽"是AP首标外，其余为CP首标。这是对CP的强调，符合转折复句对语义重心的强调一般在后句上的规律。

假设复句7个DM标记均为AP首标。其余2个RM标记则为CP首标，主语通常承前省略。从上述统计可以看出，单音标记在假设复句中往往放置于主语前面，因为其固化程度高，对句子的统管能力较强。主语必须受其假设情况的限制，从而形成这样的特点。

因果复句副词性单音标记多为 CP 中标，主语常承前省略，这和其副词词性有关。连词性单音标记为 AP 首标，多为显性标记，是对整个分句表因或表果的设定。主语也要受到这些标记的管控，因此没有中标的情况。但是因果复句有 CP 尾标，这在其他复句中很少见。

由上可见，联合复句的标记多出现在 CP 部分，因其意合程度高，AP 不需作太多提示，CP 就要准确给予明示，确定其复句语义关系。偏正复句则是 AP 首标为多，因为 AP 的预设必须明确，CP 相对于其关系才能彰显。如果使用不同标记，也许相同的语言序列的句子，就会呈现完全不同的语义关系。

三、复音标记

（一）数量特点

经过分析统计，《朱子语类》共有标记词 184 个，复音标记词 123 个，复音标记从个数上来讲是占有优势地位的，见表 38。陈卫兰（1998：20）指出，汉语复音化的过程早在六朝时期就开始了，在复音化的过程中受汉译佛经等因素的影响，当然还有其他因素的影响，实词由单音节发展为复音节。到了晚唐五代时期，虚词也在实词复音化趋势的推动下，开始了大范围扩展。① 《朱子语类》复句的复音标记情况是这句话最好的注解和明证。

表 38 《朱子语类》复句复音标记数量特征表

复句类型	复音标记个数与比例		复音标记复句数量与比例	
	个数	个数比例	用例	用例比例
并列复句	0	0	0	0
选择复句	8	66.67%	196	27.53%
承接复句	13	31.02%	1372	28.22%
递进复句	18	64.29%	199	7.11%
条件复句	13	59.09%	94	2.60%
转折复句	26	76.31%	798	12.03%
假设复句	23	71.86%	341	5.59%
因果复句	19	65.52%	1958	33.89%

---

① 陈卫兰.敦煌变文复音虚词结构类型初探［J］.农垦师专学报，1997（2）：37-39.

由表 38 可见，比较特殊的是并列复句，其复音标记在《朱子语类》中是缺失的。其虽然不乏并列连词，比如"以及、而且、之与"等，但是要么它们只能连接一个句内的两个成分，尚不具备连接句子的能力；要么就是还没有凝定成形，比如"及其"。笔者并未发现《朱子语类》中并列复音标记。

但是在《朱子语类》的其他复句中复音标记已经迎来了多样化的时期，在复音标记个数上，除了承接复句约占 1/3 外，其余每种复句复音标记的数量都能够达到一半以上。另一方面，复音标记个数虽多，用例始终很少。条件复音标记非常典型，虽然标记数比单音标记多 1/2，但是只有其复句总数的 1/30。所以我们说近古早期的复音标记虽然有了一定程度的发展，但还远未进入强盛期，当时人们的首选还是长期在古代汉语中占据统治地位的单音标记词。总之，这是一个复音标记力量的积蓄期，其多样、全面的发展趋势可见一斑，为未来全面占领汉语的复句领域打下了坚实的基础。

（二）来源及形成特征

《朱子语类》选择复句复音标记主要是使用先秦时期保存下来的标记词，例如"与其""不如"等。选择复句标记词本身就不多，中古和唐宋时期也就只有"宁""或"和"惟"加词缀形成的少量新型标记，如"或是""惟复"等，但是用例始终不多。这些标记都在语料中出现了。

承接复句复音标记全部来自上古时期，其后从中古到近古时期都没有再出现新的标记，这也是其一大特点。所以语料中的复音标记的成形在先秦都已完成，来源方式主要是跨层结合型与词组凝定型。

递进复句复音标记词主要来自先秦和唐代两个时期。中古虽然也产生了一系列标记，比如，以"况"为核心的复音标记，但在《朱子语类》中很少见。唐代产生的构成方式为"否定副词+限制性成分"的标记，例如"不特""非独"等，复句用例较多。并且在词基础上，《朱子语类》中又有了"否定副词'未'"+言说动词的标记形式。

条件复句复音标记，上古没有出现专门的标记词，最早的也要到"南北朝"时期才出现，故而宋代的条件复句复音标记都来自中古和唐代。条件复句复音标记词主要有以下 3 个组类："但"字类形成的"但即、但凡、但有、但使"；"只"字类的有"只有、只要、惟有"；"否定副词"类的有"不论、不拘、不问、不管"。其成词方式主要为跨层黏合。

转折复句标记分两部分，对比性和补充性转折复句的复音标记主要来自先秦时期，让转类复句则多来自唐朝。其成词方式多为以一个显性单音标记为核心，组合扩展，形成系列的相关复音标记。比如"然"字类有 8 个，例如"然却又、然乃、然尚、然犹"等。"虽"字类有 7 个，例如"虽然、虽便、虽是、然虽"等。

假设复句复音标记先秦就有不少，魏晋南北朝和唐宋时期都有不少的新标记涌现出来，但都是双音标记，直到元明时期三音标记才开始出现。其主要成词方式为跨层黏合以及同义复合。假设复句复音标记和其他复句相比，最突出的特点就是由近义词合成的标记特别多。

因果复句复音标记在上古、中古、唐代各个时期产生的都有。最主要的两个来源途径是跨层结合与词组凝定。此外除了双标之外，还有一个三音标记。

总的来说，《朱子语类》复音标记的来源比较广泛，跨时长短因词而异。从先秦开始直接沿用到南宋的，虽然不多，但已经成为主要的复句标记，用例都比较丰富。魏晋南北朝出现的一些新兴标记虽有体现，但是总体来说并不多见，而且用例也不多。例如递进标记中的"况"字类标记。唐五代是一个大批新型标记涌现的时期，宋代基本承唐之发展，故而沿用的唐朝的标记是非常多的，但是复句的数量却始终不大。在宋代也产生了一些新的标记词，例如"未说""未说道"等，但总体来说也只是零星散见，并未形成规模。

《朱子语类》复音标记产生的方式，我们简单归纳一下，主要有如下几种：第一，重新分析机制，它往往造成语法范畴的消长或新的词类、新的虚词、新的结构的出现。① 语料中不少标记词素之间都不在同一语法层面上，彼此没有含义上的联系，只是因为线性顺序的位置相连而固化成一个新词，意义和作用都发生了改变，此前的层次结构也要因之重新划分。例如"若是""因而"都是重新分析而来，只是《朱子语类》中还有不少用例尚没有完成这个凝固的过程。第二，同义复合，顾名思义就是含义类同的两个词素的组合运用，两个词素长期在一起连用，逐渐成形，变为标记词。例如，"假若""如若"等。第三，类推作用，"类推指的是已经存在的结构对现存形式产生的吸引同化"②。沈家煊（2009）指出："已知 x 和 y 的关系同常见的 a 与 b 的关系类似，则 x 可以根据这一类似关系推导出来，这就是类推。"③ 即一个标记有了引导某种复句的功能，那么与其同类的词，慢慢地也有了这种用法。例如"非独""非特""非惟"等

① 叶蜚声，徐通锵. 语言学纲要（修订版）［M］. 北京：北京大学出版社，2010：259.
② ［美］鲍尔·J. 霍伯尔，伊丽莎白·克劳丝·特拉格特. 语法化学说（第二版）［M］. 上海：复旦大学出版社，2008：79.
③ 沈家煊. 跟语法化机制有关的三对概念［A］. 吴福祥，等. 语法化与语法研究（四）［C］. 北京：商务印书馆，2009：333-346.

都可以表示递进语义关系的复句。第四，短语的凝定。本来是两个松散的短语结构经过演变不断缩合，导致语法化的发生，成了一个词。例如，形容词+连词/动词的结构形成的"甚至""甚而"等。第五，附加后缀的方式，使一个单音标记变成了复音标记，由于唐代新出现了不少标记词后缀，如"其、然、尔"等，故而《朱子语类》中不少标记沿用了这种附加方法，出现了不少"宁可""为复"这样的复句用例。第六，语境的影响和选择。《朱子语类》中不少标记都含有"而、是"等词，可以用来回指前面的内容。在不同的语境中随着回指重要性的下降兼之它们多出现在句首位置，故而在组块过程中，它们慢慢就凝固成了一个新词。

（三）语料中的状态特征

选择复句复音标记词产生的时间相对较晚，汉、魏晋、唐时期出现得比较多，距宋时间较短，故而发展不是非常充分，不少标记尚处于凝固状态中。例如"不若""何如"等。

承接复句复音标记一般都出现得比较早，多出现在先秦时代，并且后续的发展变化并不突出。自中古以降基本没有再产生新的标记。故而本语料中出现的复音标记基本已成形，用法固定，即使到现代汉语改变也不大。

递进复句在《朱子语类》中的形态并不是特别稳定，部分标记还处于凝固的状态中。对于见次经过我们认真筛选后，真正的用例往往并不多。例如"未"字类的标记，由于刚刚出现，不少用例还处于短语和标记词的中间状态。此外以一字为核心的同组标记词，语义和使用方法上一般均一致，但是用例数量反差经常很大，表明这是一个同类并存期，优势明显的标记多延续到了明清及以后，例如"不但"等词。

就条件复句标记词的状态来说，接近一半的条件复句标记词在凝固中。例如"只要、除是、但有"虽出现频率不低，但也只能作为准标记词看待，因为其用例一部分可以看作标记词，一部分还是比较松散的词组。

转折复句复音标记多是以聚合群的方式存在，形成很多相类的聚合群，例如"虽"字类、"但"字类等。但是同样的这些聚合形成时间不是很久，词性并不成熟，故而黏合不紧密的情况时有发生。有9个复音标记尚处于"成形中"的状态。

假设复句复音标记同样是形成了几个聚合群，它们几乎是同一时间涌现，在南宋时代开始了彼此的优势地位竞争。因此，语料中那些用法、含义都相似的标记用例数量上经常相差颇多，从而看出其强大的生命力和延续性。同样也有一些两个词素黏合不够紧密的情况出现，如"若有""若无"。

因果复句复音标记不少出现在唐代，所以《朱子语类》中很多标记有短语的用例，连接复句的作用还不明显，如"以此""因是"等。后世成为主流的标记"因为""因此"等还仅仅处于发展的开端，要到明清时期才开始加快脚步扩张。

总的来说，《朱子语类》中复句的复音标记词出现的时间均比较晚，部分为魏晋时期出现，多为唐代批量涌现。语料中的用例对魏晋时期的标记沿用不多，魏晋时期的标记多是零星散见，或者至南宋已然退出标记词系统。语料中的用例主要是延续唐代的标记。但因为去宋未远，个数突然膨胀，很多标记没有固化，还处于一个不稳定的状态，所以我们经常能够看到一个标记，一部分用例是松散的短语，一部分已经可以看作标记词。诸多复句中同时出现的功能类同、语义相似的标记，这正是语法化并存原则在《朱子语类》中的体现。即使共存，这些标记之间已经在开始竞争优势地位了，因为相同用法和含义的词类聚合非常多，《朱子语类》中的用例之比有的相差悬殊，有的旗鼓相当。在语法化择一原则、频率原则运作下，往往优势明显的标记在明清获得了进一步发展，一直留存到了现代汉语中。这种"状态性"的研究可以使我们有针对性地以点带面，从近古汉语的早期语料中一窥整个近现代汉语的发展历程。

（四）位置特征

选择复句复音标记中除了限选型标记是 AP 首标以外，均处于 CP 句首。这应该源于每一个 AP、CP 都是一种完整的选择，难以被拆分，故而一个分句就是一个完整的组块，标记词难以介入其中，故而均为首标，而没有中标、尾标的情况。

承接复句复音标记 6 个 AP 首标，3 个 CP 首标，4 个 CP 首标、中标均可。可见复音标记对于前分句的提示明显比单标增强了很多，位于两个分句的句首明显有对该类复句逻辑语义关系的提示作用。首标、中标均可的复音标记多为该类词本身就有鲜明的时间前后性，例如，"然后""而后"等。

递进复句复音标记 9 个是 AP 首标。这 9 个词有一个共同特点，就是已经成形，完全可以作为一个标记来看。这样其放置于句首就有了对整个句子的控制力。相对来说，其受到主语的限制就变小了。凝固程度相对不高的、动词性还残留的"否定词"+言说动词的类型以及动词"至"跨层结合的标记类型，在《朱子语类》中都处于 AP 中标和 CP 中标的位置。显然它们受到主语的影响要大很多，如果换到首标会引起整个句子的语义变化。

条件复句复音标记，均为 AP 标记，CP 首、中、尾标均无。可见其位置灵活，受主语限制不大。

转折复句复音标记总体来说在 AP 部分的多为首标，一般不能随意变换位置。让转句例外，不管是单音标记还是复音标记，其位置都是不固定的，即 AP、CP 的首标和中标都在《朱子语类》中有用例。

假设复句复音标记均为 AP 标记，且位置灵活，大多既可以是中标，也可以是首标。

因果复句复音标记中 AP 首标个数为 7，CP 首标、中标、尾标有 11 个。CP 标记的优势也彰显了因果复句语义重心的位置。AP、CP 相对来说位置灵活，半数以上均可以既为首标，又为中标，此外还有 CP 尾标，这是其他复句所少见的。

总的来说，《朱子语类》复音标记词的数量排列顺序由高到低为 AP 首标→CP 首标→CP 中标→AP 中标→CP 尾标，没有 AP 尾标的情况。不少的复音标记位置灵活，既可以为首标，也可为中标，均并不影响句意的表达。

四、匹配框架

并列复句匹配框架，在《朱子语类》中共有 10 组，以两种类型为主，即数量词复现，多表序列上的半等和副词复现，这多为语义上的平行。并列复句意合程度颇高，无标的复句数量更多，有双标框架的用例并不是很多。但是，为了对并列前后复句平行性特征的强调，就会采用这种结构形式。此外，一些框架出现了新的用法和发展，例如"一则 AP，一则 CP"等。

选择复句框架标记的大量涌现是《朱子语类》中比较明显的一个特点。它的比例占到选择复句总数的将近一半，这是其他复句都达不到的。部分先秦沿用下来的标记可以搭配更多的标记来进行组配，这样丰富了复句的框架句式，例如"与其"配以"孰若""曷若"等词。甚至有一些框架保存到了现代汉语中，并占据主流地位。

相对于其他复句类型来说，承接复句的匹配框架比较单一，除了"一 AP，便 CP"外均为具象的、表示时空和事件先后顺序的标记词。这类标记词的数量也很少，只有承接复句总数的 3.60%。

递进复句匹配框架样式较多，但是数量优势并不突出。后标多样化，包括连词、副词、介词甚至动词。尤其是副词性单音标记，组配能力更强，例如"亦""便"和"只"等。其中否定词短语和"亦"组配的形式最为常见，占到递进框架匹配数量的 1/4。《朱子语类》正是"亦"最繁盛的时代，此后"亦"慢慢受到"也"的排挤，频次下降。

条件复句的匹配框架比较常见，有 24 个组配，共有 389 句。其中 CP 标记是副词性的占据绝对优势地位。"方"和"便"使用量排名前两位。"方"在《朱子语类》条件复句中经常作为 CP 首标出现，是其使用的繁盛期，此后，其逐渐被"才"替代。到现代汉语，它多在较为文言的语言环境下才使用。

转折复句匹配框架发展繁盛，有 38 组，共 907 句，数量颇为可观。转折复句匹配框架占到转折复句总数的 18.69%。CP 标记主要以副词和连词为主。

假设复句匹配框架共有 22 组，用例为 1069 句，占假设复句总量的 18.25%。说明假设性前提和最终结果之间的逻辑组配关系更受时人的重视，故而总体来说数量还是不少的。

因果复句匹配框架标有 24 个组配，共计 623 句，占因果复句总数的 10.78%。因果标记同用型，有因标记+副词/连词性标记，还有果标记+副词/连词性标记等种类。可见在《朱子语类》中，逻辑严密、前因后果都标记清楚的复句数量在向丰富化、多样化的方向发展。

综合上述描写和数据比对，我们可以看到在《朱子语类》中各种类型复句除了承接以外，匹配框架都呈现多元化、繁盛化的发展趋势。单音标记和复音标记之间可以互相匹配，单音标记对复音标记、单音标记对单音标记、复音标记对单音标记、复音标记对复音标记都有，自由度非常高，对应的复句数量也是按照这个顺序排列的，单音标记对单音标记最多，复音标记对复音标记最少。框架结构的大量形成凸显了南宋时期人们的思维更加严谨，进行繁复句子表达的时候对周延性、逻辑性方面有了更多的重视。

五、标记共性分析

（一）显、隐特征

表 39　《朱子语类》复句复音标记数量特征表

复句类型	显性标记（DM）		隐性标记（RM）	
	个数	比例	个数	比例
并列复句	693	75.49%	225	24.51%
选择复句	616	86.52%	96	13.48%
承接复句	1236	25.43%	3625	74.57%
递进复句	1002	35.80%	1797	64.20%
条件复句	865	23.89%	2756	76.11%
转折复句	3270	55.10%	2665	44.90%
假设复句	3992	68.17%	1864	31.83%
因果复句	5196	89.91%	583	10.09%

在各种复句类型中，除了承接、递进和条件复句为隐性标记占优外，其他复句类型均是显性标记为多，如表39所示。承接复句属于意合程度相对较高的复句类型，不需要太多明显语义类型提示的显性标记来进行提示。递进复句层级序列严谨，AP、CP关系决不可颠倒，顺序打乱就会影响语义表达，故而也不需要太多显性标记。条件复句比较特殊，因为其CP部分的标记数量庞大，该类标记多为隐性标记，所以其显隐特征以隐性为主。

选择复句标记相对较少，且从上古传下来就具有较强的稳定性和组配性，故而其标记多为显性标记。偏正复句当中的假设、转折和因果都是显性标记较多，这是因为其需要有提示AP、CP逻辑关系的标记出现，我们才能相应判断二者的逻辑关系和阐述人要表达的意图。尤其是一些容易产生范畴交叉的复句，比如因果复句，其显性标记复句数量达到总数的89.91%，如表39所示。所以我们可以说，到了南宋时期人们对各种复句的语义关系和逻辑内涵有了比较明确的认知，下意识地在表述各种意图的复句中，使用隐性标记提示加强前后分句的连接，使用显性标记词来加以强调或者明确逻辑语义关系，从而减少了对语境的依赖性。

（二）跨域兼用

我们所谓的跨域兼用即指两种或者多种逻辑关系可以使用同一个标记词来进行表示。经过我们考察和统计，在《朱子语类》中出现的多属于隐性标记，但也有一些例外。具体情况如表40：

表40　标记词跨域兼用统计表

标记词	并列复句	选择复句	承接复句	递进复句	条件复句	转折复句	假设复句	因果复句
兼	√			√				
而	√		√			√		
且	√			√				
则			√			√	√	
便			√		√		√	
惟					√			√
假饶						√	√	
若						√	√	
纵然						√	√	

跨域兼用在《朱子语类》当中是比较常见的，之所以能够形成这种现象，我们认为有如下原因：

第一，在实词虚化的过程中，词性都出现了降类现象，即原来的实意词性转化为连词等虚词的情况。作为连接词，它们连接的成分比较固定，一定会受到语法结构和逻辑语义关系的影响。

第二，语用环境的影响，在某种语境下总是使用这几个词，慢慢该标记就成为此类复句的常用型标记了。正如《马氏文通》在讲到"而"字时说的："'而'字之为连字，不惟用以承接，而用为推转者亦习见焉。然此皆上下文义为之。"此外，又说，"夫然，'而'字之位，不变者也。而上下截之辞意，则又善变者也。"①

第三，标记与标记之间并不是总界限分明。一些标记是有多个义项的。不同的含义可能会造成其在复句中使用交叉的情况出现。例如"惟"《古代汉语虚词词典》的解释，就有三个主要含义：

1. 副词，用于谓语前，表示对事物或动作的范围加以限定，可以翻译为"只，仅仅"。例如

> 惟精以致之，惟一以守之，如此方能执中。（《卷第七十八·尚书一》）

2. 连词，既可以用于名词和名词性词组之间表示并列，也可以表示假设和让步，相当于"虽"，还可以表示动作、行为的理由、原因，翻译为"由于""正因为"。例如：

> 是虽有是形，惟其不足，故不能充践此形。（《卷第六十·孟子十》）

3. 助动词，用在句首，引出时间、处所，可以不必翻译。《朱子语类》中，"惟"既可以表示条件关系，又可以表示因果关系。

第四，复句间逻辑语义的交叉。比如假设和让转两类标记词，在本文的系统当中是分开来考量的。但是我们必须要看到让转也是一种假设，尤其是虚拟让转，例如"纵饶""纵使"等都是对不定或未来情况的一个推测，故而在标记词早期出现的时候会有很多兼职的现象。一部分让转标记发展到南宋，仍保持了这种状态，自然就会出现跨域兼用的特点。

（三）标记成形机制

之所以标记词能在《朱子语类》复句标记中形成这么复杂而多样的局面，应该是下面两个原则共同作用的结果。

1. 人们认知程度越提升，对事物的表达就越深入全面。所谓"精密原则"就是使用一种语言把人类对世界的认知尽可能周延、精致地描写出来。这种认知的深刻化和语言的精致化是成正比例增长的。为了适应这种语言表述周延化的要求，汉语经历了重大的转变：汉语构词法从"语音构词""语义构词"逐

---

① 马建忠. 马氏文通 [M]. 北京：商务印书馆，1983：268.

步过渡到"语法构词";汉语词汇由"单音节"系统逐步过渡到"双音节"系统;汉语句法结构由"综合型"逐步过渡到"分析型"。①《朱子语类》中大量成熟的复句正是在这一原则指导下形成的。

2. "经济原则"可以从"聚合"和"组合"两个平面来理解。"聚合"平面是指在语言系统内部,表达同一功能的词语要尽可能少;"组合"平面是指在表达某一语义时,在满足质量原则的前提下,所使用的语言单位要尽可能少。在《朱子语类》中,我们主要指的是聚合这个平面而言的。在"经济原则"的运行下,南宋时期的标记比之前的标记也有不小的调整与变化:第一,由于音近义通同时在语料中出现的数个使用方法和语义都相似的标记,例如"不特""不惟""不独"等,在激烈地竞争,虽然还没有说哪个词被彻底淘汰,但我们从文中的用例可以看到它们分布极不均衡。在"经济原则"的筛选下,明清时代那些出现极少的标记词基本已经退出历史舞台。第二,在《朱子语类》中还有大量同义复合而成的复音标记,在句法结构、语义功能上也没有太大差异,该类词语在见次上有明显的差异。这类标记以假设复句和转折复句最为突出。在近古早期它们还处于共现期,但是已经开始竞争优势地位了,这一点从匹配框架的搭配数量上也有所体现。

第三节 《朱子语类》复句语义类型特征

对不同的认知领域进行区分是认知语言学对语义进行分析的一个重要内容。Sweetser(1990)指出语义的发展可能在内容事件域(content domain)、主观认识域(epistemic domain)和言语行为域(speech act domain)之间通过隐喻形成了映射(mapping)。这是三域的最初设定,主要是从英语中总结的,并且对象也选择的是复句。此后大量西方的研究者例如 Dancygier(1998),Schwente(1998),Kuhlen&Kortmarm(2000)等亦没有摆脱这个模式。据目前可查到的资源,毕永峨(1994)最早涉及此理论,并将其运用到研究汉语虚词的内容中去。将其运用到复句领域,且产生了较大影响,使得语法学界集中关注的研究者,当属沈家煊(2003),是他明确把这三个概念引入到复句的研究中,并相应地称之为行域、知域和言域。其中属于"行域"的复句多指实际的动作和行为,一般是直陈行为事实本身,故而有较强的客观性。属于"知域"的复句则是侧重

---

① 荣丽华. 上古汉语因果复句发展演变研究 [D]. 北京:北京师范大学,2012:151.

说明、推理、认知、判断等，它的主观性比起"行域"复句来说要强得多。至于"言域"类复句多用于为了达成预期目标所实施的言语内容，如请求、命令等，该类复句主观性浓厚，常伴有感叹和反问的语气，可是说是"三域"中主观倾向性最为明显的一个类型。正如沈家煊先生说的："此类分法有利于系统而又概括地说明各类型复句所表达的语义关系。"①

故而除了根据逻辑分类语义特征总结外，我们还选择以此来对《朱子语类》中复句的语义关系进行探讨，并尽力揭示其中的一些规律。

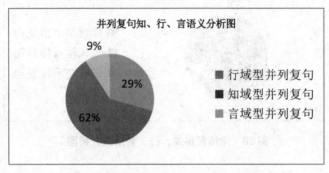

图 8　并列复句知、行、言语义分析图

图 8 体现了《朱子语类》中并列复句的大致语义类别。事理说明的逻辑类复句即知域型复句有 564 例，占第一位，其次是行域型复句，共有 269 例，针对 AP 进行言说的言域型复句仅 85 例。并列复句多表现为平等的架构，前后次序甚至可以互换。《朱子语类》中的并列复句多为朱熹的讲学内容的平行等立式的复句结构，内容多是说理性较强的叙述型复句，故而说明性的并列知域型复句用例是最多的。

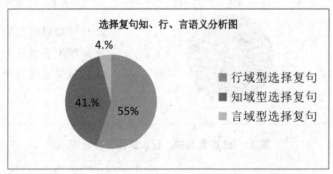

图 9　选择复句知、行、言语义分析图

---

①　沈家煊. 复句三域"行、知、言"［J］. 中国语文，2003（3）：195-204.

选择复句从语义类型的行域、知域、言域来看，表示行为选择类的行域型复句用例有 404 句；AP 和 CP 表说明、事实推理性的知域型复句有 297 例；针对 AP 进行言说的言域型复句仅 31 例。在选择复句中以表现行为和说明推理的语义类型占有绝对性的优势，总比例接近 97%。因为言域型的选择复句多是限选型的，常为祈使类语气，该类复句受限颇多，用例较少。具体情况如图 9 所示。

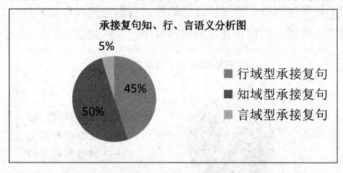

图 10　承接复句知、行、言语义分析图

承接复句从语义类型的行域、知域、言域来看，表示单纯动作行为语法意义的行域型复句有 2174 例；表说明推理性的知域型复句有 2454 例，多集中在"则""乃""便"等标记中，它们多表示事实和说明类承接关系；言域型复句仅 233 例。承接复句行域和知域型复句用例数量相差不多，说明在《朱子语类》中承接复句所连接的内容已经不局限于具象化的时、空、动作的先后，更有各种动作行为、逻辑判断思考的承续衔接。具体情况如图 10 所示。

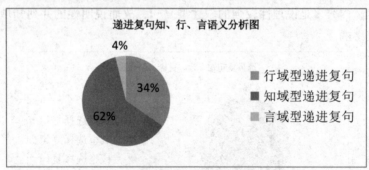

图 11　递进复句知、行、言语义分析图

从行域、知域、言域来分析递进复句的语义类型特点，表示行为层层递进的行域型复句数量有 964 例；知域型复句用例为 1729 句；针对 AP 进行言说的言域型复句仅 106 例。《朱子语类》中的递进结构以说明推理为主要内容。动作行为在

CP 进一步的发展以及言语对 AP 的请求、提问等言说类型都处于相对弱势的地位。这也和递进复句中的"一般性递进复句"共有 2602 句有关。该类型复句用例中说理型内容居多，所以知域型复句数量颇多。具体情况如图 11 所示。

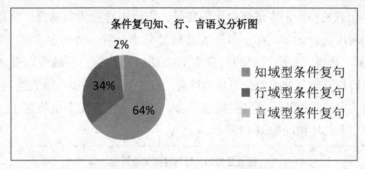

图 12　条件复句知、行、言语义分析图

《朱子语类》条件复句中表示逻辑推理性内容的知域型条件复句共 2326 例；以动作行为为主的行域型条件复句共 1221 例；针对 AP 进行提问、讨论等言域型条件复句仅 74 例。由图 12 可见，《朱子语类》中"知域"语义类型的条件复句在用例上已经超过半数，在充足性条件、必要性条件两个比例最高的类型中，AP 部分提出预设前提，CP 部分经过推理得出结果的用例是最常见的，故而能够使知域型复句在数量上拥有较高的比重。但是语料中比较单纯的行为条件及其结果的描述也占 1/3。排在第三位的是言域类复句，因其本身辖域范围相对动作和推理就少，对语气也有一定要求，故而数量最少。具体情况如图 12 所示。

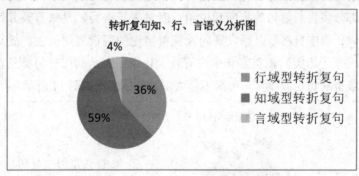

图 13　转折复句知、行、言语义分析图

《朱子语类》行域型转折复句共 2406 例，占转折复句总数的 36.27%；知域型转折复句共 3969 例，占转折复句总数的 59.84%；言域型转折复句共 257 例，仅占转折复句总数的 3.88%。由图 13 可见，《朱子语类》转折复句的语义类型是以知域型为主的。用例中 CP 部分的结论多是针对 AP 部分的事情状态、动作行为进行的推理。AP 部分行域和知域虽然有所交叉，但是知域型复句重视的是阐述者的推断，而行域型复句更注重阐述者和接受者共同预设的行为内容。《朱子语类》记载的多为朱熹讲课内容的实录，言语中对行为的推理，要超过单纯行域的复句用量。比如，在"虽"类让转复句中，后一分句多含"是""为""欲""以"等词，表明后面的内容多为推理叙述性的，言域型数量依然非常少。此外转折复句三种类型分布并不均衡。其中对比性转折、补充性转折为多，这在这两类中又是以知域型复句数量最多，这在一定程度上也决定了三域复句数量的排位。具体情况如图 13 所示。

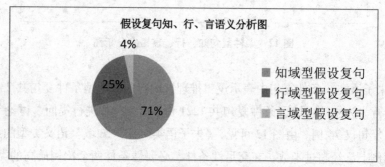

图 14　假设复句知、行、言语义分析图

在《朱子语类》中，知域型假设复句共 4170 例；行域型假设复句共 1482 例；而对前面涉假设内容进行评述的言域型假设复句有 204 例。因为知域型复句的主句部分多为对偏句的推断和说明，而《朱子语类》是朱熹及其门人教学内容的实录，当中自然是以预设疑问及获得结论的假设复句为主，故知域型假设复句在《朱子语类》该类复句中占有较大比重。表示动作行为类及言说类的行域、言域型复句在假设复句中都不是太多。具体情况如图 14 所示。

图 15　因果复句知、行、言语义分析图

《朱子语类》中的行域型因果复句 1023 例，知域型复句 3993 例，言域型复句 763 例。因果复句是所有复句中逻辑关系最为严密的一种，强调的就是某种原因作用下出现的特定结果，重视有因才有果、有果必有因的逻辑关系，对产生某个结果的原因或某个已定事实可能产生的结果，说话人势必要加以评述、解释和推测，主观性较强。故而知域型复句所占比例极高，优势比较明显。《朱子语类》由因推果型复句共有 5084 句，优势明显，有较多用例是 CP 对前分句 AP 原因进行结果性的言说，所以其用例数量比起别的复句类型要高一些。具体情况如图 15 所示。

《朱子语类》复句中占有优势地位的是知域型的复句语义关系，在并列、转折、递进、因果四种复句类型当中都超过了一半。这固然是由于复句本身的语义特点决定的，比如，因果复句本来就侧重于 CP 对 AP 的解释和结果的说明，那么表示判断、推理的知域型复句自然数量上就会占据优势。同时，这也是本文是朱熹讲述理学思想、侧重思辨性的原因造成的。排在第二位的是行域型复句，该类型把具体行为动作具象化描写的复句在语料中的用例也不少，在承接、条件复句当中两种类型的复句接近持平。可见客观性、直观化的行域型复句在《朱子语类》中同样占据比较重要的地位。其中数量最少的是言域型复句。《朱子语类》虽然是复杂的语录体文献，但是这种针对 AP 进行直接命令型、表述为话语型的言说其实并不多。总的来看，《朱子语类》是老师授课的实录记载，有严谨的学术系统性和思想性，但同时又是夹杂了诸多口语的学生笔记，故而主观性色彩比较强，重视事理逻辑的说明、判断。也从一个侧面反映出南宋时期的人思维认知不是局限于具体的时空概念、细化的动作行为中，而是转而根据客观的、主观的、综合性的事理来做出推理和认定，多是一种形而上的复句表达，不能不说这是《朱子语类》一个不同于其他语料的显著特点。

第四节 《朱子语类》复句语用特征

一、《朱子语类》复句的语气特征

并列复句语气排序式：M1+M1 型（902）→M1+M2 型（5）→M1+M4 型（2）→M1+M3 型（1）。陈述+陈述型是最占优势的语气类型，其他类型的语气出现情况非常少。《朱子语类》并列复句逻辑关系一般比较简单，单纯平行结构的情况最多，其中并举说明性语义的句子比例极高。经我们考察，其他类型由于受到 AP 陈述型居多的制约，即使为感叹、祈使、疑问型，语气也不是非常强烈。

选择复句：M1+M1 型（608）→M1+M2 型（103）→M1+M4 型（1）→M1+M3 型（0）。《朱子语类》中陈述+陈述型语气最为常见。选择复句的分句主要是阐述者给予听话人的选择项。由于未定选择类中的任意选择占据上风，该类型中绝大多数是陈述型语气，所以 M1+M1 型比较突出。但是限选型和已定选择类中有强烈主观色彩的选择句，故而其用例中会有疑问型、感叹型的语气出现。该类型中陈述+祈使型语气缺失。

承接复句：M1+M1 型（4444）→M1+M2 型（243）→M1+M4 型（156）→M1+M3 型（18）。陈述+陈述型语气达到该类复句总数的九成以上，原因在于承接复句前后关系比较紧密，一般是针对同一话题进行言说。但是其并不像并列复句，要求前后对称平行，故而会有少量语气变化，比如，陈述+疑问型、陈述+感叹型、陈述+祈使型都有用例，但是主流为陈述语气的格局并未改变。

递进复句：M1+M1 型（2540）→M1+M4 型（134）→M1+M2 型（129）→M1+M3 型（28）。《朱子语类》中递进复句语义特征经过分析可以看出推理说明性的内容占到总量的近70%。内容决定语气形式，所以递进复句以陈述+陈述型为主。但是逼近式递进中"况"字类等标记有强烈的主观语气色彩，所以多有感叹和反问的用例出现。

条件复句：M1+M1 型（3475）→M1+M2 型（52）→M1+M3 型（49）→M1+M4 型（45）。该类复句 AP 设定条件，CP 获得结论，知域型语义关系数量较多。此类复句中大多用例都是陈述型语气。但是在其一部分行域型复句中，结论是由动作完成的，故而陈述+祈使型语气较多，这是唯一一种该类语气排到第三位的复句类型。

转折复句：M1+M1 型（6081）→M1+M2 型（276）→M1+M4 型（251）→M1+M3 型（24）。陈述+陈述型语气最多，剩余三类除了祈使语气稍微少些，疑问和感叹语气基本持平，数量比起其他复句明显增多。这大概与转折复句语义关系中知域型复句数量达到70%有关。转折复句最大的特点是 AP、CP 形成的预设和结果的差异性。这种差异往往有出乎意料的意味在其中，故而形成较强烈的感叹和疑问语气。

假设复句：M1+M1 型（4999）→M1+M2 型（421）→M1+M4 型（396）→M1+M3 型（40）。同样该类复句以陈述+陈述型为主，疑问和感叹语气的用例较多，祈使语气最少。假定前提推导出结论，知域型推理类用例最多，这种复句的语气多为陈述型。但是因为 AP 多为形态各异的假定预设，CP 的结论也会反映出阐述者多样化的心态,从而导致语气的多样性,因此,该类复句后三种语气数量较多。

因果复句:M1+M1型(5515)→M1+M2型(177)→M1+M4型(77)→M1+M3型(10)。陈述+陈述型语气优势明显,往下依次为疑问、感叹和祈使型。这源于因果复句逻辑语义上主要为由因推果的果标型用例较多,语用功能上叙述、说明类句子占优。剩余三种类型之和的比例在因果复句中也不大,足见《朱子语类》因果复句重逻辑说理的显著特征。

总的来说,《朱子语类》复句的语气形态比较丰富,除了选择复句中缺乏M1+M3型外,其他所有复句中语气种类都是齐全的,足见南宋时期人们的语用方式和交际手段已经非常全面了。所有复句中无一例外占据上风的都是M1+M1型,陈述型语气与语料的内容有很大的关系。《朱子语类》虽重口语,但是所录毕竟是教学性内容,注重叙述、说明、推理,有较强的严谨性,所以语气、情态平铺直叙的为多。递进、假设、转折复句中M1+M2型、M1+M4型语气用例较之其他复句类型更多,这和该类复句自身的语义、语用特征有关。M1+M3型除了在条件复句中用例居于第三外,在其余复句中用例都是最少的,这和现代汉语一致,《朱子语类》中祈使型的请求、命令型语气在交流当中也不是很常见。

二、《朱子语类》复句的语义重心特征

《朱子语类》中并列复句语义重心排列顺序依次降低如下:Fo3(903)→Fo1(15)→Fo2(0)。从数据上可知,并列复句是极为明显的双向重心类型占据优势,这体现了并列复句AP、CP间可颠倒、移位的平等性质。少量Fo1来源于标记词的语义内涵,导致语义重心有微妙的偏移情况。

选择复句:Fo3(416)→Fo2(260)→Fo1(36)。选择复句中任选型复句数量最多,所以以双向平衡语义重心的类型必然较多。因为已定选择和限选型选择复句的主观性相对较强,语义重心自然会向主观程度高、感情色彩重的一方倾斜,所以Fo2型的复句数量也不少。Fo1型则多为先取后舍型选择复句,是数量最少的一类。

承接复句:Fo2(3178)→Fo3(1457例)→Fo1(226)。承接复句的语义重心偏向CP,承接的内容是阐述者的重点,也是听话者关注的地方,所以Fo2以65.38%的比例占据承接复句的第一位。Fo3双向语义重心之所以能占到将近1/3的比例,很重要的一个原因是结合上下文语境,AP和CP仅仅就是前后的一个平面连接,难分语义上谁重要谁次要。

递进复句的语义重心类型比较简单：Fo2（1450）→Fo1（0）→Fo3（0）。由于递进复句自身的语义层级特点，CP 的重要性必然是要超过 AP 的。《朱子语类》的递进复句的用例同样也证实了这一点。

条件复句：Fo2（2354）→Fo1（1267）→Fo3（0）。条件是达成结果的一部分，除非特别强调条件，听话人关心的是最后产生的结果，所以 Fo2 型比例占到六成以上。充分、必要、无条件、倚变条件复句中比例最高的必要条件复句用例中很大一部分强调只有满足唯一的 AP 部分设定的条件，才会出现 CP 的结果，该类用例都属于 Fo1 型，所以它可以排到第二位。至于 Fo3 型双相平衡语义重心，条件复句中是缺失的。

转折复句：Fo2（6632）→Fo3（0）→Fo1（0）。转折复句 AP 部分通常是阐述者和听话双方都共享的信息，但是 CP 才是阐述者真正想表达的内容，即使是使用了"纵然""虽则"等标记的让步性转折复句，力图强调前一分句所述的让步情况和后续分句在让步条件下不变的结论或结果，但是仍然难以改变语用中关注 CP 部分这一点。故而转折复句语义重心"归一性"的特点是很鲜明的。

假设复句：Fo1（4673）→Fo2（1183）→Fo3（0）。《朱子语类》中假设复句语用种类众多。但因为在有标复句中显性标记的明示、强调作用非常突出，所以一旦有显性标记标示，交际双方就会知道 AP 这个虚拟的预设前提是实现该复句 CP 结果必须要做到的内容。只有隐性标记类词有部分复句语义重心类型为 Fo2。

因果复句：Fo2（3422）→Fo1（1731）→Fo3（626）。强调结果部分的 Fo2 型语义重心明显占据优势，占到 59.21% 的比例。《朱子语类》中果标句的数量所占比例优势同样明显地印证了这一点。因为因果复句中也有大量强调原因的标记词，来提请人们注意，故而 Fo1 型数量也占到了 29.95%。由于因果关系一体两面彼此对应，匹配框架用例颇多，故而 Fo3 也占据了一定的数量。

总之，《朱子语类》的复句语义重心的分布都彰显了该种复句最本质的语义语用特征。联合复句中平行程度最高的并列和选择复句是 Fo3 占据优势地位。剩余六种类型尤其是偏正复句都是 Fo2 占据绝对优势地位。不少能够出现 Fo1 型、Fo3 型的复句，多是因为标记词与匹配框架所起到的重要作用。

三、心理机制

《朱子语类》复句语义重心彰显出来的特点与人类的认知规律和心理发展机制三者之间有着极为紧密的联系。它体现在如下几种心理之上：

首先是"聚焦心理"。当一个新的事件或者复句表述的内容走入人们视野的时候，人们对一个整体是笼统的关注，但是随着人们对它日渐了解后，就开始关注其最重要、最核心的部分。复句的语义重心也是如此，随着复句的周延性增强、种类的完善，各种语义关系全面，人们自然会由同时注意 AP 和 CP，转而聚焦于某个语义重心生发的部分。《朱子语类》中的复句语义重心的多样化也和这一点有着密切的关系。

其次是"交际心理"。复句作为一个层级的语法单位，用以表述阐述者的思想，希望和听话者产生互动，是其工具性最突出的作用。在三域部分，我们得出《朱子语类》知域为重的特点，这说明其复句的主观参与性是非常强的。在这种对谈中为了清晰表达或者着意强调阐述者的心理和思想，我们就要刻意地加强语义重心，从而使听话者能够充分理解，并为下一步的交流奠定良好的基础。经过我们的观察，这种心理在南宋时期发展得非常充分，复句表达的互动性、交际性彰显无遗。

最后是彰显性心理。从心理认知上来讲，任何重大的、活动性的、非自然的事物总是比那些微小的、静止性的、平常性的事物更容易引起人们的关注。反映到语言中，《朱子语类》的复句当然也有以下这些特点：第一，语重彰显，AP 和 CP 谁的复杂度高、长度长，谁的标记词是显性、定型久、数量多，谁就承载更多的语义重量，从而凸显出来。第二，费力彰显，即 AP 和 CP 谁的表达最费力，谁就容易彰显出来。偏正复句在这点上表现尤为突出。不管是条件、转折、假设还是因果复句，都有一个或为条件、或为预设、或为原因的 AP，但是要想获得结论，必须要经过主观化的思考和逻辑推理才能使之成为一个决定全句最终含义的结果。显然包含这个结果的 CP 的得出要比 AP 多经过一些程序。故而语义重心往往都属于 Fo3 型。

综上，我们以穷尽性的统计、详细的描写，从句法特征、语义分类、语用研究三个角度，通过大量的共时数据对比，历时语言事实分析，泛时综合研究，尽最大可能将《朱子语类》的复句系统进行了较为全面的阐述与总结。

参考文献

语料文献

1. ［东汉］范晔. 后汉书［M］. 北京：中华书局，2009.

2. ［战国］荀况. 荀子［M］. 北京：中华书局，2009.

3. ［战国］公羊高. 春秋公羊传［M］. 北京：中华书局，2012.

4. 徐震堮. 世说新语校笺［M］. 北京：中华书局，2011.

5. 杨伯峻. 列子集释［M］. 北京：中华书局，2012.

6. 朱谦之. 老子校释［M］. 北京：中华书局，1984.

7. 顾颉刚，刘起釪. 尚书校释译论［M］. 北京：中华书局，2005.

8. ［北宋］郭茂倩. 乐府诗集［M］. 北京：人民文学出版社，2010.

9. 郭沫若，闻一多，许维遹. 管子集校［M］. 北京：科学出版社，1956.

10. 吴毓江. 墨子校注［M］. 北京：中华书局，2006.

11. ［清］董诰. 全唐文［M］. 北京：中华书局，1983.

12. 项楚. 敦煌变文选注［M］. 增订本. 北京：中华书局，2006.

13. 张双棣. 淮南子校释［M］. 北京：北京大学出版社，1997.

14. 熊宪光. 战国策研究与选译［M］. 重庆：重庆出版社，1988.

15. 杨寄林. 太平经今注今译［M］. 石家庄：河北人民出版社，2002.

16. 王叔岷. 庄子校诠［M］. 北京：中华书局，2007.

17. ［东汉］班固. 说文·西都赋［M］. 北京：中华书局，1977.

18. 徐元诰. 国语集解［M］. 北京：中华书局，2008.

19. 黄灵庚. 楚辞章句疏证［M］. 北京：中华书局，2007.

20. 杨义. 韩非子还原［M］. 北京：中华书局，2011.

21. 程俊英. 诗经译注［M］. 上海：上海古籍出版社，2004.

22. 杨伯峻. 论语译注［M］. 2版. 北京：中华书局，1980.

23. ［唐］柳宗元. 柳河东集［M］. 上海：上海古籍出版社，2008.

24. 高亨．周易古经今注［M］．北京：清华大学出版社，2010.

25. ［清］孙希旦．礼记集解［M］．北京：中华书局，2010.

26. 杨伯峻．孟子译注［M］．北京：中华书局，2006.

27. ［汉］司马迁．史记［M］．北京：中华书局，1959.

28. 杨伯峻．春秋左传注（第3版）［M］．北京：中华书局，2009.

专著、论文集、学位论文、报告

1. 白兆麟．《盐铁论》句法研究［M］．北京：商务印书馆，2003.

2. 曹逢甫．汉语的句子与子句结构［M］．王静，译．北京：北京语言大学出版社，2005.

3. 陈中干．现代汉语复句研究［M］．北京：语文出版社，1995.

4. 池昌海．现代汉语语法修辞教程［M］．杭州：浙江大学出版社，2009.

5. 楚永安．文言复式虚词［M］．北京：中国人民大学出版社，1986.

6. 崔立斌．《孟子》词类研究［M］．开封：河南大学出版社，2004.

7. 戴震．孟子字义疏证·孟子私淑录（卷上）［M］．北京：中华书局，1961.

8. 丁声树等．现代汉语语法讲话［M］．北京：商务印书馆，1961.

9. 董秀芳．词汇化：汉语双音词的衍生和发展［M］．成都：四川民族出版社，2002.

10. 段德森．实用古汉语虚词详释［M］．太原：山西人民出版社，1986.

11. 范晓．汉语句子的多角度研究［M］．北京：商务印书馆，2009.

12. 冯春田．近代汉语语法研究［M］．济南：山东教育出版社，2000.

13. 高名凯．汉语语法论［M］．北京：商务印书馆，1986.

14. 何容．中国文法论［M］．北京：商务印书馆，1985.

15. 何乐士．古代汉语虚词词典［M］．北京：语文出版社，2006.

16. 何乐士．古代汉语虚词通释［M］．北京：北京大学出版社，1985.

17. 胡裕树．现代汉语［M］．重订本．上海：上海世纪出版集团，1995.

18. 黄伯荣，廖旭东．现代汉语（下）［M］．北京：高等教育出版社，2002.

19. 黄成稳．复句［M］．北京：人民教育出版社，1990.

20. 江蓝生．近代汉语探源［M］．北京：商务印书馆，2000.

21. 蒋冀骋，吴福祥．近代汉语纲要［M］．长沙：湖南教育出版社，1997.

22. 蒋绍愚．近代汉语研究概况［M］．北京：北京大学出版社，2001.

23. 匡鹏飞．时间词语在复句中的配对共现研究［M］．武汉：华中师范大学出版社，2008.

24. 雷冬平. 近代汉语常用双音虚词演变研究及认知分析［M］. 北京：中国社会科学出版社，2008.

25. 黎锦熙，刘世儒. 汉语语法教材［M］. 北京：商务印书馆，1962.

26. 黎锦熙. 新著国语文法［M］. 北京：商务印书馆，1992.

27. 李临定. 现代汉语句型［M］. 北京：商务印书馆，1986.

28. 李文泽. 宋代语言研究［M］. 北京：线装书局，2001.

29. 李佐丰. 古汉语语法学［M］. 北京：商务印书馆，2004.

30. 林裕文. 偏正复句［M］. 上海：上海教育出版社，1984.

31. 刘丹青. 语序类型学与介词理论［M］. 北京：商务印书馆，2003.

32. 刘复. 中国文法通论［M］. 北京：中华书局，1939.

33. 刘坚，江蓝生，等. 近代汉语虚词研究［M］. 北京：语文出版社，1992.

34. 刘月华，潘文娱，故韦华. 实用现代汉语语法［M］. 北京：外语教学与研究出版社，2001.

35. 刘振铎. 现代汉语复句［M］. 天津：天津人民出版社，1986.

36. 柳士镇. 魏晋南北朝历史语法［M］. 南京：南京大学出版社，1992.

37. 吕叔湘. 现代汉语八百词［M］. 北京：商务印书馆，1980.

38. 吕叔湘. 汉语语法分析问题［M］. 北京：商务印书馆，1979.

39. 吕叔湘. 中国文法要略［M］. 北京：商务印书馆，1982.

40. 马建忠. 马氏文通［M］. 北京：商务印书馆，1983.

41. 潘允中. 汉语语法史概要［M］. 郑州：中州书画社，1982.

42. 祁永华. 文言句式［M］. 长春：吉林文史出版社，1992.

43. 齐沪扬，张谊生，陈昌来. 现代汉语虚词研究［M］. 合肥：安徽教育出版社，2002.

44. 邵敬敏，谷晓恒. 汉语语法研究的新拓展［M］. 北京：北京大学出版社，2009.

45. 邵敬敏. 汉语语法学史稿［M］. 上海：上海教育出版社，1990.

46. 邵敬敏. 现代汉语通论［M］. 上海：上海教育出版社，2007.

47. 沈家煊. 不对称和标记论［M］. 南昌：江西教育出版社，1999.

48. 石毓智. 语法的认知语义基础［M］. 南昌：江西教育出版社，2000.

49. 史存直. 汉语语法史纲要［M］. 北京：中华书局，2008.

50. 孙良明. 中国古代语法学探究［M］. 北京：商务印书馆，2005.

51. 孙锡信. 汉语历史语法要略 [M]. 上海：复旦大学出版社，1992.

52. ［日］太田辰夫. 中国语历史文法 [M]. 北京：北京大学出版社，1985.

53. 唐瑞琮. 古代汉语语法 [M]. 上海：上海古籍出版社，2008.

54. 唐子恒. 文言语法结构通论 [M]. 济南：山东大学出版社，2000.

55. 王力. 中国现代语法（新版）[M]. 北京：商务印书馆，1985.

56. 王力. 中国语法理论（《王力文集》第一卷）[M]. 济南：山东教育出版社，1984.

57. 王力. 古代汉语 [M]. 北京：中华书局，1992.

58. 王力. 汉语史稿 [M]. 北京：中华书局，2004.

59. 王力. 汉语语法史 [M]. 北京：商务印书馆，1989.

60. 王维贤. 现代汉语复句新解 [M]. 上海：华东师范大学出版社，1994.

61. 王维贤. 现代汉语语法理论研究 [M]. 北京：语文出版社，1997.

62. 王缃. 复句·句群·篇章 [M]. 西安：陕西人民出版社，1985.

63. 魏达纯. 近代汉语简论 [M]. 广州：广东高等教育出版社，2004.

64. 吴福祥. 敦煌变文 12 种语法研究 [M]. 开封：河南大学出版社，2004.

65. 吴福祥. 汉语语法化研究 [M]. 北京：商务印书馆，2005.

66. 吴福祥. 《朱子语类辑略》语法研究 [M]. 开封：河南大学出版社，2004.

67. 吴福祥. 敦煌变文语法研究 [M]. 长沙：岳麓书社，1996.

68. 吴竞存，梁伯枢. 现代汉语句法结构与分析 [M]. 北京：语文出版社，1992.

69. 席嘉. 近代汉语连词 [M]. 北京：中国社会科学出版社，2010.

70. 向熹. 简明汉语史 [M]. 北京：高等教育出版社，1993.

71. 邢福义. 复句与关系词语 [M]. 哈尔滨：黑龙江人民出版社，1985.

72. 邢福义. 汉语语法学 [M]. 长春：东北师范大学出版社，1998.

73. 邢福义. 汉语复句研究 [M]. 北京：商务印书馆，2001.

74. 徐杰. 普遍语法原则与汉语语法现象 [M]. 北京：北京大学出版社，2004.

75. 杨伯峻，何乐士. 古汉语语法及其发展（下）[M]. 北京：语文出版社，2001.

76. 杨伯峻. 文言语法 [M]. 北京：中华书局，1963.

77. 杨伯峻. 古汉语虚词 [M]. 北京：中华书局，1981.

78. 杨荣祥. 近代汉语副词研究［M］. 北京：商务印书馆，2005.

79. 杨树达. 词诠［M］. 北京：中华书局，2004.

80. 杨树达. 高等国文法（新版）［M］. 上海：上海古籍出版社，2007.

81. 姚双云. 复句关系标记的搭配研究［M］. 武汉：华中师范大学出版社，2008.

82. 叶蜚声，徐通锵. 语言学纲要（修订版）［M］. 北京：北京大学出版社，2010.

83. 袁宾. 近代汉语概论［M］. 上海：上海教育出版社，1992.

84. 张斌，胡裕树. 汉语语法研究［M］. 北京：商务印书馆，1989.

85. 张斌. 现代汉语虚词词典［M］. 北京：商务印书馆，2001.

86. 张斌. 新编现代汉语（第二版）［M］. 上海：复旦大学出版社，2008.

87. 张静. 汉语语法问题［M］. 北京：中国社会科学出版社，1987.

88. 张显成. 简帛文献学通论［M］. 北京：中华书局，2004.

89. 张谊生. 现代汉语虚词［M］. 上海：华东师范大学出版社，2000.

90. 张谊生. 现代汉语副词分析［M］. 上海：上海三联书店，2010.

91. 赵艳芳. 认知语言学概论［M］. 上海：上海外语教育出版社，2001.

92. 赵遵礼. 现代汉语复句辨析［M］. 西安：陕西人民教育出版社，1985.

93. ［日］志村良治. 中国中世语法史研究［M］. 江蓝生，白维国，译. 北京：新华书局，1995.

94. 周大璞. 训诂学初稿［M］. 武汉：武汉大学出版社，1987.

95. 周刚. 连词与相关问题［M］. 合肥：安徽教育出版社，2002.

96. 周晓林. 近代汉语语法现象考察［M］. 上海：学林出版社，2007.

97. 朱德熙. 现代汉语语法研究［M］. 北京：商务印书馆，1997.

98. 朱德熙. 语法讲义［M］. 北京：商务印书馆，2006.

99. 朱晓亚. 现代汉语句模研究［M］. 北京：北京大学出版社，2001.

100. 祝敏彻. 《朱子语类》句法研究［M］. 武汉：长江文艺出版社，1991.

101. 鲍尔·J. 霍伯尔，伊丽莎白·克劳丝·特拉格特. 语法化学说（第二版）［M］. 梁银峰，译. 上海：复旦大学出版社，2008.

102. 张莹. 近代汉语并列关系连词研究［D］. 济南：山东大学，2010.

103. 王淑华. 晚唐五代连词研究［D］. 济南：山东大学，2009.

104. 何鑫. 元曲四大家"杂剧连词研究［D］. 南京：南京师范大学，2007.

105. 荣丽华. 上古汉语因果复句发展演变研究［D］. 北京：北京师范大学，2012.

106. 周会娟.《韩非子》有标复句研究［D］. 乌鲁木齐：新疆大学，2009.

107. 陈顺成.《孟子》复句研究［D］. 兰州：西北师范大学，2007.

108. 刘艳.《颜氏家训》复句研究［D］. 乌鲁木齐：新疆师范大学，2008.

109. 袁勤.《朱子语类》复音连词研究［D］. 成都：四川大学，2007.

110. 谢洪欣. 元明时期汉语连词研究［D］. 济南：山东大学，2008.

111. 李贤卓. 现代汉语非现实广义条件复句研究——以"复句三域"为视角［D］. 上海：上海师范大学，2012.

112. 唐凤燕. 现代汉语"即使"复句探析［D］. 广州：暨南大学，2003.

113. 黄金. 面向对外汉语教学的条件复句研究［D］. 沈阳：沈阳师范大学，2011.

114. 刘红妮. 汉语非句法结构的词汇化［D］. 上海：上海师范大学，2009.

115. E. SWEETSER. From Etymology to Pragmatics［M］. Beijing：Peking University Press，2002.

期刊文章

1. 曹炜. 近代汉语并列连词"并"的产生、发展及消亡［J］. 语文研究，2003（4）.

2. 陈卫兰. 敦煌变文复音虚词结构类型初探［J］. 农垦师专学报，1997（2）.

3. 陈信春. 区分单句和复句的标准问题［J］. 河南大学学报，1985（5）.

4. 陈秀兰. 也谈连词"所以"产生的时代［J］. 古汉语研究，1998（3）.

5. 陈和年. 古汉语连词介词概说［J］. 广西师范大学学报（哲学社会科学版），1979（2）.

6. 陈宝勤. 先秦连词"而"语法语义考察［J］. 古汉语研究，1994（1）.

7. 董秀芳. "是"的进一步语法化：由虚词到词内成分［J］. 当代语言学，2004（1）.

8. 封家骞. 对上古汉语虚词复合类型的再思考［J］. 广西电视大学学报，1999（3）.

9. 冯胜利. 论汉语的韵律词 [J]. 中国社会科学, 1996 (1).

10. 高文盛, 席嘉.《朱子语类》中的让步连词"虽"及相关问题 [J]. 江南大学学报 (人文社会科学版), 2005 (10).

11. 谷孝龙. 关联词语在单句中的功用及成因 [J]. 辽宁大学学报, 1999 (2).

12. 韩陈其. 古汉语单音假设连词之间的音韵关系 [J]. 中国语文, 1986 (5).

13. 何乐士. 专书语法研究的回顾与展望 [J]. 湖北大学学报: 哲学社会科学版, 2001 (6).

14. 蒋绍愚. 近十年间近代汉语研究的回顾与前瞻 [J]. 古汉语研究, 1998 (4).

15. 蓝鹰. 古汉语虚词嬗变散论 [J]. (人大复印资料) 语言文字学, 1993 (12).

16. 李汉威. 简论划分汉语单复句的标准 [J]. 华中师范大学学报, 1998 (4).

17. 李晋霞. 复句类型的演变 [J]. 汉语学习, 2007 (2).

18. 李杰群. 连词"则"的起源和发展 [J]. 中国语文, 2001 (6).

19. 刘冠群. 说"所以"[J]. 中国语文, 1957 (1).

20. 刘立成, 柳英绿. "不但"类连词的成词理据 [J]. 汉语学习, 2008 (3).

21. 刘利. "然而"的词汇化过程及其动因 [J]. 北京师范大学学报, 2008 (5).

22. 刘利. 从《国语》的用例看先秦汉语的"可以"[J]. 中国语文, 1994 (5).

23. 刘利. 上古汉语的双音节连词"然而"[J]. 中国语文, 2005 (2).

24. 刘利. 先秦汉语的复音副词"不过"[J]. 中国语文, 1997 (1).

25. 刘子瑜. 论《马氏文通》的句读 [J]. 苏州大学学报 (哲学社会科学版), 1993 (3).

26. 孟蓬生. "为"义申许 [J]. 古汉语研究, 1995 (3).

27. 莫超. 关联词语的定位与主语的关系 [J]. 兰州大学学报 (社会科学版), 1997 (1).

28. 沈家煊. 复句三域"行、知、言"[J]. 中国语文, 2003 (3).

29. 沈家煊. 实词虚化的机制——《演化而来的语法》评价 [J]. 当代语

言学，1998（3）．

30. 孙良明．汉语单复句划分标准评析［J］．山东师大学报，2000（1）．

31. 孙良明．从汉语动词特点谈汉语无单句、复句之分［J］．山东师范大学学报，1983．

32. 孙良明．研究汉语单复句划分应当明了的问题［J］．语言教学与研究，2007（2）．

33. 孙良明．再论按结构层次关系分析，取消单句复句划分［J］．语言教学与研究，1994（2）．

34. 孙维张．现代汉语句法结构的语义重心［J］．内蒙古民族大学学报社科版，1987（4）．

35. 孙秀青．古汉语"故"的语法化探究［J］．科教文汇（上旬刊），2008（7）．

36. 王天佑."宁可"类取舍句式的历时考察［J］．殷都学刊，2010（4）．

37. 王惟贤．复句和关联词语［J］．语言教学与研究，1983（1）．

38. 徐朝红．中古汉语并列连词"并"的发展演变［J］．语言研究，2007（4）．

39. 徐时仪．略论《朱子语类》在近代汉语研究上的价值［J］．上海师范大学学报，2000（4）．

40. 姚振武．《朱子语类》语词札记［J］．古汉语研究，1992（2）．

41. 于江．虚词"与、及、并、和"的历史发展［J］．上海大学学报，1996（1）．

42. 张万起．连词"所以"产生的时代［J］．语文研究，1984（4）．

43. 张雪涛，唐爱华．汉语单复句区分问题的理论困惑与解决策略［J］．语言教学与研究，2005（4）．

论文集中的析出文献

1. 张世禄．中国语的演化和文言白话的分叉点［A］//张世禄语言学论文集［C］．上海：学林出版社，1984．

2. 程湘清．汉语史断代专书研究方法论（代序）［A］//宋元明汉语研究［C］．济南：山东教育出版社，1992．

3. 何乐士．《左传》的单句和复句初探［A］//程湘清．先秦汉语研究［C］．济南：山东教育出版社，1982．

4. 沈家煊. 跟语法化机制有关的三对概念［A］//吴福祥，吴早生. 语法化与语法研究（四）［C］. 北京：商务印书馆，2009.

电子文献

1. 常玉田. 语序调整与语义重心［DB/OL］. http：//d. g. wanfangdata. com. cn/Conference_ 6724288. aspx，2008.